KB040917

게임, 사랑, 정치
: 게임화된 애정, 관계, 감정, 일상 그리고 기술사회 욕망혁명의 미래

초판 1쇄 2023년 6월 16일 발행

지은이 앨피 본
옮긴이 박종주
펴낸이 김성실
책임편집 김태현
표지 디자인 choipiece
제작 한영문화사

펴낸곳 시대의창   **등록** 제10 - 1756호(1999. 5. 11)
주소 03985 서울시 마포구 연희로 19 - 1
전화 02)335 - 6121   **팩스** 02)325 - 5607
전자우편 sidaebooks@daum.net
페이스북 www.facebook.com/sidaebooks
트위터 @sidaebooks

ISBN 978 - 89 - 5940 - 803 - 0 (93300)

잘못된 책은 구입하신 곳에서 바꾸어드립니다.

게임 사랑 정치

게임화된 애정, 관계, 감정, 일상
그리고 기술사회 온라인화됨의 미래

앨피 본 지음 박종주 옮김

시대의창

차례

일러두기

- 본문에 인용된 문헌은 모두 옮긴이가 직접 번역하였다. 단 정식 출간된 한글 번역본이 있는 경우 해당 제목을 따르고 미주에 서지사항을 추가 표기하였다.
- 본문에 인용된 게임, 영화 등이 국내에 발매, 개봉된 경우 해당 제목을 따랐다. 정식 발매되지 않았더라도 널리 알려진 제목이 있는 경우 이를 따랐으며, 나머지는 가독성을 고려해 한글로 번역하거나 원어 발음대로 적는 방식을 혼용하였다.
- 본문의 각주는 모두 옮긴이가 작성하였다.
- 본문에서 언급된 온라인 자료들의 최종 접속일은 2021년 9월 5일이다.

서론
그라인더 연대기

꿈은 현실에서 샘솟아 그 속에서 현실이 된다.

– 이반 츠체글로브(1953)

세계 최대의 디지털 장터 텐센트^Tencent 앱스토어. 기이하고 매혹적인 쾌락으로 가득한 이 세계는 사람을 홀린다. 이곳을 돌아다니다 보면 아마 처음에는 혼란스러울 것이다. 조잡한 이미지들, 정신 사나운 팝아트 서체들이 부와 오르가슴과 온갖 여흥을 주저 없이 약속한다. 적어도 어느 정도는 압도당하게 되고 만다. 하지만 시간이 지나면 환각적인 상품들로 가득한 이 꿈의 세계에 익숙해질 것이고 심지어는 나름의 휴식과 여유를—어쩌면 쾌락까지도—즐길 수 있는 어느 구석을 찾아낼 수도 있을 것이다.

벗다시피 한 카지노 호스트나 세분화된 데이팅 사이트, 개인 맞춤형 포르노그래피(지금은 강력하게 검열된다)의 초대장 사이를 지나가거나 인공지능^AI 챗봇, 가상현실^VR 연애 시뮬레이션, 클릭하지 않고는 못 배길 온라인 생방송 창을 마주치게 될 것이다. 어쩌면 중국의 어느 대형 게임 회사에서 만든 애니메이션 비디오게임인 〈희망: 너를 다시 만날 거라는^希望: 再次遇見你〉의 세계에 들어갈지도 모른다. 이 상상 속 세계에서 당신은 아바타로 존재하며 다마고치같이 생긴 로봇 애완동물과 함께 두 번째 가상 인생이라는 긴 모험을 떠난다. 일본 애니메이션풍의 여성형 로봇과 결혼해 행복하기 그지없는 목가적 안식을 즐기는 결말이다. 이 모든 것이 다소 이상하지만, 화면 속 휴양지로 우리에게 익숙해진 비디오게임과 판타지의 가상 세계에 안전하게 국한해 말한다면 크게 이상할 것도 없다.

하지만 그렇지가 않다. 〈희망: 너를 다시 만날 거라는〉을 비롯해 세계에서 가장 인기 있는 모바일게임과 온라인게임 여럿을 갖고 있는 베이징쿤룬테크Beijing Kunlun Tech는 2016년부터 2018년에 걸쳐 그라인더Grindr를 인수했다. 세계 최대의 게이 데이팅 앱인 그라인더는 2009년에 창사한 미국 기반 회사로, 몇 남지 않은 독립기업 중 하나였다. 그라인더는 뉴욕 소재 지주회사인 인터랙티브코퍼레이션IAC/InterActiveCorp에 속하지 않았다.

SF를 떠오르게 하는 불룩 솟은 유리 사옥에서 맨해튼부터 뉴저지까지를 내려다보는 IAC는 2020년까지 플렌티오브피시PlentyofFish, 오케이큐피드OkCupid, 힌지Hinge, 틴더Tinder 등 이 책에서 다루는 미국의 주요 데이팅 사이트 거의 전부가 속한 매치그룹Match Group의 소유주였다. 데이팅 사이트들은 서로서로 그룹을 이루어 자료, 알고리즘, 이윤 등등을 공유했다. 당시 사랑산업love industry은 하나의 대기업에 지배되고 그 고유의 논리에 따라 돌아가는 닫힌 세계 같은 것이었다. 지금은 게임과 사랑, 시뮬레이션*과 현실 사이의 틈이 닫혀 가고 있다.

그라인더 인수가 이러한 경향을 상징한다. 물론 이 인수 건의 중

대한 의의 한 가지는 플랫폼들이, 그 자료에 대한 기업의 관심과 활용이, 그리고 특히 이러한 상황에서 갈수록 커지는 중국의 강력한 역할이 점차 세계화된다는 점이다. 데이팅 사이트들에서 나오는 자료를 쓸 수 있다는 것은 큰 힘이 된다. 내밀한 자료다. 성생활과 연애 생활을 적어도 부분적으로, 종종 적극적으로 온라인으로 수행하면서 우리는 가장 내밀하고 궁극적인 욕망과 연결되는 강력한 자료를 만들어낸다. 표적 광고를 위한 토대로서만이 아니라 보다 광범위하고 전반적인 사회 재조직을 위한 토대로서—뒤에서 이를 확인할 것이다—이 자료에는 어마어마한 가치가 있다. 우리의 욕망을 알아내고 바꿈으로써 플랫폼들, 기술 기업들은 사회적 삶의, 섹스의, 심지어는 사랑의 미래를 조작하는 힘을 얻는다. 2020년, 도널드 트럼프 대통령의 직접적인 압력으로 쿤룬은 그라인더를 미국에 되팔아야 했다. 이유는 다름 아닌 이 강력한 자료가 중국에 안겨줄 힘에 대한 공포였다.

여성혐오자 트럼프가 LGBTQ+의 권리를 인정하지 않는 중국 정부의 손아귀에서 게이 데이팅 사이트를 되찾아 오는 것으로 결말났다는 점을 생각하면 이 그라인더 연대기는 재미있기까지 하다. 돈에는 힘이 있다는 것, 필요하다면 문화적 이데올로기쯤은 쉽사리 제쳐

---

* 시뮬레이션simulation은 가상, 모의 등으로 옮길 수 있으나 이 책에서는 게임이 단지 어떤 상황에 대한 모의 체험을 제공하는 것을 넘어 욕망 자체를 모의적으로 구성한다는 논지에서 이 단어를 쓰고 있으며, 게임 장르명으로서 이미 일반화되어 있는 용어인 점도 고려해 한국어로 옮기지 않고 음차하였다.

놓을 수 있다는 것이 아마도 이 이야기의 교훈일 것이다. 하지만 쿤룬과 그라인더의 결연에는 훨씬 더 중요한 교훈이 있다. 바로 사랑의 게임화가 시작되고 있다는 점이다. 그라인더가 이러한 게임화의 완벽한 초기 사례이긴 하지만, 넓게 보자면 새로 나타난 사랑의 게임화 과정은 이성애규범적, 순응주의적 정치학이 지배하고 있다.

그렇기에 이 책에서 다루는 많은 자료—섹스로봇에서부터 스마트콘돔, 비디오게임, VR 포르노까지—는 자본주의, 이성애규범성, 남성성이 지배하는 패턴의 일환으로 볼 수 있다. 경우에 따라 이러한 경향에 맞서는 실험적 기술들의 급진적인 '대안적' 사례들을 언급하겠지만 인종, 트랜스, 신경다양인,* 장애 정치학을 전반적으로 충분히 다루지는 못했다. 이 책의 기획은 이성애규범성, 자본주의, 불평등에 복무하며 사랑의 세계를 재조형하는 규범적이고 지배적인 경향을 확인하는 것이기에, 여기에서는 대개 이를 반영하는 사례를 논의하고 이 패턴을 비판하고 뒤집어 보고자 했다. 이 책이 반자본주의, 페미니즘, 트랜스 행동주의, 인종 평등을 비롯한 여러 진보적 의제를 진전시킬 급진적인 대안적 기획들에 길을 터줄 수 있기를 바란다.

그라인더는 이성애 앱은 아니지만 디지털화된 욕망 변형 과정의 일환이며 〈희망: 너를 다시 만날 거라는〉 같은 비디오게임과 그라인

---

* 신경다양인neurodivergent이란 자폐, ADHD 등 흔히 병이나 장애로 여겨지는, 신경학적으로 비전형적인 특성이 있는 이들을 가리킨다. 일련의 병/장애를 탈병리화하려는 관점의 용어로, 이에 대응해 기존에 '정상인'으로 분류되던 이들을 '신경전형인neurotypical people'으로 칭한다.

더가 한 식구가 된 것은 그저 우연이 아니다. 그라인더는 이제는 〈포켓몬 고Pokémon GO〉 같은 게임에서 흔히 쓰이는 위치 기반 소프트웨어를 활용한 게임화된 데이팅의 초기 사례다. 성사 횟수가 수치화된다는 것은 성사된 잠재적 데이트 수를 늘리는 것이 게임에서 동전이나 점수를 따는 것과 마찬가지라는 뜻이다. 에번 모핏Evan Moffitt이 최근에 그라인더 문화를 고찰한 중요한 글에 쓴 대로, 그라인더를 통해 모인 번개나 섹스 행사에서 참가자들이 전화기를 붙들고서 앱 생중계를 통해 그 행사를 경험하는 것이 흔한 일이 된 지 오래다.[1] 이런 의미에서 그라인더는 증강 현실augmented reality, AR 이전의 증강 현실, 시대를 앞선 섹스와 관계의 게임화된 경험이다. 비디오게임계에서 '그라인딩grinding'은 점수나 경험치를 쌓기 위해 특정 활동을 반복하는 일을 가리킨다. 공교롭게도 이름에도 단서가 있는 셈이다. 〈그라인더 도시의 엑스트라Being Xtra in Grindr City〉에서 개빈 브라운Gavin Brown은 "이 앱이 도시의 사람들, 장소들에 대한 우리의 경험을 새로운 형태로 만들고 강화하기 시작했다"고 쓴다.[2] 어떤 면에서 그라인더는 증강 현실 게임의 시초라 할 수 있다.

인간이—그 가장 깊고 내밀해 보이는 욕망까지도—예측되고 좌우되고 '조작되는gamed' 형국이다. 스마트폰, 스마트콘돔, 섹스로봇, 데이팅 앱, 핏비트Fitbits, 시뮬레이터, 비디오게임을 이용하면서 우리는 욕망의 층위에서 점점 더 로봇처럼 된다. 초기 온라인 유즈넷 그룹 '대안닷성닷페티시'alt.sex.fetish를** 연구한 앨리슨 드 프렌Allison de Fren은 로봇을 욕망하는 이들과 로봇이 되기를 욕망하는 이들이라는 두 가지 유형을 발견했다.[3] 오늘날 이 두 흐름은 전에 없이 강해졌지만 큰 차이도 있다. 우리의 로봇 사랑은 갈수록 깊어지며, 게임화, 예측, 조작engineering의 패턴을 통해 우리의 욕망 자체가 로봇화된다. 하지만 이는 더이상 온라인 하위문화나 틈새의 성적 공동체만의 일이 아니다. 오늘날에는 로봇을 욕망하는 일과 로봇이 되는 일 모두가 사회적 삶의 중심에 있다. 이 책은 기계를 사랑하는 것이 사회적 삶의 주변부에 속하는, 사회가 기대하는 욕망에 대한 별스럽거나 흥미로운 전복이 아니라 규범적인 위치position임을 주장할 것이다. 또한 우리가 욕망에 있어 불가피하게 점차 기계 같아지고 있음을 말할 것이다. 우리는 로봇이고 사이보그다. 우리의 욕망은 우리의 기술과 함께 변한다.

욕망혁명

바꾸어 말하자면, 우리는 현재 디지털적으로 추동되는 '욕망혁명 desirevolution'의 현현 한가운데에 있다는 것이 이 책의 주장이다. 욕망혁명이란 장-프랑수아 리오타르Jean-Francois Lyotard의 용어로, 인간 주체로서의 우리가 욕망하는 방식에 일어나는 근본적이고 정치적인 변화를 뜻한다. 아마도 언제나 마찬가지로, 새로운 기술들은—그와 관련된, 그리고 그것들이 물려받은 정치적 편견들과 함께—미래

** 유즈넷Usenet이란 1980년대부터 사용되어온 일종의 전자게시판 시스템으로, '뉴스그룹'이라 불리는 계층적 주제 분류 체계를 갖고 있다. 본문의 그룹은 대안담론alternative_성sex_페티시fetish로 이어지는 분류 체계이며, 페티시의 종류에 따라 세분화된 여러 하위 그룹이 있다.

를 조직하고 배치하고 있다. '인류세'라는 오늘날, 이런 사실은 단 하루라도 잊기 어렵다. 하지만 우리는 이 같은 사회적 삶의 재조직화가 일어나는 주된 위치가 리비도적이라는 사실에는 덜 주목하고 있으며, 우리의 역사적 순간에는 이것이 보다 고유한 지점일지도 모른다. 우리의 욕망 자체가 특정한 경제적, 정치적 의제에 들어맞도록 '게임화'되면서 우리가 연인부터 친구, 음식, 정치인에 이르기까지 모든 것과 관계 맺는 방식을 바꾸고 있다. 디지털 기술들이, 전에는 가능하리라 상상조차 못했던 방식으로, 욕망의 층위에서 주체를 변형시키고—주체의 리비도 경제를 재배치하고—있다.

디지털 산업의 발전은 주로 사랑, 관계, 우정, 섹스의 영역(섹스로봇과 스마트콘돔에서부터 가상 데이팅, 소셜 미디어, 번개 앱까지)을 파고들지만, 사랑의 영역과 보다 덜 분명한 방식으로 이어지는 것들(음식이나 여행 앱, 비디오게임, 자율주행 차량, 심지어는 선거운동 기술까지) 또한 욕망의 층위에서의 주체의 변형과 얽혀 있다. 이러한 변형들은 깊이 정치적이며 근본적으로 경제적이다.

이 욕망의 혁명은 많은 것들과 관계하는 만큼이나 여러 가지 가능성을 제시한다. 이러한 기술들이 없었다면 더 잘 살 수 있으리라는 '인본주의적' 주장을 하지는 않을 것이다. 욕망이란 항상 어떤 식으로든 기계화되어왔다. 사회 제도를 통해 설정되고 조직되며 기술에 의해 영향받고 수정되어왔다. 교회, 가족, 문학, 영화, 인터넷, 무엇을 통해서든 욕망은 언제나 우리네 제도들을 통해 형태 지어지고 재구축되어왔으며 오늘날의 상황도 전혀 다르지 않다.

오늘날의 차이점은, 닉 서르닉Nick Srnicek이 '플랫폼 자본주의'라 칭하는 것의 등장으로 우리가 기술의 사용과 발전에 있어 전대미문의 불평등한 상황에 이르게 되었다는 점이다. 우리 시대의 기술과 자료를 쥐고 있는 이들은 갈수록 적어지고 또 강력해지고 있다. 게임을 할 때 게임 속에서 우리는 신이 되는 기분이지만 실은 게이머들이 사는 세계를 구성하는 것은 게임 설계자라는 점에서 그들이야말로 '게이머들의 신'이라는 매켄지 워크McKenzie Wark의 말에 일말의 진실이 있다면—우리 모두는 극소수의 신이 존재하는 세계의 게이머들이다—그것은 바로 우리가 플레이하는* 이 세계의 약관을 만드는 점점 커져가는 1퍼센트의 존재다.[4] 이 같은 상황으로 인해 이 책의 논의는 상당 부분 부정적이거나 비판적이지만, 아직 싸움에 진 것은 아니다. 기술자본가들, 신자유주의 책략가들, 실리콘 밸리 남자들, 우익 운동가들이 자신들의 의제를 위해 몸소 미래의 욕망을 조직하는 이 세계에, 우리가 개입해야 한다. 우리 스스로를 위한 욕망의 생산수단을 장악해야 한다.

변화하는 조건들에 빠르게 적응하는 것이 우리의 새로운 욕망에 대한 통제권을 장악하는 한 가지 길이다. 앱, 섹스 기술, 소셜 미디어가 몸의 층위에서 욕망을 어떻게 변형시켰는지에 관한 아래 글에서 보그나 코니어Bogna Konior는 인간이 기술을 통해 '인공사지를 가진 신'이 된다는 프로이트의 착상을 확장하는 듯하다.

---

* 　원어 play는 문맥에 따라 놀다, 참여하다, 게임을 하다 등으로 옮길 수 있다. 대개는 한글로 옮겼으나 일부 맥락에서는 여기에서와 같이 '플레이하다'로 음차하였다.

오늘날 우리의 몸은 여러 개의 앱에 걸쳐 펼쳐져서는 각각의 사지가 각자 다른 무선 기기에 맡겨져 있다. 몸의 한 조각은 전화기에, 몸의 녹화본은 웹사이트에 ⋯ 어떤 이들은 기술적인 성애erotics를 선호하며 섹스로봇의 도래를 기다린다. 기계들은 우리의 유령 같은 몸을 전 지구에 펼쳐 자극titillation, 소멸annihilation, 탈주체화de-subjectification에 열어둔 채 우리를 생중계한다. 섹슈얼리티가 적응해야 한다.[5]

코니어는 생각하고 느끼고 욕망한다는 것의 의미에 대한 이 변형이 근본적으로 자본주의의 전개 형태와 연관되어 있다는 점 역시 알고 있다. 우리 모두가 위로부터 조종당하는 로봇 레밍이라고 상상하며 그녀는 '자본이 정말로 리모컨을 갖게 되기까지', 그리고 우리가 만들었지만 우리의 통제를 벗어나 버린 체제의 지시에 본능적으로 반응하는 존재가 되어버리기까지 시간이 얼마나 남았을지를 묻는다.[6] 예컨대 틴더는 우리가 신자유주의적 일과표에 섹스를 조직해 넣고 근로 효율을 높일 수 있게 해주는 과생산 자본주의hyper-productive capitalism의 동맹군으로 볼 수 있다.

내 유일한 욕망이, 따라서 내 전 존재가 신자유주의하에서 효율적인 피고용인이 되는 것이라면, 나는 자본 축적의 리듬에 따라 움직여야 한다. 자본을 위해 동원되고자 한다면 스스로를 유동화해야 한다. 언제든 가용 상태여야 하며 항상 시장의 등락에 반응할 준비가 되어 있어야 한다. 이럴 때, 틴더는 내가 유동적인 시장에서 완벽한 피고용인으로 기능할 수 있게 해준다. 근로자로서 방해되지 않을 순간을 선택해 내가 섹스를 할 수 있는

것이다.[7]

이것은 바람직한desired 미래의 주체가 되도록 각자의 자리에서 우리의 정신을 독려하는 새 기술들의 영역이 우리 일상의 리듬을 오늘날의 자본에 들어맞도록 변형시키는 수많은 방식 중 하나일 뿐이다. 프랑스의 사회학자 앙리 르페브르Henri Lefebvre는 1980년대에 일상생활의 정치적 변화를 연구하는 '리듬분석' 개념을 제안한 바 있다. 플랫폼 자본주의와 기술 기업tech entrepreneurship의 시대, 앱, 웨어러블wearable 기기, 여타 확장 장치들을 통해 살아지는 우리의 일상생활 패턴에 가해지는 변화를 확인하기 위한 새로운 종류의 리듬분석이 필요하다. 특히 사랑의 기술, 그리고 우정, 관계, 섹스의 새로운 패턴들은 지금 전개되고 있는 이 새로운 일상생활을 보여준다.

우리의 욕망과 충동, 반복되는 일상의 패턴이 어떻게 변화하고 있는지를 이해하고자, 이 책은 욕망의 새로운 세계를 가시화하는 한 방법으로 정신분석학을 특히 지지한다. 정신분석학은—잘만 하면—정치를 욕망과 연결 짓는 사유의 방식이며 이는 리비도적 미래에 대한 전쟁에서 성공하고픈 좌파를 위한 핵심적인 도구가 될 수 있다. 하지만 이 기획이 성공하려면 정신분석학은 새로운 방식으로 페미니즘과 마르크스주의 양자와 이어져야 한다. 흔히 엘리트의, 그리고/혹은 남성의 소관으로 여겨지지만 정신분석학은—욕망 연구로서—페미니즘이나 마르크스주의의 기술 이론, 사랑 이론과 협력해 오늘날 사회적 삶을 특징짓는 가장 개인적이며 외견상 본능적인 욕망, 욕동, 충동을 뒷받침하는 경제적, 정치적 권력구조를 드러낼 수

있다. 오늘날의 기술을 다루는 데 필요한 것은 바로 욕망에 대한 집단적인 정치적 접근이다.[8]

1970년대에 마르크스주의와 페미니즘을 지향하는 일군의 치료사, 정신건강 전문가들이 모여 〈적색 요법Red Therapy〉이라는 팸플릿을 만들었다. 자본주의가 새로운 욕구, 새로운 형태의 '소비자 사치재, 낭만적 사랑, 성적 흥분'을 비롯한 충동들을 만들어내기 시작했다고 주장하는 팸플릿이었다. '종교의 지배를 받았던 우리 삶의 여러 부분(성생활, 관계, 개인적이고 영적인 삶)이 현재 상품 윤리의 침입을 당하고 있다'고 주장한 그들의 기획은 정신분석학과 심리치료의 개념과 실천이 우리가 이런 상황을 제어하는 데 도움이 될 것이라는 생각에서 출발했다.[9]

지난 30년 동안 많은 일이 있었지만 정신분석학이 정치적 행동주의의 동맹이라는 생각은 지금이야말로 더없이 중요하다. 우리를 통해 작동하고 우리와 공간을 공유하는, 우리를 둘러싼 기술들에 어떤 영향력이든 행사하기 위해서는 그것들이 정신과 욕망의 층위에서 우리에게 미치는 영향을 이해할 방법이 필요하며 이는 언제나 정신분석학의 일이었다. 정신분석학적 접근은 오늘날 사회에서 새로운 디지털적, 신체적, 정치적 힘들이 어떻게 우리를 재조직하고 통제하는지를 보여준다.

자본주의 비판과 정신분석학의 관계는 역사가 길며, 특히 욕망의 문제에 있어서는 더더욱 그러하다. 《자본주의와 욕망Capitalism and Desire》에서 토드 맥고완Todd McGowan은 상황을 이렇게 설명한다.

프로이트를 받아들인 여러 반자본주의 이론가들은 자본주의의 해체를 성적 억압의 완전한 철폐와 동치했다. 그들은 자본주의 종언의 전조가 되리라는 믿음으로 성적 해방을 추구하거나 억압된 섹슈얼리티를 해방시킬 수 있으리라는 믿음으로 자본주의와 맞서 싸웠다.[10]

이러한 철학적 역사의 주요 인물로는 오토 그로스Otto Gross, 빌헬름 라이히Wilhelm Reich 등이 있다. 이들은 정치적 혁명과 성적 혁명은 함께 가리라고 믿었다. 이런 이론가들은 성적인 영역에서의 혁명이 잠재적으로 보다 넓은 차원에서 사회적 삶에서의 억압을 철폐하는 데로 이어질 수 있을 방법을 고민했다. 이 책은 성, 사랑, 욕망의 층위에서 일어나고 있는 혁명이 어떻게 보다 폭넓은 사회적 변화의 가능성들의 중심에 놓일 수 있을지에도 관심이 있다. 하지만 '자유로운' 혹은 '해방된' 욕망을 최종 목적지로 전제하는 것은 아니다. 이러한 전통에 속한 또 하나의 이론가인 헤르베르트 마르쿠제Herbert Marcuse 는 "개개인은 각자의 억압을 '자유롭게' 자신의 삶으로서 산다. 그는 자신이 욕망해야 하는 것을 욕망한다. 그의 만족감은 그와 타인에게 이윤이 된다profitable. 그는 그럭저럭, 종종 꽤나, 행복하다"고 지적한다.[11] 달리 말하자면, 자본주의는 우리가 우리 자신의 조직된, 매개된, 통제된 욕망을 마치 자유롭고 억압되지 않은 우리 자신의 것인 양 경험하게 만드는 특수한 속임수를 부리는 듯하다. 욕망에 대한 기술들의 디지털 시대에는 더없이 그러하다. 기술은 제 의제에 맞도록 우리의 욕망을 수정하고 재조직하기에, 우리의 욕망이 우리 편이라고 마냥 믿을 수만은 없다.

맥고완의 작업은 자본주의의 주된 특성이 반드시 그저 억압적인 것만은 아님을 보여준다. 그가 보기에 '자본주의 속에서는 일정 정도의 진정한 소속감(낭만적 관계에의, 친구 무리에의, 국가에의 등등)을 가질 수 있으리라는 환상이 되풀이'되지만 자본주의는 '어떤 형태의 환상을 낳으면서도 끊임없이 그 환상의 실현을 방해한다'. 자본주의가 약속하는 바의 성취에 이르게 되면 주체는 자본주의 그 자체의 무한한 쾌락과 상품에 대한 추구를 멈출 것이기 때문이다.[12] 자본주의는 우리가 원하는 바를 얻거나 원하는 모습이 되는 것을 그저 막지만은 않는다. 또한 우리가 원하는 것, 되고 싶은 것에 관한 욕망을 만들어낸다. 그러한 욕망들을 매개하고 제약하고 통제하기 전부터 말이다. 이 광폭적인 자본주의 논리가 이 책에서 논의하는 모든 디지털 기술들의 뒷배경이다. 섹스봇, 가상현실, 데이팅 앱, 비디오게임, 웨어러블은 모두가 우리가 원하는 것을 제공하고 우리가 성취하지 못하게 제약하며 우리의 욕망을 통제하고 우리의 충동을 구축한다.

이 책이 특히 지그문트 프로이트Sigmund Freud, 자크 라캉Jacques Lacan의 작업에 영감을 받긴 했지만 독자가 정신분석학에 익숙할 필요는 없다. 이 역사적인 정신분석가들의 사유뿐 아니라 정신분석학 전통에 기여한 페미니스트, 마르크스주의자 논자들이 펼친 이후의 논의가 이 책의 핵심을 구성한다. 각 장은 그들의 집단적 접근을 새로이 발전한 매체나 기술의 여러 측면과 연관되는 사랑의 정치학에 접목한다. 제1장은 관계의 조직화에 있어 점점 커져가는 데이터의 역할을 다룬다. 제2장은 욕망의 새로운 공간으로서의 스마트 시티를 다룬다. 제3장은 게임에서부터 로봇에까지 이르는 사랑의 시뮬레이션을 다루며 제4장은 데이팅 앱, 우리가 누구와 어떻게 상호작용할지에 관한 결정을 내리는 알고리즘과 인터페이스를 논의한다. 2장부터는 현재 설계와 생산을 장악하고 있는 소수의 기술자본가들로부터 권력을 앗아오기 위해 우리가 품고 있는 진보적 의제에 맞게 이러한 기술들을 활용할 방법을 제안하는 발랄한 '던져보기pitch'로 마무리된다. 우리의 문제들에 처방하는 답이라기보다는 어떻게 미래에 기술의 목적을 새로 설정하고 그것들에 대한 관계를 재구성할지에 관한 논의의 촉매가 되기를 의도했다.

이제부터 탐구할 각각의 영역들은 게임, 사랑, 정치라는 새로운 삼각구도의 여러 측면을 밝혀준다. 그러는 동안 우리는 그라인더 연대기가 우리가 살아가는 게임화된 사랑의 세계에서 자본주의와 욕망이 맺고 있는 훨씬 더 깊고 훨씬 더 복잡한 일련의 관계의 표면에 있는 작디작은 실마리일 뿐임을 보게 될 것이다.

1

데이터 러브

정치는 정치다. 하지만 사랑은 언제나 사랑으로 남는다.

— 자크 라캉(1959)

몇 년 전, 거의 아무런 파장도 일으키지 못하다시피 한 이야기 하나가 프랑스 매체들에 보도되었다. '대안우파alt-Right' 자료분석가가 된 어느 덴마크 청년의 사례다. 길을 잘못 잡은 이 인종차별주의자는 IAC 최대의 매치그룹 만남 사이트 중 하나인 오케이큐피드에서 수집한 정보를 이용해 일견 새로운 형태로 보이는 백인 우월주의 우생학을 지지하는 가짜 과학적 주장을 내세웠다. 이 이야기는 거의 주목을 끌지 못했고 논자들은—적어도 진보적인 매체에서는—이를 위험한 정치적 의제를 지지하기 위해 고의적이고 불필요하게 자료를 오용한 시도로 보았다. 어떤 면에서는 사실이긴 하다.[1]

이 사례는 캐나다의 악명 높은 심리학자 조던 피터슨Jordan Peterson을 숨은 대표자라 할 수 있을 위험한 우익 '인종 과학'이라는 폭넓은 현상의 일환이긴 하지만, 자료를 사랑의 영역에서 모았다는 점에서 특별히 중요하다. 7만 건 이상의 프로필을 수집해 소위 '인지적 열생학cognitive dysgenics'이라는 것을 보여주려는 시도였으며 궁극적인 목적은 백인을 최상위로 하는 인종 위계를 (지능과 종교를 연관 짓는 것을 포함한 여러 가지 방법으로) 자료로 검증하는 것이었다. 이용자들이 같은 인종에 끌린다는 증거를 비롯한 여러 데이팅 자료를 통해, 자신과 비슷한 사람과 데이트를 한다는 논리(우생학은 여기에 근거한다)를 지지하는 데 쓰이는 관련된 다른 주장들도 있었다.

이 모든 과정에서 자료 출처로서 오케이큐피드가 중요했다는 점은 우연이 아니다. 데이팅 사이트는 분석가에게 전례 없는 규모의 상세 정보 표본을 제공하는 곳인 동시에, 우리 종이 생식을 기대하며 서로를 만나는 수단이다. 위험한 우생학 사상이 실행에 옮겨질 수 있는 곳이기도 하다는 말이다. 극단과는 꽤 거리가 있는 하나의 사례일 뿐일지도 모르지만, 트럼프닷데이팅Trupm.dating이나 애틀라소피어Atlasophere(온라인 우파가 우상화하는 철학자이자 소설가이며 도널드 트럼프도 챙겨 읽는 애니 랜드Any Rand의 독자들을 위한 데이팅 사이트)만 생각해봐도 데이팅이 우생학 실천에서 어떤 역할을 할 수 있을지를 알 수 있다. 이 책을 쓰던 중인 코로나바이러스 팬데믹 시기에, 우려스러운 우생학 사상을 지닌 보수 언론인 토비 영Toby Young이 코비드 데이팅 사이트를 연 것은 그리 이상한 일은 아니다.

이런 무서운 전망을 차치해도, 이 오케이큐피드 일화에는 이상하리만치 주목받지 못한 더 의미심장하고 훨씬 더 무시무시한 가능성이 하나 있다. 자료 자체가, 그러니까 이 대형 온라인 데이팅 플랫폼의 구조와 알고리즘이 (매치그룹은 42개 언어로 190개국에 서비스되는 여러 사이트를 소유하고 있으므로 아마 다른 곳들도) 그런 결과가 나오게 된 데 일부 책임이 있지 않은가 하는 문제가 제기되지 못한 것이다.

데이팅 사이트들의 인종적 편견에 대한 비판은 전부터 있었지만 기존의 사회적 편견을 어떻게 반영하고 또 드러내는지에 관한 논의에 국한되어 있었다. 오히려, 사랑과 디지털 세계의 연결—우익적이거나 가부장제적인 정체성 정치라고도 할 수 있을 것에 호의적으로 이미 편향되어 있는 연결—이라는 역사에 새겨진 보다 복잡한 이데올로기적 코드가 존재할 가능성이 있지 않을까? 오케이큐피드 스스로도 자사 자료의 인종적 편향성에 대한 논평을 했다. 하지만 그들은 '데이트를 하는 이들이 전보다 딱히 열린 마음이 아니'라는 사실을 탓함으로써, 자기네 알고리즘이 종파적인 관계 형성 경향을 그저 확산시킬 뿐 아니라 어느 정도는 그 최신판을 만들어내고 있을 가능성에 대한 책임을 모면했다. 사실, 서로 비슷한 사용자끼리만 짝을 짓는 방식야말로 데이팅 알고리즘과 극우 수사학이 공유하는 바일지도 모른다.

상황이 이러하다면 이런 말도 안 되는 극우 유사과학을 인정하고 넘어갈 수는 없다. 자료는 중립적이고 죄가 없다는 자유주의적 가정에 힘입어 관계 맺음 자체의 구조적 원리가 되어버린 보다 중대한 디지털 건축술에서 '과학적' 극우의 주장들은 그저 일각을 차지할 뿐이다. 넓게 보자면, 이 사건이 제기하는 논점은 AI, 빅데이터, 소셜 미디어의 시대를 맞아 관계, 욕망, 우정이 변이, 변형되고 있으며 따라서 그러한 변이가 어떤 정치학에 복무하는지를 따져보아야 한다는 점이다.

사랑과 욕망에 관한 우리 시대의 기술이 어떤 정치학을 물려받아 확산시키고 있는가 하는 이 문제는 이제 분명해졌듯 진보적 혹은 좌파적 관점에서 볼 때 상당히 우려할 만하다. 하지만 이 상황에 절망하기만 해서는 안 된다. 그 대신 변화의 전망을 가지고 새로운 기술들의 정치적 패턴을 가시화하기를 시도해볼 수도 있다. 우리의 욕망 자체가 특정한 기업적, 정치적 의제에 맞게 '게임화'되어 우리가 연인과 친구에서부터 음식과 정치인에 이르는 모든 것과 관계하는 방식을 변화시키고 있다. 이 같은 작용에 맞서 이기기 위해서는 욕망의 생산수단을 장악할 수 있게 해줄 경제적 개혁과 기술적 개혁의 합작이 필요하다.

사랑에서의 좌우

때로 사랑의 영역의 기술은 오랫동안 운영된 사이트이자 앱이었던 가디언소울메이트(Guardian Soulmates(2020년 종료))가 그랬듯 자유주의 친화적인 듯 보일 수 있고, 2019년에 반쯤 유머로 만들어진 사회주의자를 위한 데이팅 앱 레드옌타(Red Yenta)처럼 좌파적이어 보일 수도 있다. 하지만 이런 사례들의 인터페이스나 알고리즘은 트럼프닷데이팅의 자유주의적, 좌파적 대체물이기는커녕 그것과 정확히 같은 논리를 따른다. 새롭고 심지어는 급진적인 것으로 포장하면서 이런 앱들은 전통적인 데이팅 앱의 구조를 대부분 유지한다. '디지털 대상'의 두 요소를 구분하는 매체철학자 육휘(Yuk Hui)의 논의가 상황 이해에 도움이 된다.

디지털화에는 두 가지 지배적인 형태가 있다. 첫째는 도판 만들기 혹은 모방의 체제를 따른다(예컨대 디지털 이미지나 디지털 비디오 등 물리적 세계를 통해 시각적이고 반복적으로 배포되는 것의 생산). 반면 두 번째는 대상에 분류표를 붙이고 그것들을 디지털 영역에 코드화해 넣는 식으로 이루어진다(이러한 디지털 확장을 통해 대상은 독특한 부호 및/혹은 일련의 지시체와의 동일성을 얻는다). 자료의 대상화(객관화)에 대한 2차적 운동은 조금 후에 찾아온다. 나는 첫 번째 과정을 자료의 대상화, 두 번째 과정을 대상의 자료화라 부른다.[2]

(자료로서의) 우리가 (이 경우에는 데이팅 프로필이라는) 디지털 대상으로 재현되는 과정인 '자료의 대상화' 층위에서 가디언소울메이트는 트럼프닷데이팅과는 아주 다르게 기능한다. 둘은 적어도 피상적으로는 각자의 이용자를 다르게 대상화하여, 한쪽에서 전시되는 디지털 대상은 다른 한쪽과 거의 정반대를 이룬다. 하지만 그러한 대상들이 몇 단계로 분류되어 서로와 연결되는 '대상의 자료화' 층위에서는 거의 동일한 과정을 거친다.

가디언소울메이트와 트럼프닷데이팅은 보기만큼 다르지 않다. 소유권의 층위에서도 이런 현상을 볼 수 있다. 스파크네트워크Spark Networks는 (기독인 공동체를 위한) 크리스천밍글Christian Mingle과 (유대인 공동체를 위한) 제이데이트JDate라는 성공적인 종교 데이팅 사이트 두 개를 모두 소유하고 있으며 부유한 사람들을 위한 플랫폼인 엘리트싱글즈EliteSingles 역시 소유하고—또 운영에 유사한 알고리즘적 패턴을 이용하고—있다. 지위로서 종교와 부의 차이는 오직 디지털 대상, 그 대상화의 층위에서만 드러나며 자료화의 층위에서는 무시된다. 그렇다면 이 사이트들의 정치학은 그저 그 표면만이 아니라 이들이 구축하는 욕망의 경험을 연결하고(알고리즘) 틀 짓는(인터페이스) 공통의 방법론에서 찾아야 한다.

이러한 논의는 사랑 자체에 관한 지배적인 가정들에 의문을 제기한다. 일반적인 담론과 철학적인 논의에 있어서, 둘 다 말이다. 우리는 사랑이 정치와는 무관하다고 믿곤 한다. 무수한 예를 들 수 있지만, 이런 관념은 베르나르도 베르톨루치의 상징적인 2003년작 영화로 프랑스 1968년 혁명 시기의 연애담인 〈몽상가들The Dreamers〉에 완벽하게 구현되어 있다. 거리에는 시시각각 화염병이 날아다니지만, 파리의 부르주아 아파트에 들어앉아 섹스와 사랑을 경험하는 등장인물들에게 이런 맥락은 멀고 먼 일이다. 사랑과 정치가 함께 논의되는 일은 흔치 않다. (이 책의 정신대로) 재미 삼아 구글 스칼라(학술 검색)의 자료를 분석해보면 정치에 관한 학술 작업이 기하급수적으로 증가한 지난 다섯 해 동안 사랑에 관한 작업은 반으로 줄었다. 정치적 투쟁이 급박해질수록 사랑은 뒤로 물러난다. 적어도 학계를 토대로 판단하자면 그래 보인다.

반대로, 대중문화를 토대로 하면 판결이 뒤집어지는 듯하다. 최근 몇 년간, 갈수록 정치에 사로잡히게 된 것과 함께, 데이팅 앱, 연애 시뮬레이션, 관계 지향 리얼리티 쇼가 기하급수적으로 늘었다. 하지만 트럼프닷데이팅 같은 곳이 사랑과 정치를 연결 지으려 하는 것과는 달리 사랑과 정치에 관한 대중적인 묘사의 대부분은 둘을 갈라놓으려 한다(밤 9시에 한 채널에서는 〈러브 아일랜드Love Island〉가, 다른 채널에서는 〈국무총리 질의응답Prime Minister's Question Time〉이 방영된다). 2020년과 2021년에는 관계와 사랑에 대한 대인기 TV 프로그램이 쏟아져 나왔다(세계 각국에서 제작된 〈첫눈에 결혼했어요Married at First Sight〉, 〈투 핫Too Hot To Handle〉, 〈셀렙스 고 데이팅Celebs go Dating〉, 〈퍼스트 데이트First Dates〉 등등). 이 모두에서 정치는 완전히 제거된다. 베르톨루치의 〈몽상가들〉에서처럼, 우리는 정확히 정치의 소용돌이를 벗어나기 위해 사랑을 향한다.

2009년에 나온 책인 알랭 바디우의 《사랑 예찬Eloge de l'amour》은 사랑의 몰정치적 지위를 상정할 몇 가지 철학적 논거를 제공한다. 바디우는 '사랑과 정치를 섞을 수 있다고 생각하지 않는다'고 명시적으로 말하며 둘의 분리를 지지한다. 처음의 논의를 생각하면, 1960년대 이래 점차로 갈라져 나온 사랑과 정치가 다시 연결되는 방향으로 돌아섰다고 말해볼 수 있겠다. 바디우의 논의는 그러한 재결합 이전의 것이기는 하지만, 그가 '적'과 '라이벌'을 구별하는 대목은 이 상황에 유용한 통찰을 제시한다. 정치에서의 '적'과 사랑의 영역에서의 '라이벌'을 비교하며 사랑과 정치의 근본적인 구별점을 길게 논하는 대목에서[3] 그는 이렇게 쓴다.

적은 정치의 본질을 이루는 요소다. 진정한 정치는 진짜 적을 알아본다. 하지만 사랑에서의 라이벌은 절대적으로 외적인 것으로 남는다. 그는 사랑의 정의에 속하는 요소가 아니다.[4]

2009년의 이 논의는 2019년을 설명하기에는 썩 맞지 않아 보인다. 트럼프닷데이팅이 전제하는 민주당 혹은 자유주의 진영이라는 적은 잠재적 연인 관계 속에 구조적 현존으로 코드화되어 있다. 라이벌이 적이 되어버렸다. 관계에 외적인 것이 아니라 사랑의 가능성

에 토대적인 것으로. 바디우가 보기에,

'공산주의communism'라는 말은 집단성이 모든 정치 외적extrapolitical 차이를 통합할 수 있다는 관념을 내포한다. 그저 이쪽인가 저쪽인가, 혹은 여기 출신인가 다른 데서 왔는가, 어떤 언어를 쓰는가, 어떤 문화를 익히고 있는가 하는 이유로 어떤 공산주의적 형태의 정치적 과정에 참여하지 못하게 가로막혀서는 안 된다. 정체성이란 본디 사랑을 창조하는데 장애물이 되지 않는 것과 마찬가지다. 마르크스가 말한 대로 오직 적과의 정치적 차이만이 '화해 불가능'하다. 사랑의 과정에는 이에 대응하는 것이 없다.[5]

바디우의 말은 범상치 않게도 오늘날 사랑의 영역을 지배하는 자료 주도적data-driven 접근법을 예언하고 이를 이 시대의 정체성(동일성)identity 정치 비판과 연결 짓는다. 여기서 자료는 정체성의 위치에 놓인다. 바디우에게 있어 우파의 정치는 정체성 정치와 불가분으로 연결될 수도 있지만, 공산주의 정치 의제의 가능성은 정체성 범주를 횡단하는 연대를 수반할 터이다. 우리는 여기에 트럼프닷데이팅을 비롯한 정치와 사랑의 디지털적 재연결은 '정치 외적인' 것이야말로 사랑에서 배제되는 유일한 것이라는 사실을 함의한다고 덧붙일 수 있다(이 사이트가 첫 단계에서 제외하는 잠재적 짝은 정치적 적이 유일하다). 그럼에도 불구하고 정치적 적이야말로 이 사이트를 이용하는 트럼프 지지자 두 사람 사이의 욕망의 가능성에 전제되는 조건이다. 정치적 적은 이 사이트의 작동 논리를 (뤼스 이리가레Luce Irigaray의 말을 빌리자면) 일종의 삼각구도적인 (그리고 아마도 동성사회적인) 유대로 만들며, 두 연인

사이의 욕망을 가능케 하는 이 삼각형의 세 번째 요소는 바로 상상 속 정치적 적이다.

섹시하고 돈 많은 남자들

바디우가 《사랑 예찬》을 쓴 즈음 에바 일루즈Eva Illouz도 이 논쟁에 중요한 저작인 《사랑은 왜 아픈가Why Love Hurts》를 출간했다. 사랑과 관계를 다루는 정신분석학 이론을 배경으로 하는 (또한 종종 그와 긴장 관계를 이루는) 많은 페미니스트 작가 중 하나인 일루즈는 바디우의 주장을 사랑 담론의 가부장제적 권력구조에 대한 비판인 만큼이나 그 증상으로 보이게 만든다. 일루즈는 경제적 권력과 (따라서 정치적 권력과) 성적 권력 사이에는 깊은 연관성이 있으며 이들이 연결되어 있음을 무시하면 가부장제와 자본주의가 어떻게 억압에 공모하는지를 이해할 수 없다는, 적어도 드 보부아르 이래로 페미니스트들이 강조해 온 점을 상기시킨다.

페미니스트들의 주장 중 가장 흥미로운 것은 사랑과 섹슈얼리티의 핵심에는 권력 투쟁이 있으며 경제적 권력과 성적 권력은 융합되어 있기에 이 투쟁에서 줄곧 남성이 우세했다는 주장이다. 이 같은 성적인 남성 권력은 사랑의 대상을 정의하고 교제와 낭만적 감정의 표현을 관장하는 규칙들을 설정할 수 있는 능력으로 구성된다. 궁극적으로, 남성 권력은 성별 정체성과 위계가 낭만적 감정의 표현과 경험 속에서 생성되고 재생산된다는 사실, 반대로 감정들은 보다 넓은 층위에서 경제적, 정치적 권력 차

를 유지시킨다는 사실에서 비롯된다.[6]

일찍이 슐라미스 파이어스톤Shulamith Firestone이 이러한 주장을 한 바 있다. 파이어스톤은 1970년에 《성의 변증법The Dialectic of Sex》에서 사랑은 '여성 억압의 중심축'이기에 '사랑을 다루지 않는 급진 페미니즘 저작은 정치적 실패작일 것'이라고 썼다. 파이어스톤에게 있어 '문화에서 사랑이 누락되는 것 자체'가(위에서 논한 대로 오늘날에도 사랑과 정치를 분리하는 경향으로 뚜렷이 나타나는) 그 정치적 중요성을 알려주는 핵심적인 단서다. 파이어스톤은 사랑의 영역을 검토하는 것은 '문화의 구조 자체를 위협'하는 일이라 주장하며[7] 이기적이고 자기애적인 사랑과 보다 낭만적이고 평등한 종류의 사랑은 서로 다르다는 (2015년에 스레치코 호르바트가 조금 비틀어서 다시 한 번 개진한) 드니 드 루즈몽Denis de Rougemont의 유명한 주장을 반박한다. 파이어스톤은 주장한다.

사랑은 … 불평등한 권력 균형에 의해 복잡해지고 부패하고 가로막힌다. 사랑의 파괴적인 효과는 불평등이라는 맥락 속에서만 일어난다. 하지만 지금까지 불평등은—정도는 다르다 해도—상수였기에 '낭만적' 사랑의 부패는 서로 다른 성별 간의 사랑의 특징이 되었다.[8]

이런 공식에서는 사랑에 다양한 형태가 없으며 사랑과 욕망, 사랑과 욕정, 사랑과 탐혹의 구별을 비롯해 사랑을 둘러싼 일반적인 담론에 이론적인 논의에서의 여러 구분이 반드시 적용되지 않는다. 반대로 사랑은 권력구조 위에서 작동되며 그로 인해 변형('부패')된다.

이 지점에서는 역사학의 아날^{Annales} 학파가 세운 장기지속사^{longue} durée와 사건사^{histoire événementielle}(주로 사건들이 이끄는 단기적 변화) 개념에 비추어 생각해보는 것이 도움이 된다. 파이어스톤에게 사랑의 영역에서 작동하는 가부장적 권력의 '정도'는 단기적으로는 변화해왔지만 장기지속사에 있어서 그것 자체는 거대한 시공간적 거리를 넘어 상수로 존재해왔다. 근년의 기술적 혁신들은 여러 면에서 사건사의 영역에 속한다. 그것은 우리가 사랑하는 방식에 영향을 미치고 이를 변화시키지만 보다 역사가 길고 확립된 권력구조를 온전히 남겨둘 수도 있는 것이다.

이렇게 생각한다면 일루즈의 주장은 사랑이 언제나 권력의 반영이라는 관점에 대한 반박이 된다. 이러한 이론적 입장은 권력이 먼저 있고 사랑은 그 다음에 생기는 것이라는 관념을 토대로 하며 사랑을 가부장제적이고 자본주의적인 권력구조가 체현된 것으로 만들기 때문이다. 정말로 그런 경우도 종종 있을지 모르지만, 일루즈에게 사랑은 '권력과 다름없이 근본적^{primary}'이며 따라서,

> 여성의 사랑(사랑하려는 욕망)을 가부장제로 환원하는 탓에 페미니즘 이론은 종종 남성뿐 아니라 현대 여성에게도 사랑이 그토록 강력한 힘을 발휘하는 이유를 이해하지 못하곤 하며 사랑의 이데올로기에 담겨 있는 평등주의적 요소 그리고 가부장제를 안에서부터 전복할 역량을 파악하지 못한다.[9]

일루즈는 마르크스주의와 페미니즘을 결합해 반가부장제적 관

점에서 전복을 위한 공간으로서의 사랑을 탐구한다. 이는 여러 면에서 이 책이 하고자 하는 싸움이다. 플랫폼 자본주의가 사랑에 가하는 통제와 교정에 맞선 싸움은 사랑이 물려받아온 강력한 가부장제에 맞선 싸움이기도 하기 때문이다. 문제는 이 같은 최근의 기술적 변화들이 사랑의 장기지속사에 타격을 가해 사랑이 국가가 승인하는 이성애규범적 가부장제가 아니라 연대의 정치, 성평등, 성적 다양성에 복무하는 무언가의 공간이 되도록 할 개혁의 가능성을 충분히 제공할 것인가 하는 점이다. '진보적인 성정치적 목표를 위해 기술의 목적을 재설정하는 분명한, 조직화된 노력'을 주장하고 '기존의 기술을 전략적으로 배치해 세계를 재설계'하기를 추구하는[10] 제노페미니즘Xenofeminism 운동이 여러 면에서 이를 자임해왔다. 어쩌면 사랑의 새로운 기술들은 우리에게 억압과 통제의 긴 역사를 벗어날 길도 제공해줄 수도 있을 것이다.

바디우의 통찰 중 사랑과 정치가 서로를 도울 방법을 찾는데 더욱 유용한 것은 '정체성이란 본디 사랑을 창조하는데 장애물이 되지 않'으며 정치적 연대의 창조에 장애물이 되지 않으려면 정치가 사랑과 무언가를 공유해야 한다는 믿음이다. 바꾸어 말하자면, 사랑이 정체성 범주를 넘어서고 새로운 연결을 형성할 수 있다면 정치 또한 그러하리라는 뜻이다. 아사드 하이더Asad Haider는 《오인된 정체성 Mistaken Identity》에서 백인 부모에게서 태어난 것이 '아우팅되어outed' 논란이 된 흑인 인권 운동가 레이철 돌레잘Rachel Dolezal을 언급하며 이렇게 쓴다.

이런 의미에서 패싱passing은* 보편적 조건이다. 우리 모두가 레이철 돌 레잘이다. '자신의 특권을 검토'하는 무한한 퇴행은 결국 모두가 진짜가 아님을 까발릴 것이다. 그렇다면 우리가 패싱에 이리도 심히 곤란해하는 것은 놀랄 일이 아니다―패싱은 정체성에 관해 우리에게 너무 많은 것을 폭로한다. 정체성과 정치를 동치하는 일의 불편한 비밀이다.[11]

트럼프닷데이팅, 혹은 그 좌파 버전으로 만들어진 레드옌타의 존재는 정체성이 정치와 동치되는 이 불편한 비밀을 폭로한다. 이 경우들만 그런 것이 아니라 전반적으로 그렇다. 바디우가 희망하는 제안에 정확히 반대되는 것, 필터 버블**을 통해 사랑을 정체성 범주에 묶어두고 계급과 정치적 정체성 범주를 넘어서는 연대의 가능성을 닫아두려 하는 사이트들 전반이 그러하다.

우리 모두가 '패싱'하고 있다는 하이더의 말은 사랑의 영역에 더없이 적실하다. '패싱'이야말로 모든 게임의 논리이기 때문이다. 40대 중반이면서 서른아홉 살로 패싱할 수도, 이력을 과장할 수도, 혹은 그저 보다 일반적인 의미에서 욕망할 만한 대상으로 패싱할 수도 있다. 이것은 전복적인 일이 아니라 데이팅 앱이 시키는 대로 하는 것이다. 첫 만남에서 혹은 몇 달이나 몇 년을 만난 후에 까발려졌다

---

*   패싱은 어떤 사람이 사회에서 어떻게 받아들여지는지를 가리키는 개념이다. 예컨대 어떤 성별로 인식되는지, 혹은 여기에서처럼 어떤 인종으로 여겨지는지를 이야기할 때 쓰인다.

**   필터 버블filter bubble이란 개인 맞춤형 알고리즘을 이용하는 사람들이 필터링된, 즉 편향적으로 선별된 정보만을 접하게 되고 그 방울(버블)에 갇혀 그것을 보편 혹은 일반적인 것으로 여기게 되는 현상을 뜻한다.

는 소식을 듣곤 한다. 전 연인 혹은 잠재적 연인이 그들이 처음에 주장했던 것과는 다른 사람임(메기질catfishing이라 불린다)이* '아우팅되는' 것이다. 이용자들은 어떤 정체성을 찾으면 그것이 '진짜'인지를 주로 따진다. 이 퍼즐의 숨겨진 조각은 위에서 논한 온라인 상호작용에서 선명히 드러나는 이런 형태의 정체성 정치가 그저 문화적 민족주의나 신자유주의적 다문화주의의 결과나 증상으로서 우리로 하여금 스스로를 이런 식으로 생각하게 만드는 것이 아니라는 점이다. 오히려 정체성 정치는 필연적으로 자료와 묶여 있으며 사랑의 영역에서 이러한 핵심을 깨달을 수밖에 없는 것이다. 우리가 디지털 대상이 될 때, 우리가 '자료화'될 때, 정체성 정치가 구조적으로 우리에게 부과된다. 이러한 패턴을 깨기 위해서는 자료와 그 사용법에 대한 다른 접근이 필요하다.

스마트콘돔에서 섹스봇까지

우리 시대는 가히 '자료가 주도하는' 시대라 할 만하다. 매체나 학계가 제시하는 논거나 주장은 자료 수집 기술로 도출된 '경험적' 정보를 통해 지지되고 수합된다. 이 기술들은 디스토피아적인 인공두뇌

---

* catfishing이라는 표현은 2010년에 나온 다큐멘터리 〈메기Catfish〉를 통해 퍼진 것으로 알려져 있으며 온라인에서 낚시fishing라는 의미로 흔히 사용된다. 영화가 끝날 무렵 한 출연자는 살아 있는 대구를 운송할 때 운동 부족으로 대구의 살이 물러지는 것을 막기 위해 수조에 메기를 넣는다고 말하며 실제와 다른 프로필을 게시해 우리를 "계속 추측하고 생각하고 신선하게 만드는" 사람, 불신하고 긴장하게 만드는 사람을 '메기'로 칭한다.

의 꿈을 고대의 유물처럼 보이게 만든다. 자료 집합data sets은 인터넷 검색, 소셜 미디어 피드, 텔레비전 화면에서 우리가 무엇을 보게 되는지를 통제하지만 그 선택 과정은 고의적으로 숨겨진다. 방법론으로서 자료는 대학의 전 영역을 통해 파고들며, 새로운 임용 자리들은 (심지어 소위 '예술' 분야에서도) 젠더부터 시에 이르기까지 모든 것을 자료 분석 소프트웨어를 적용해 이해하는 학자들에게 주어진다. 모바일 앱이 자료 유형화 알고리즘을 이용해 식습관부터 월경 주기까지 모든 것을 관리하고 스마트콘돔은 성적인 움직임을 대규모 통합 자료로 축적해 성의 미래에 새로운 청사진을 그린다.

자료는 이제 무엇이 정상normal인지 규정한다. 우리를 여러 패턴으로 조직하며 우리가 주변 세계를 이해하는 지배적인 방식으로 기능한다. 스마트콘돔의 사례만 봐도 확연하다. 스마트콘돔은 다른 사람들과 비교할 수 있도록 성적 자료를 수집한다. 규범norm에 맞게 이끌어 성적 능력을 '개선'하기 위해서 (혹은 심지어 규범을 강화하고 사용자를 자료가 인정하는 이성애규범의 종마로 만드는 방향으로) 말이다. 그런데 퀴어하고 비규범적인 성적 실천에 이것은 어떤 의미인가? 예컨대 비순응주의적인 항목들을 시대착오적이고 낡은 것으로 판정하고 제 쾌락 논리에 '속하지 않는다'거나 저와는 '맞지 않는다'고 규정하는 구조적 본성을 가진 자료 논리로부터 새로운 규범이 만들어진다면?

이는 이와 같은 자료 패턴들을 규범화 과정의 일환으로 만든다. 자료 집합에서 시대착오적인 요소를 제거하려는 자료 사회의 규범화 충동이 그런 실천들을 (시간상으로 퇴행적이라는 관념을 담고 있는) 엄밀한 의미에서 시대착오적인 것으로 분류해 과거의 일로 혹은 과거에 속하는 것으로서 사라지게 할 수도 있을까? 우리는 어쩌면 푸코가 '대감금great confinement'이라 칭한 것의 최신판, 즉 엄청난 양의 자료가 우리의 욕망을 자동화해, '광기'를 디지털적으로 침묵시키는 집약된 패턴으로 옮겨 넣는 시대에 들어설 위험에 처해 있는 것은 아닐까?[12] 그런 기술들은 우리가 우리의 삶을 통치하고 조직하는 기술적 규범이 되는 애플리케이션들을 구축하는 데 쓰이는 '자료 집합'에서 부적절한misfit '자료 요소들'을 제거하고 있는 것은 아닐까?

이런 의문 중 일부만 사실이라 하더라도, 우리는 (다시 한번 프로이트를 인용하자면) 우리의 '인공사지', 의식 자체와 떼려야 뗄 수 없게 되어버린 기술들이 오직 이른바 '전형적인' 것을 토대로만 구축되는 미래로 들어서게 될 것이다. 그 전형이란 기술 자체가 대물림하는 온갖 여성혐오, 인종차별적 선입견, 이성애규범성을 달고 온다. 그런 기술들은 고정된 개인 사이의 단순한 매개체가 아니라 사이보그적 주체의 여러 속성이라고 보아야 한다. 그저 사람들을 잇는 수단에 관해 생각할 일이 아니라 욕망하는 주체, 혹은 사랑하는 주체를 재프로그래밍하는 것이 관건이다. 앙리 르페브르는 '컴퓨터화된 일상생활은 특정 이데올로그들이 흥미로워하고 매혹될 만한 어떤 형태를 당연한 것으로 전제할 위험이 있다'고 썼다.[13] 2019년에 나온 인종차별적인 얼굴 인식 소프트웨어를 생각해보라. 제작자들이 그렇게 설계한 것이 아니라 자료 자체로부터 편견을 물려받은 것이었다. 물론 데이팅 알고리즘도 이와 비슷하게 제작자, 기초 자료 집합, 초기 이용자 피드백을 통해 특정한 이데올로기적 방향을 전제하고 이를 규범으로 수립할 수 있다.

자료는 전형을 보여준다고 자처하지만 또한 전형을 구축하고 찰나의 깨달음 속에서 우리에게 그것을 가시화하기도 한다. 이는 마치 우리가 '시각화'해 분명히 하기를 끈질기게 기다려왔다는 듯 지각된다. 자료의 언어 자체가 이것을 우리가 현실을 보고 지각하는 양식으로 코드화한다. 장난스레 말하자면 칸트식으로 '초월론적 도식 transcendental schematism'이라 말할 수 있을 것이다. 내용 없는 보편적 개념을 우리의 일상생활과 '사실적으로factually' 관계하는 무언가로 번역하는 과정을 뜻하는 말이다. 어떤 자료에 있어서든, 무언가를 보여주는 어떤 추상적인 개념이 시각화에 앞서 존재하며, 그다음에야 이 개념이 우리의 실존에 사실적으로 관계하는 듯 보인다. 이런 발상을 관계와 섹슈얼리티의 영역에서는 어느 정도 제거된 방식으로 활용하며 슬라보예 지젝Slavoj Žižek은 "이데올로기전의 승패가 갈리는 것은 이런 층위—우리가 무언가를 '전형'으로 지각하는 … 관점이 근본적으로 달라지는 순간—에서다"라고 쓴다. 그는 '보편은 어떤 특수한 내용이 그 대리자로 기능하기 시작할 때 구체적인 실존을 획득한다'고 주장하는데, 자료는 바로 보편, 궁극적 진리의 추구에 이데올로기적으로 작동해 우리가 믿게끔 하는 대리물로 볼 수 있다.[14] 자료를 의심한다 해도 이미 너무 늦었다. 읽은 것을 의심하지만 이미 읽어버렸으며, 우리가 그 둘 사이에 끼어 있는 사이 전형이 이미 탄생해 버렸기 때문이다.

사랑의 영역에서 이 점은 특히 중요하다. 앞에서 언급한 스마트 콘돔은 거대한 빙산의 일각일 뿐이다. IAC의 기술로 설계된 코드를 들여다보지 않아도 그것이 반영 혹은 반사의 원리이며 유사성과 동질성을 토대로 사람들을 연결시킨다는 것을 알 수 있다(심지어는 사람들이 자신과 닮은 사람에게 끌린다는 것도 자료로 '증명'되었다). '맞는 짝match'이라는 언어만으로도 요점을 밝히기에 거의 충분하다. 크리스 매킨리Chris McKinlay가 관심사를 공유하는 사람과만 짝을 지어주는 방식을 우회하려 오케이큐피드를 해킹한 일은 알고리즘 바깥에서 사랑을 찾는 아름다운 이야기로 받아들여졌지만, 이 사이트의 방식 자체에 의문을 제기하는 것으로 이어지지 않고 별스러운 시대착오적 행동으로 취급됐다. 매킨리가 이성애자가 아니었다면 그의 행동은 자료 주도적 접근법의 실체를 보여주었을 것이다. 저런 식으로 짝을 짓는 방식이 관계를 위해 하는 일은 페이스북이 우정을 위해 하는 일과 똑같다. (서신이나 소식을 주고받는 일을 뜻하기도 하는 이 단어의 원래 의미에서) 일치도correspodence를 토대로 서로를 좋아할 (또한 서로에게 좋아요를 눌러줄) 가능성이 상당한 이들을 이어주는 것이다. 우리는 마치 우리와 비슷한 이들과만 만나고 대화하겠다는 듯이 군다. 그것이 이미 서로와 관계 맺는 전형적인 방식이 되어버렸기 때문이다.

여기서 중요한 것은, 이것이 보기와는 달리 (이 말들을 어떤 뜻으로 쓰든) 문화의 논리도 자연의 논리도 아닌 **자료**의 논리라는 점이다. 자기애적 사회라는 말만으로는 우리 문화가 우리와 비슷한 사람과 짝을 지어주는 앱이나 웹사이트를 만드는 이유를 다 설명할 수 없다. 자료를 네오파시즘적으로 해석하는 근거로 쓰이는 주장대로 자료가 인종 분리주의를 반영하는 것이 상상 속의 인간 본성 때문인 것도 아니다. 우리의 사회와 우리의 연결, 우정, 연애는 이제 자료의 법을 따른다. 자료는 문화도 자연도 아니며 둘 중 어느 쪽의 진실을 반영하거나 드러내는 것도 아니다. 자료는 오히려 고유한 힘force으로서 사람과 사물 간의 기존 관계를 지속시키는 방향으로 우리를 떠민다. 자료란 오직 패턴만을 수용하고 이례적인 것은 배제하기 때문이다. 나아가, 자료는 규범에 자양분을 제공해 이를 지속시킬 수 있을뿐 아니라 아직 규범으로 가시화되지 않는 새로운 규범을 만들어낼수 있다. 유용한 자료가 이 과정을 조력한다. 자료는 전형을 확립하고는 확장시키거나 확산시키며 한편으로는 그것이 원래부터 있었던 것처럼 보이게 만든다.

자료가 주도하는 관계가 규범이 되는 동시에, 기술은 처음에는 하위문화적, 주변적 혹은 비규범적으로 보이는 다른 여러 방식으로 섹슈얼리티에 침투한다. 흔히 우리는 그런 기이한 일들을 문화나 자연으로 설명한다. 예컨대 (3, 4장에서 논할) 섹스로봇과 가상현실 관계는 지배와 복종이라는 여성혐오적이고 가부장제적인 전통을 반영한다(문화적 설명)거나 수컷이라는 굶주린 성적 동물의 무한한 리비도를 충족시킨다(자연적 설명)는 식이다. 하지만 그 역시 문화의 산물인만큼이나 자료의 산물이다.

사실, 자료가 주도하는 기획들에 대해 정치적 동기를 가진 두 가지 해석 혹은 설명(좌파=문화적, 우파=자연적) 모두 그 과정에서 문화와 자연 사이에서 추가적으로 작동하는 제3의 힘으로서의 자료의 역할을 경시하는 듯하다. 저런 로봇은 (심지어는 모스크바 루미돌LumiDolls이나 토론토의 플레이메이트돌PlayMate Dolls 같은 회사의 인형도) 시장을 반영하는 것으로 여겨지는 자료 패턴과 연관되어 구축된다. 주 고객이 일본인 남성이고 통계적으로 그들이 어린 서양 여성을 선호한다면 그걸 만든다는 식으로 사고가 이어진다. 이는 자신들의 기술은 정치적이지도 가부장제적이지도 않으며 사람들이 무엇을 원하는지를 나타내는 자료에서 나온 죄 없고 정치와는 무관한 결과물일 뿐이라며 자신들의 일을 옹호하는 실리콘 밸리 자유주의자들의 논리이기도 하다. 위에서 논한, 오케이큐피드가 자기네 알고리즘의 역할을 언급하지 않은 것과 마찬가지다. 실은 그 반대다. 자료는 그저 자연이나 문화에 이미 있는 것을 보여주는 게 아니다.

오히려 그런 자료 지향적 개발은 이미 욕망되는 것을 반영하는 데 그치지 않는다. 첫째로, 욕망을 다르게 코드화해 특정한 욕망의 사례를 전형적이거나 보편적인 것으로 제시하고 자료로 수립된 규범과 관련해 욕망 자체를 구축한다. 또 한편으로는 일관되지 않는 것을 깎아내거나 원치 않는 것, 즐겁지 않은 것으로 코드화되는 요소들을 삭제한다. 리얼보틱스Realbotix의 섹스로봇이나 (미국과 영국의 플레이스테이션 스토어에서 판매 중인) 〈서머 레슨Summer Lesson〉에서와 같은 가상 관계(3장을 보라)는 물론 자료 주도적 데이팅 사이트는 이용자들이 원하는 것을 제공할 뿐만 아니라 원하지 않는 것을 제외시킨다. 리얼보틱스 제품의 경우 이용자는 플렌티오브피시 가입 설문 조사와 다를 바 없이 섹스 로봇에서 원하지 않는 기능을 제거하고 아바타의 '성격 특성'을 선택해 '맞춤 제작customise'할 수 있다(4장을 보라). 이용자가 욕망하는 것을 제공하는 과정은 고유하게 개인 맞춤형인 양 구축되지만 실상은 매우 총체적이며 관계의 영역에서 (개별 관계와 전반적인 자료 집합 모두에서) 다양성을 (확산시키는 것이 아니라) 배제하는 데 기반하고 있다.

욕망의 아케이드

1953년, 상황주의자* 이반 츠체글로브^{Ivan Chtcheglov}는 기술의 욕망 변형 능력을 예견했다. 그의 주요 저술인 〈새로운 도시를 위한 규정집^{Formulary for a New Urbanism}〉은 새로운 기술들이 고전적으로 바람직한 (예컨대 별을 바라보거나 비가 내리는 것을 보는 등의) 상황들을 이상화하지만 이런 환상의 일부인 '불쾌한^{unpleasant}' 것들을 배제한다고 지적한다. 우리의 욕망은 정화되어 오직 멋들어진 겉면만 보여진다. 20세기 초 건축에서는—예를 들어—젖는 일 없이 낭만적인 우경雨景을 볼 수 있게 해준 철과 유리가 이런 역할을 했다.

최근의 기술적 발전으로 사람들은 우주적 현실과 불편 없이 접촉할 수 있게 될 것이다. 마음에 들지 않는 측면을 제거함으로써 말이다. 유리 천장을 통해 별이나 비를 볼 수 있다. 이동형 주택은 해를 따라 돈다.[15]

츠체글로브는 우리가 정화 혹은 살균의 과정으로 인해 욕망이 보다 동질적이고 예측 가능하며 자동화되는 일종의 마취된 불만 상태 anesthetised malaise에 들어서게 될 것이라 주장한다. 스크린을 통해 매

---

*   당대의 자본주의, 대중문화가 시민을 수동적인 구경꾼이자 소비자로 만든다는 비판의식을 견지한 일군의 예술가, 이론가 들을 가리킨다. 기 드보르 등이 주축이 된 상황주의자인 터내셔널이라는 단체를 중심으로 활동했으며 특정한 양식을 개발하거나 좁은 의미에서의 창작에 집중하기보다는 기존의 작품이나 문화상품을 활용하는 방향전환^{détournement}, 이 책에서도 언급되는 표류 등의 방식을 통해 통합적인 도시환경을 이해하고 구축하고자 했던 예술운동을 시도했다.

개된 욕망은 마음에 들지 않는 측면들을 제거하도록 정화되고 수정된다. 그럼에도 이러한 경험은 우주적이라 할 만한 강렬함과 힘으로 가득 차 있다.

디지털적인 삶을 무한하고 황홀한 욕망으로 여기는 이들에게 반론을 제기하면서, 도미닉 페트먼Dominic Pettman과 마크 피셔Mark Fisher는 인터넷 문화의 특징은 지루함과 무관심이라고 말한다. 페트먼이 보기에 온라인에서의 사회적 삶은 '황홀경 혹은 지복'으로 경험되는 욕망이나 쾌락이 아니라 '사소하고 진부한 순간들의 동질적인 꾸러미'로 가득하다.[16] 츠체글로브가 말하는 기술이 야기하는 불만 상태 혹은 자동화, 그럼에도 극도의 우주적 욕망을 중심에 둔 상태가 이 논의에도 시사하는 바가 있을 것이다. 피카츄를 잡는 일 혹은 틴더 프로필을 오른쪽으로 넘기는 일은 욕망을 붙잡으려는 지루한 무관심과 순수한 황홀경적 지복, 어느 쪽에 속할까? 이상하지만 양쪽 다일까?

기술이 어떻게 쾌락과 상실감이 뒤섞인 감정을 일으키는지를 논의하며 육휘는 '기술적 황홀경technological ecstasy'이라는 개념을 제안하고 이를 '가속과 모험으로 특징지어지지만 그 방향을 분명히 알 수 없는 상태'로 설명한다.[17] 기술을 통해 우리는 스크린의 표면에서 솟구치는 가능성을 경험한다. 그 순간에 어떤 잠재성과 가능성이 깃들어 있는지 규정하기는 불가능하지만 말이다. 육휘가 보기에 이 디지털적 쾌락은 마르틴 하이데거가 '시간의 탈자태temporal ecstasy'라 칭하는 것과는 다르다.*

시간의 탈자태에서는 각자가 진정한 시간 속에 자리하지만, 이 경우는 오히려 '제자리에 없다는 불안감에 사로잡히면서도 동시에 속도를 찬미하는 초황홀경hyper-ecstasy'이다. 우리가 디지털적으로 경험하는 욕망은 약속과 무한한 잠재성으로, 동시에 상실과 부재로 가득하다고 할 수 있다.

서기 2000년을 맞아 클라이브 스콧Clive Scott은 19세기 파리의 넘실대는 욕망을 묘사한 보들레르Baudelaire의 유명한 시 〈지나가는 여인에게A une passante〉를 새로 썼다. 그는 새천년의 파리를 새로운 종류의 '달아오른 도시'라 말한다.[18] 오늘날의 스마트 도시—다음 장의 주제다—는 자동화된 불만 상태라고, 그럼에도 그것은 달아오른 시민들의 극도의 욕망으로 추동되고 플랫폼 자본주의의 욕망을 광적으로 추종한다고 보아야 할 법하다. 이 욕망의 디지털 공간은 츠체글로브, 기 드보르의 심리지리학과 보들레르의 도시들을 연결하는 저작인 발터 벤야민Walter Benjamin의 《아케이드 프로젝트Arcades Project》에 묘사된 파리의 아케이드와 비슷한 곳일지도 모른다.

---

* 어원상 밖에(ec-) 있다(sta-)는 뜻을 담고 있는 ecstasy(독일어에서는 Ekastase)는 '자기 자신의 바깥에 있다'는 의미에서 일반적으로 황홀경, 무아지경 등으로 번역할 수 있는 지극한 쾌락을 가리키는 말로 쓰인다. 그러나 하이데거는 자신을 빠져나간다는 것은 '어딘가로' 향한다는 것을 전제함을 지적하며 《존재와 시간Sein und Zeit》에서 이를 시간성을 규정하는 말로 사용하는데, 이 경우에는 대개 '탈자태'로 번역된다. 하이데거는 시간을 과거, 현재, 장래라는 분절된 순간들의 연속이 아니라 실은 "자기를 향해", "…에로 돌아와", "…를 만나게 함"이라는 세 가지 탈자태, 즉 '…를 향해 자기를 벗어남'이라는 현상의 통일적 지평으로 이해해야 한다고 주장한다. 이렇게 볼 때 우리는 우리의 존재를 이해하기 위해서 그 통일적 지평의 끝에 있는 죽음으로까지 미리 달려나가야 한다(《존재와 시간》, 이기상 옮김, 까치, 1998, 429~439쪽 참고). 이처럼 하이데거 철학에서 '자기를 벗어남'(즉 ecstasy)은 존재의 양식이자 존재를 이해하는 실마리이지만, "기술적 황홀경"은 그와는 다른 현상임을 지적하는 대목이다.

벤야민의 사유가 특히 유용하고 흥미로운 것은 아케이드라는 말 덕분이다. 《아케이드 프로젝트》는 19세기의 도시들과 그 도시들을 형성해낸, 도시의 심장부에 빠져드는immersive 경험을 낳는 철과 유리라는 새로운 기술들에 초점을 맞춘다. 19세기 들어 파리와 런던에 생겨난 이 환상적인 구조물은 백화점과 쇼핑몰의 원형이다. 아케이드라 불리는 이 거대한 유리 구조물은 판매용 상품부터 탐닉할 만한 경험까지, 자본주의의 온갖 생산품과 약속의 보금자리다. 벤야민이 아케이드에서 완벽한 자본주의 소비자가 되는 경험을 논하는 것은 이때 주체가 건물의 기술과 그 에워싸는immerse 능력에 크나큰 영향을 받기 때문이다—기술을 마주하고 빠져드는 일은 요즘과 같은 의미에서 몰입적immersive이었다.* 이런 의미에서 아케이드는 일종의 19세기식 가상현실이라 할 수 있다.

올리버 그라우Oliver Grau 등의 작업은 교회나 성당 같은 건축물이 어떤 의미에서 가상현실의 기원이라 할 수 있는지를 보여준다. 이 '성스러운' 장소에 들어가면 주체는 화려한 360도 천장과 색색의 유리창, 제단, 측랑, 조각상 아래에서 경이의 상태에 들어선다. 물론 이는 주체가 자신을 사도록 만들려는 특정 이데올로기—이 경우에는 종교적 이데올로기—의 의도다. 상품부터 종교까지, 무엇이든 판매될 수 있다. 에워싸는 건축물을 이용하는 자본주의의 힘을 목도한 19세기를 사유하며 벤야민은 아케이드를 사람이 가상환경의 힘에 종속되고 그 매력에 저항하지 못하는 반의식적인semi-aware 상태가

---

* 몰입 개념에 대해서는 155쪽을 참고.

게임, 사랑, 정치

되는 빠져듦의 공간으로 간주한다.

그렇다고 하면, 비디오게임 또한 전통적으로 '아케이드(전자오락실)'에서 행해진 것은 우연이 아니다. 아케이드는 들어갈 수 있는 가상적이고 물리적인 공간으로서, 우리의 욕망이 충족되거나 모든 충동의 충족이 약속될 수 있는 마술적인 꿈의 공간으로 우리를 초대한다.[19] 오늘날에는 아케이드가 도시 전체를 뒤덮도록 확장되었다고, 어쩌면 그 한계마저 넘어섰다고 말할 수 있을지도 모른다. 아케이드에는 경계가 없다. 아케이드는 더 이상 현실로부터 일상을 잠시 멈추는 일시적인 세계가 아니다. 스마트폰이 우리의 디지털적 삶을 매개하고 어디를 보든 현실이 증강되는 지금, 우리는 전 지구적 욕망 아케이드 속에 있다. 종교세계의 교회나 19세기의 강렬한 유리, 철구조물과 마찬가지로, 이 전 지구적 아케이드는 제 속에 빠져드는 이들에게 정치적 이데올로기들을 부과한다.

드보르, 츠체글로브, 상황주의자들의 시대에 공간의 조직에 가장 중요했던 것은 아마 건축이겠지만 오늘날 우리는 모바일 기술, 위치기반 앱, 자료 주도적 알고리즘, 큐레이션 도구의 층위에서 조직된다. 하지만 상황주의자들이 욕망에서의 혁명을 현대 자본주의의 핵심적인 조직화 측면으로 여기고 주목한 점에서 여전히 배울 바가 있다. 츠체글로브는 기술적 변화는 (오케이큐피드의 주장대로) 기존의 욕망을 반영하는 것이 아니라 욕망의 미래를 구축한다고 주장하며 '꿈은 현실에서 샘솟고 현실은 꿈을 실현시킨다'고 쓴다. 우리의 꿈이 현실이 될 때 그저 우리가 원하는 바를 반영하는 것이 아니다. 우리는 욕망의 미래로 이끄는 자료 주도적 패턴을 훨씬 더 의심해 보아야 한다. 다른 한편으로는 희망의 여지도 있다. 츠체글로브는 '망각된 욕망을 떠올리고 전적으로 새로운 욕망을 창조함으로써, 그리고 이러한 욕망을 지지하는 강도 높은 선전전을 통해 완전한 영적 변신을 일으켜야만 하게 되었다'고 주장한다.

그렇다면 우리는 어떤 욕망이 시대착오적이라는 이유로 사라지지 않게 지키고 싶은지, 어떤 형태의 욕망을 새로이 구축해야 할지를 물음으로써 이 과정을 제어해야 한다. 그저 자료를 따를 뿐이라는 변명은 힘 있는 이들이 그런 질문을 회피할 수 있게 해줄 뿐이다. 백번 양보해도 자료는 (이례적인 요소를 시대착오적이라며 없앰으로써) 규범적인 경향을 강화하고 확장하므로, 또한 적어도 잠재적으로 새로운 규범과 패턴을 수립하므로, 자료 주도적 기획이란 언제나 정치적이다. 다른 한편으로 이 지배적인 기술들을 배척하면 미래에 진보적 의제를 담지 못하게 할 기술혐오적 향수밖에는 남지 않는다.

2019년에 뉴욕에서 활동하는 한 모임이 웨스트할리우드에 섹스봇 업소를 또 하나 열겠다는 계획을 발표했다. 기존 업소와 유일하게 다른 점은 이미 '전통'이 되어버린 (자료가 힘을 실은) 인간-로봇 관계를 전복하려는 퀴어하고 비순응주의적인 시도가 되리라는 점이었다. 이들이 한 일의 일부는 기이하여 가히 충격적일 수도 있지만, 적어도 이 논리는 로봇이 욕망의 정치적 패턴들에 연루되며 심지어는 그 패턴들을 형성하는 역할을 할 수도 있다는 점, 그리고 인간-로봇 상호작용human-robot interactions, HRIs이 정치적인 방식으로 코드화된다는 점을 인정한다.

또한 2019년에는 소비자가전박람회에서 로라디카를로Lora DiCarlo

의 섹스토이 오제^{Osé}가 금지되는 일이 있었다. 전원 여성으로 구성된 이 회사는 섹스 테크 산업의 미래로부터 여성과 기술에 대한 여성의 영향력이 배제되는 데 우려를 표했다. 이런 가부장제적인 결정들은 스스로를 비정치적인 것으로 상상하는 해당 산업 분야의 정치학에 해를 끼친다.

섹슈얼리티를 막론하고 모든 커플이나 집단을 위해, 미래의 사랑 기술에 있어서는 작동 원리의 강력한 정치학을 숨기는 자료가 주도하는 접근이 아니라 알고리즘이—성적인 영역에서든 다른 영역에서든—정치와 연루됨을 인정하는 체제가 필요하다. 실라 재서노프 Sheila Jasanoff는 이렇게 지적한다.

기술 발전을 설명하는 (SF는 물론이거니와) 많은 논픽션이 여전히 물질적인 것을 사회적인 것과 별개로 취급한다. 마치 도구나 기계, 자동차, 컴퓨터, 의약품, 핵무기의 설계가 그 생산을 독려하고 지속시키는 사회적 배치와 끊임없이 상호작용하지 않는다는 듯 말이다.[20]

스파이크 존즈Spike Jonze의 〈그녀Her〉(2013), 알렉스 갤런드Alex Garland의 〈엑스 마키나Ex Machina〉(2014)에서부터 〈블리스Bliss〉(2021)나 〈얼터드 카본Altered Carbon〉(2018~2020)의 할리우드식, 넷플릭스식 묘사에 이르기까지 최근의 SF는 이런 경향을 깨고 디지털적인 미래가 정치적 노선들을 따라 사랑과 욕망의 의미를 재구축함을 인정하기 시작한 듯하다. 사실 중심의 설명들—기술 개발자가 쓴 문서부터 기술에 대한 언론 보도까지—은 여전히 기술이 어떤 의미에서도 정치화는 전혀 무관하다는 듯이 말하는 경우가 넘쳐난다. 이런 개념적 경향을 뒤집는 것이 진보적인 의제를 위해 기술의 목적을 재설정하는 첫 단계다.

《사랑의 급진성The Radicality of Love》에서 스레치코 호르바트Srecko Horvat는 이러한 발전을 대부분의 눈에 제대로 보이지 않게 만들어온, 사랑을 정치와 분리하려는 무모한 시도에 의문을 제기한다. 그는 최근 들어 우파가 사랑을 비롯한 대중의 감정을 좌파보다 훨씬 더 잘 조작할 수 있게 되었다고, 그리고—바디우의 입장을 비틀어—좌파가 리비도적인 것을 무시하는 위험을 감수하는 정치를 지지할 것이 아니라 이러한 리비도의 변형에 더더욱 적극적으로 개입해야 한다고 주장한다. 호르바트가 보기에 새로운 기술들은 사랑의 영역에서 정체성 정치와 이어지는 새로운 형태의 나르시시즘을 장려한다. 이 나르시시즘은 차이와 타자성을 거부하고 궁극적으로는 우익 담론의 편에 선다.[21] 이런 편향이 지엽적이며 기술 기업의 고의적인 의도가 아니라 할지라도 좌파는 이런 경향에 맞서기 위해 사랑에 비슷한 방식으로 새로운 종류의 정치적 개입을 해야 한다는 것이 호르바트의 주장이다. 호주에서의 혼인 평등 운동, 영국에서 새로 제정된 포르노 법에 대한 반발 등 최근 몇 년간의 좌파적 기획들은 정치적, 법적 세계가 관계라는 개인적 세계를 침해함을 인식하고 있다. 하지만 관계란 원래부터 언제나 정치적이라는 점은 모르고 있다. 이런 운동에는 반드시 보다 포괄적인, 사랑은 언제나 정치적이며 언제나 정치적이었다는 이해가 수반되어야 한다. 그러한 운동은 나아가 우리에게는 '사랑의 정치학'이 아니라 사랑이란 애초부터 정치적임을 이해

게임, 사랑, 정치

하는 태도가 필요하다는 걸 보여줄 것이다.

매혹의 스크린

1977년에 《사랑의 단상*Fragments d'un discours amoureux*》을 펴낸—아마도 이 책이 출간된 당시 같은 세대 철학자들 중 가장 유행을 덜 탄—롤랑 바르트Roland Barthes는 이미 잘 알고 있었다. 아마도 그가 쓴 것 중 가장 정신분석학적인 저작인 이 책은 정치적 범주로서의 욕망을 아주 면밀히 다루고 있기에 우리의 맥락에서 아주 중요하다. 《사랑의 단상》은 또한—적어도 수면 아래에서는—기술에 대한 분석서이기도 하다. 물론 그의 맥락에서 기술이란 디지털 이전의 것으로 이해해야 하지만 말이다. '홀림ravishment'이라는 장에서 바르트는 우리가 사랑에 '빠지는' 순간, "상대에게 반한 주체가 사랑하는 대상의 이미지에 '유린당하는ravished'(사로잡히고 마법에 걸리는) 최초의 사건이라 불리는(후에 재구성될 수도 있지만)" 순간을 논한다.* 그런 순간은 일반적으로는 '첫눈에 반한 사랑'이라 불리지만 바르트는 '매혹enamoration'이라는 학술적 명명이 필요하다고 말한다(바르트가 시대착오적인 용어를 택한 것이다). 바르트가 보기에 매혹은 주체로 하여금 어떤 길을 벗어나지 못하게 만드는 '최면'이다. 우리는 감전되듯 매혹을 겪는다. 욕망의 대상이 '사로잡히기' 전에는 나을 수 없는 '상처'를 가하기 때문이

---

*   ravishment(바르트가 쓴 프랑스어로는 ravissement)는 열광, 황홀이라는 뜻과 약탈, 강간이라는 뜻을 모두 갖고 있다.

다. 바꾸며 말하자면 욕망의 대상은 아무리 비합리적이고 대가가 크다 해도 우리가 저를 좇도록 저주를 건다. 무언가에 매혹되면 우리는 완성되었다는 듯한 느낌을 내기simulate 위해 대상을 '필요'로 한다. 매혹의 환상이 실은 바로 이러한 성취의 신기루로 이루어져 있음에도 말이다.

이것은 바르트의 논의 중 프로이트와 가장 가까운 지점이지만 또한 마르크스와 가장 가까운 것이기도 하다. 이 책에서는 욕망의 정치학에 관한 바르트의 논의를 여러 번 다시 볼 것이다. 종종 심각하게 무시되는 이 영역에 대한 (《사랑의 단상》은 물론 그의 이력 전반에 걸치는) 그의 작업이 욕망의 정치학을 깊이 사유하는 데 필요한 마크르스주의와 정신분석학의 조합이라 할 만한 것을 줄 수 있기 때문이다. 앞의 인용문에서 바르트의 말은 그저 연인이 아니라 '사랑하는 대상', 말하자면 아이폰, 브랜드 구두, 초밥 등 우리를 열중시키는 모든 것을 가리키는 것으로 이해해야 한다. 바르트는 연인과 상품 그리고 그 사이의 연결까지를 말하고 있다. '최면'이나 '이미지에 매료'된다는 말은 상품화를 사랑에 빠지는 일의 중심에 놓는다. 바르트의 비판은 새로 부상하는 상품 세계를 향한 것임에도 그는 결코 정치로부터 자유로운 사랑에 대한 향수를 품지 않았다. 오히려 그는 '주체'(우리)가 사랑에 빠지도록 준비된 장면으로 욕망의 대상을 무대에 올리는 축성consecration이라는 끊임없는 과정을 이야기한다.

우리가 처음 사랑하게 되는 것은 하나의 장면scene이다. 첫눈에 반한 사랑이란 갑작스러움(내 책임이 아니게, 운명에 달린 일이게, 휩쓸려버리게, 유린당하게

^{만드는})이라는 징표를 요하기 때문이다. 또한 갖가지 것 중에서 첫눈에 가장 잘 보일 법한 것이 장면이기 때문이다. 막이 열린다. … 나는 비전秘傳을 받고 입회한다. 그 장면이 내가 사랑하게 될 대상을 축성한다.[22]

한때는 도시—발터 벤야민을 통해 불멸하게 된 파리의 아케이드부터 바르트가 직접 논하는 샹젤리제나 에펠탑까지—가 사람들이 사랑에 빠지는 무대였다면, 오늘날의 무대는 휴대전화 스크린이다. 복잡한 알고리즘과 코드가 우리를 이 새로운 기술적 극장으로 몰고 간다. 기술은 언제나 우리가 사랑에 빠지는, 우리를 사랑에 빠지게 하는 장면들을 구조지어왔다. 하지만 새로운 기술들은 이 장면들을 극적으로 변형시키며 그 과정에서 사랑 자체를 변형시켰다. 그렇다면 사랑은 역사 너머에 존재할 수 없으며 언제까지나 당대의 정치적, 기술적 무대를 배경으로 상연될 것이다. '첫눈에 반한' 사랑은 갑작스럽고 본능적이어 보일 수 있지만 그 장면은 실은 우리를 둘러싼, 디지털적인 것이든 아니든, 기술들이 세심하게 준비한 것이다. 바르트의 요구는 이러한 상황을 거부하라는 것이 아니라 그저 이를 인식하고 어떤 힘들이 우리 욕망의 대상을 배치하고 준비하는지, 어떤 정치학이 우리가 사랑에 빠지는 순간을 구축하는지에 주의를 기울이라는 것이다.

　우리는 다음 장에서 새로운 형태의 자료 주도적 예측 기술과 실험적 증강 현실 기능을 구글의 사회 조직 기술을 위한 일종의 실험 단계로 다룰 것이다. 이미 그렇지만, 이 기술들은 도시 공간에서 수많은 욕망의 대상을 조직해 이윤을 극대화하고 스마트 도시에서 이동과 욕망 사이의 관계에 청사진을 그리기 위한 것이다. 바르트라면 우리가 이윤 도식을 훨씬 넘어서는 무언가를 마주하고 있다고 말할 것이다. 기술자본 기업—다달이 온라인 공간을 더더욱 잠식하고 조직하는 실리콘 밸리 기술 거인들—은 사랑에 빠지는 과정을 근본적으로 바꾸어버리고 있다. '스마트 도시'의 기술 이용자로서 우리는 〈포켓몬 고〉의 피카츄와 사랑에 빠진다. 피카츄가 화면에서 튀어나올 때, 필사적으로 피카츄를 찾아 헤맬 때, 거의 즉각적으로 그렇게 된다. 마찬가지로 (〈포켓몬 고〉와 맞닿는 면이 있는) 틴더나 그라인더의 연애 상대 이미지와도, 심지어는 배달 주문 앱인 심리스Seamless나 그럽허브Grubhub의 음식 이미지와도 사랑에 빠진다. 바르트의 말대로 기술, 정치, 사랑이 이런 식으로 이어진다는 것은 우리가 매혹되는 장면을 만드는 이들, 우리가 무엇을 어떻게 욕망하고 그 욕망에 어떻게 반응할지를 결정하는 이들에게 크나큰 힘을 준다.

인터넷의 초기 지지자들은 인터넷이 민주적이고 다종적인 공간이 되리라 여겼지만, 소수의 권력 집단이 이 새로운 욕망의 네트워크를 지배하며 그 규모는 갈수록 작아지고 있다는 점이 이제 너무도 분명해졌다. IAC는 오케이큐피드, 매치, 틴더 등 100개 이상의 회사를 소유하고 있으며 구글의 모기업 알파벳Alphabet은 식당에서 포켓몬까지 우리가 모든 것에 관계하는 방식에 영향을 미칠 수 있는 수많은 스타트업을 인수했다. 앞에서 다룬 게임 회사 베이징쿤룬테크가 그라인더—원래 독립기업이었으며 '대안적인' 앱이라고 할 만했던—를 인수했다는 놀라운 소식은 사랑이 기술 발전이라는 커다란 패턴에 동화됨을 다시 한 번 보여준다. 오늘날의 무대 뒤편에는 기술자본과 수많은 프로그래머가 있으며 이들의 제품은 갈수록 소수 대기업으로 넘어가 우리의 화면을 프로그래밍하고 우리 욕망을 그들의 계획대로 설정하는 공간을 중앙집중화하고 있다.

자동화와 오토피아

이런 기술자본이 꿈꾸는 세계는 오토피아autopia라고 할 수 있다. 이런 용어를 사용하는 데에는 여러 이유가 있다. 실리콘 밸리의 사상을 지지하는 이들에게 이것은 도시가 중심이면서도 사물인터넷을 통해 모든 것에 가 닿으며 모든 것을 자동화해 전복되지 않는 미끈한 수익성의 패턴에 집어넣는 완벽한 세계라는 유토피아적 꿈이다. 다른 쪽에서는 이를 유토피아적 꿈이 아니라 디스토피아적 악몽으로 여길 것이다. 그런 이들은 이토록 발전한 욕망 기술의 문제점을 찾고 기술이 어떻게 저항과 변화의 가능성을 제약하는지를 생각한다. 하지만 개인의 행위주체성 상실을 애도하고 오늘날의 기술과 거리를 두는 유기적인 관계를 향수를 띠고 소망하게 된다는 점에서 이 디스토피아적 관점에는 한계가 있다.

기술혐오적이지도 기술애호적이지도, 디스토피아적이지도 유토피아적이지도 않은, 이 문제를 고찰할 다른 길도 있다. 자동화 기술은 사라지지 않을 것이다. 이미 구체화된 몇 가지 예만 들어도 (몇 년 안에 미국에서 일자리 350만 개를 사라지게 할) 자율주행 차량, 트럭, (이미 상용화된) 자동화 공장, (2019년 봄 현재 핀란드에서 시범 운영중인) 드론 배달 등에 달하는 자동화로 사회를 변형시키는 움직임들은 멈춰 세울 수 있는 가능성이 거의 없다. 이 꿈이 거의 농담처럼 들릴 지경으로 허풍을 떠는 테슬라가 아니더라도 그 중심에는 자동차 산업이 있다. 미래 도시 이미지의 중심에 자동차와 교통수단이 놓이는 것은 실질적인 의미에서 이들이 미래의 중심이기 때문이 아니라 시각적인 이미지를 제공하기 때문이다. 또한 욕망의 대상으로서—전형적으로 남성성, 부, 권력과 연관되는—자동차의 유구한 역사 덕분이기도 하다. 우리의 미래는 대상과 그 이미지의 판매와 함께 설계되며 이 과정은 본질적으로 정치적이다.

이 스펙트럼의 끝은 미묘하다. 구글앱을 통한 여행의 자동화, 비슷한 예측 앱을 통한 조깅 코스, 쇼핑, 음악 취향의 자동화, '스마트 작성' 문자메시지나 글쓰기 기술을 통한 대화의 자동화, 데이팅 기술을 통한 사랑의 게임화는 아마도 돌이킬 수 없을 것이다. 기술을 인간의 뇌에 이식하는 소프트웨어 전문 회사인 뉴럴링크Neuralink는 '생체 지능과 디지털 지능이 보다 긴밀히 통합될 것'이라고 말한다.[23] 미래의 꿈처럼 보일 수도 있지만 사실 정신적 삶과 디지털적 삶의 통합을 시사하는 많은 기술들이 이미 실현되어 있다.

그렇기에 적어도 욕망의 영역에서 오토피아는 현재의 이야기다. 중요한 것은 충동이 자동화되는 이 세계의 정치학은 여전히 열려 있다는 점이다. 자동화 없는 세계를 살고 싶다 해도 그러기엔 이미 너무 늦어버렸을지 모르지만, 욕망의 기술적 변화가 누구를 위한 것이 될지는 결정되지 않았다. 오토피아는 미래에 대한 유토피아적이거나 디스토피아적인 전망에 내재하는 편향적인 판단을 중화하고 욕망의 디지털적 미래를 운명이 결정되지 않은 전장으로 사유하기를 시도하는 개념이다. 이 책의 초점은 욕망의 자동화로부터 나오는 패턴을 이해하는 일이며, 앞에서 시사한 대로, 그 패턴에서 여러 갈래의 인종차별적, 여성혐오적, 가부장제적, 반트랜스젠더적, 반 LGBTQ+적 영향력을, 또한 정체성 정치와 분파주의를 향하는, 전복적이고 비판적인 잠재력을 분쇄하려는 광범위한 경향성을 읽어낸다. 하지만 절망적으로 여기지는 않는다. 그러한 경향을 가시화하고 이를 변화시킬 시나리오를 만들고자 하는 것이다.

바르트는 '첫눈에 반한 사랑이라는 신화는 너무도 강력해서 누군가가 사랑에 빠지기로 결정했다는 말을 들으면 우리는 놀라 나자빠질 것'이라고 쓴다. 욕망과 '저절로spontaneity'라는 말의 연상 관계는 빠져나갈 수 없어 보일 만큼 잘 자리 잡은 이데올로기라고 말한다. 언제 어떻게—사람과든 사물과든—사랑에 빠질지를 결정하고 그 과정에 대한 통제권을 갖기는 쉽지 않을 것이며 어쩌면 불가능할지도 모른다. 하지만 바르트의 작업이 요구하는 바는 매혹이 일어나는 장면과 스크린을 분석하라는 것이다. 우리가 사랑에 빠지기를 결정할 수 있건 없건, 그 장면은 우리의 통제 너머에서 정치적이고 기술적인 힘에 의해 이미 결정되어 있다. 정치적 우파가 자신들의 목적에 복무하도록 욕망을 조작할 줄 안다는 호르바트의 말은 옳다. 우리는 오래 전에 바르트가 구상한 방식으로, 욕망의 정치학을 가시화하고 오늘날 우리가 어떻게 움직일지를 지시하고 시민들을 조직하며 심지어는 선거에도 영향을 미치는 매혹의 기술을 인식함으로써, 이에 대응해야 한다.

사람을 달뜨게 하고 저절로 일어나는 것 같아 보여도 사랑은 실은 언제나 정치적이며 그 장면 뒤의 정치학을 드러내야 한다는 것이 바로 바르트가 알려주는 바다. 이 책에서는 이를 염두에 두고 욕망의 광대한 장면으로서 스마트 도시를 논한 후에 챗봇, 섹스로봇, 가상 파트너, 스마트콘돔, 데이팅 사이트에 이르는 사랑의 영역에서의 여러 가지 구체적인 디지털적 발전을, 또한 음식이나 여행 앱, 비디오게임, 자율주행 차량, 선거운동 기술 등의 보다 덜 확연한 발전들을 다룰 것이다. 이들 하나하나를 오늘날 욕망의 영역에 대한 구체적인 디지털적 개입으로서 논할 것이다. 욕망이나 사랑을 정치나 이성과 분리하는 것이 아니라, '사랑에 빠지기로 하는 결정', 이성적인 것과 몸의 재연결이 더더욱 필요함을 주장할 것이다.

사랑에 빠지는 일에 대한 바르트의 주장에 있어서 역사적으로 괴테의 《젊은 베르테르의 슬픔Die Leiden des jungen Werthers》만한 사례는 없다. 바르트는 《사랑의 담론》의 주석에서 이 책을 언급하지만 본문과 연결해 자세히 논하지는 않는다. 이 소설에는 첫눈에 반하는 사랑을 대표할 만한 순간이 묘사되며, 이는 사랑이 대상의 조직화에 연결되는 방식을 보여준다. 실제로 당시에도 이후로도 조각이나 회화로 남겨져 영원히 이어지고 있는, 당대 소설 중 가장 대표적인 장면일 것이다. 화자 베르테르는 1인칭 시점으로 욕망의 순간을 이렇게 서술한다.

잘 지은 집의 마당을 가로질러 걸어가서는 현관 계단을 올랐지. 문을 열자 이제껏 본 가운데 가장 행복한 광경이 펼쳐졌다네. 두 살부터 열한 살까지 여섯 명의 아이들이 한 숙녀를 둘러싸고 복도를 달리고 있었어. 그녀는 중키에 몸매는 아름다웠고 분홍색 리본을 두른 단정한 흰 원피스를 입고 있었네. 호밀빵 한 덩이를 들고는 아이들의 나이와 식성에 맞춰 자르고 있었지. 우아하고 애정어린 손길이었네. 아이들은 손을 내밀고 차례를 기다려 빵을 받아들고는 우렁차게 감사 인사를 했어. 어떤 아이들은 얼른 달려가 먹기 시작했고, 점잖은 아이들은 낯선 방문객을 보려 마당에 나와 그들의 샤를로테가 타고 갈 마차를 살펴보았다네.[24]

로테 자체에 초점이 맞춰진 게 아니다. 그녀에 대해 알 수 있는 것은 '중키에 몸매가 좋고 깔끔한 흰 드레스를 입고' 있다는 것이 전부다. 베르테르에게 중요한 것은 오히려 바르트가 '사물들의 배치'라 칭한 것이다. 소품으로 등장해 욕망을 가능케 하는 이 장면을 만드는 아이들, 호밀빵, 칼 등과 로테의 관계다. 로테는 이 사물들 사이에서 나타나며 (베르테르 스스로는 '더없이 행복한 광경'이라 묘사하는) '장면'이 '사랑하게 될 대상을 축성'할 때 베르테르는 '입회자'가 된다.' 욕망을— 심지어는 사랑을—가능케 하는 것은 바로 이 장면, 사물들의 이러한 배치다. 우리네 공간, 장소, 시간의 기술이 사랑이 등장할 장면을 만든다—욕망이 생겨날 수 있게 한다. 우리는 고립된 대상과 사랑에 빠지는 것이 아니다. 갖가지 기술이 엄선한 장면 속에서 대상이 등장하는 모습과 사랑에 빠지는 것이다. 오늘날 틴더 프로필 카드는 그야말로 완벽한 예다.

사랑의 디지털 기술을 논하며 문학을 언급하는 것은 시대착오적이어 보일 수도 있겠다. 한편으로 디지털 기술과 관계의 세계를 변형시키는 그 능력은 우리를 문학과 영화를 통해 구현되는 사랑과 욕망의 '전통적'인 모델과 떨어뜨려 놓는다. 하지만 사랑의 의미론을 둘러싼 논쟁에 있어 역사적으로 가장 중요한 저작 중 하나인《열정으로서의 사랑: 친밀성의 코드화*Liebe als Passion: zur Codierung von Intimität*》에서 니클라스 루만*Niklas Luhmann*이 지적하듯 사랑의 경험이나 재현은 사랑만의 맥락에서가 아니라 마치 우리가 문화로서 알고 이해하는 사랑의 역사 전체와 연관되는 듯이 행해진다.

사랑의 묘사 하나하나는 다른 묘사 전부를 참조하는 것으로 이해해야만 한다. 모든 묘사가, 따라서 다른 묘사 전부가 그러하기에, 모든 주제는 다른 것의 다른 것으로서 다른 묘사 전부에서 나타난다.[25]

사랑을 매개하고 재현할 때, 우리는 또한 사랑의 긴 역사와 그 이미지, 의미론, 재현을 참조하는 것이다. 이 점은 직관적으로 사실이며 지금 논의에서 중요하다. 예컨대 관계의 영역 혹은 섹스의 영역에서 제품이나 서비스를 판매하는 모든 광고는 고립적으로 작동하는 것이 아니라 마치 '다른 묘사 전부를 참조'하기라도 하는 듯 사랑 및/혹은 섹스에 관한 기존의 여러 은유, 클리셰, 전제를 참조한다. 그러면서 우리가 이미지를 보는 순간 그것을 처리하는 방식에 영향을 미치는 사랑의 재현물들의 끝없는 목록에 제 것을 더한다. 말하자면 사랑의 모습 하나하나를 이전의 무수한 것들 사이에 끼워 넣는 것이다. 집단 기억이라는 블록체인식 목록과 마찬가지로, 사랑에 대한 각각의 경험과 재현은 문서에 추가됨으로써 이미 기록되어 있는 사물들의 역사와 관계 맺고 또한 그것을 변화시킨다.

루만은 실은 이런 과정에서 문학이 사랑이 무엇인지를 규정하는 지배적인 양식으로 군림한다고, 문학은 심지어 스스로의 논리에 따라 우리가 어떻게 사랑을 수행해야 하는지를 지시한다고 말한다. 문학이 이전까지 사랑의 '코드code'를 지정해온 가족이나 종교 같은 사회 제도를 대체했다는 것이다.

사랑 관계를 따르는 이 특수한 영역은 이제 코드는 '그저 코드일' 뿐이고 사랑은 문학 속에 미리 만들어져 있는, 실은 규정되어 있는 감정으로서 더 이상 가족이나 종교 같은 사회 제도의 지시를 따르지 않음을 분명히 드러낸다.[26]

사랑에 대한 이런 관점은 넓은 의미에서 정신분석학적인 이 책의 관점과 상당 부분 겹친다. 우리의 경험을 조직하고 구획하는 사회적, 도덕적 코드에도 불구하고, 심지어는 그에 맞서서, 자발적으로spontaneously 흘러가는 사랑과 욕망의 순간이나 경험이 있을 수는 있지만(이에 대해서는 뒤에서 논할 것이다) 사랑과 욕망의 경험은 대개 다양한 제도나 구조가 우리가 수행하도록 만들어둔 코드화되고 미리 규정된 경험으로 기능한다. 이제 우리가 사랑하는 방식을 규정하는 지배적인 힘으로서의 문학이 대체될 차례다. 오늘날 그 과정에 영향을 미치는 것은 사랑의 코드를 지정하는 문학, 가족, 종교가 아니라 인터넷, 스마트폰 그리고 온라인 행위자들의 연결망이다. 사랑은 언제나 코드화되어 왔다. 코드화의 유형이 달라질 뿐이다.

사랑 대 사랑

다마고치는 시대를 앞선 중요한 디지털 사랑 대상의 화신化身이다. 인간이나 동물을 디지털적으로 대신하는 역할을 한 다마고치에 관한 글에서 도미닉 페트먼은 중요한 언급을 한다. "우리는 개나 자동차, 새 구두, 아이폰, 아파트, 심지어는 나라에 대해서도 기꺼이 사랑한다는 말을 할 수 있다. 하지만 그것은 연인이나 배우자에 대한 사랑, 진짜 사랑과는 같은 종류가 아니라고 여겨진다."27 이런 구분은 종종 자의적이다. 또한 대개 화자가 지지하는 사랑을 비판되어야 한다고 여기는 사랑으로부터 보호하고 둘을 가름으로써 이상화된 형태의 사랑을 (아이러니컬하게도 다른 형태를 그저 비난함으로써) 지키려는 목적이다. 페트먼에게 "그 어떤 거래나 계산에도 오염되지 않은 '진정한 사랑'을 위한 신성한 자리를 지켜야 한다는 널리 퍼진 낭만적 욕구는 아이러니컬하게도 그러한 힘이 현재한다는 사실을 가리는 연막으로 기능한다."28

페트먼이 말하는 표준적인 문화적 접근 방식에 비해서는 보다 정치적인 형태지만, 스레치코 호르바트의 《사랑의 급진성》이나 로렌 벌렌트Lauren Berlant의 《사랑/욕망Love/Desire》을 비롯해 사랑과 기술에 관한 최근의 논의도 여전히 특정한 사랑을 다른 사랑과 구분하곤 한다. 호르바트가 보기에 '사랑에 빠진다'는 것은 할리우드식으로 욕망이 상품화된 형태라 할 수 있지만, 사랑에는 이런 자본주의적 경향에 대한 대안을 제공할 수 있을 연대나 신의fidelity의 형태도 있다. 벌렌트는 정신분석학의 용어를 써서 사랑을 욕망과 구분하고 둘을 별개로 다룬다. 사랑은 '욕망이 서로를 오가는 포용적인 꿈', 즉 '확장된 자아의 이미지, 규범적인 버전으로 말하자면 둘이 하나가 되는 커플 형태의 친밀감의 이미지를 제공하는' 꿈인 반면,

욕망은 무언가 혹은 누군가에 대한 애착의 상태, 그리고 대상의 특수성과 그에 투사되는 욕구나 약속 사이의 틈에서 생성되는 가능성의 구름을 가리키는 말이다. … 욕망은 외부로부터의 충격으로서 당신을 찾아오지만 당신을 스스로의 정서와 마주하게 하고 마치 욕망이 속에서부터 나오는 듯 느끼게 만든다. 당신의 대상은 객관적(대상적)이지 않다는, 오히려 그 사물들, 장면들은 당신이 당신의 세계를 지탱하도록 변환시킨 것이라는 뜻이다. 그것들 가운데 객관적이고 자율적으로 보이는 것은 부분적으로 당신의 욕망이 창조해낸 것, 따라서 신기루요 부실한 닻이다.[29]

벌렌트의 용어로 말하자면 이 책은 주로 사랑보다는 욕망에 관한 것이다. 인간 자신에서부터 음식이나 다른 상품(기술로 매개되는 것들), 그리고 섹스로봇에서 포켓몬까지 벌렌트가 말하는 대개 일시적인 '가능성의 구름'으로 끌어들이는 디지털적 욕망 대상들 자체에 이르는 온갖 대상을 다루기 때문이다. 벌렌트가 욕망의 '장면'에 주목하는 것 역시 이 책의 접근법과 공명한다. 하지만 그녀는 '당신이 당신의 세계를 지탱하도록 변환시킨 사물들과 장면들', '당신의 욕망이 창조해낸 것'을 말하는 반면(굵은 글씨는 인용자 강조) 여기서는 이런 장면들을 플랫폼 자본주의 세계의 장면들과 연결짓는 데에 초점이 있다. 이 세계에서는 알고리즘과 인터페이스가 우리의 세계를 지탱하

며, 이들은 딱히 '마치 욕망이 속에서부터 나오는 듯 느끼게 만드는' 정서로서의 우리 자신의 욕망을 반영하는 것이 아니다. 이런 충동들은 우리 내적 세계와 외적 세계의 정서적 경계에서 일어나는 불가피한 충돌이라기보다는 플랫폼 자본주의가 그 신민들에게 심는다고 해도 과언이 아닐 배치되고 기획된 충동이다.

페트먼의 주장은 뜻밖에도 프로이트의 저작에서 그 선례를 찾을 수 있다. 그 역시 어떤 형태의 사랑을 사소해 보이는 다른 형태의 사랑과 구분하는 경향에 반대했는데, 1922년에는 이렇게 썼다.

> 사랑이라는 말의 의미의 핵은 자연히도 성적인 합일을 목적으로 하는 성적인 사랑으로 구성된다(이것이 흔히 사랑이라 불리는 것, 시인들이 노래하는 것이다). 하지만 우리는 이를—어쨌거나 '사랑'이라는 이름을 공유하는—한편으로는 자기애, 다른 한편으로는 부모나 자식에 대한 사랑, 우정, 인류애, 또한 구체적인 대상이나 추상적인 이념에의 헌신과 … 별개로 취급하지 않는다.
>
> 그렇다면 우리는 언어가 수많은 용례를 포괄하는 '사랑'이라는 말을 만듦에 있어 전적으로 정당한 통합을 해냈으며 과학적인 논의나 설명에도 이를 토대로 삼는 것이 최선이라는 생각에 이르게 된다.[30]

프로이드가 보기에 일상 언어에서 이처럼 상이한 사랑 개념들이 하나로 묶인다는 것은 그렇지 않았다면 따로 떼어 구분하고 싶을 만한 것들이 연결되어 있다는 중요한 사실을 시사한다. 이 책은 이에 동의하며 이 점이 디지털적으로 욕망하는 오늘날의 세계에 특히 의

미심장함을 보여주고자 한다. 물론 우리는 자식과 연인과 포켓몬을 각자 다른 방식으로 사랑하지만 기술이 이러한 욕망의 형태들을 매개하고 코드화하는 방식들은 연결되어 있기에 그 차이보다는 유사성이 훨씬 더 중요하다.

오늘날 매혹의 장면—욕망의 토대가 되며 욕망을 생성하는 사물들의 배치—은 매혹의 스크린이라 할 만한 것으로 대체되거나 그에 통합되었다. 소셜미디어 연결망을 돌아다닐 때, 무의식적으로 틴더에서 넘기기를 반복할 때, 데이팅 플랫폼을 스크롤하고 게임패드를 두드릴 때, 욕망이 탄생한다. (틴더와 유사한 인터페이스로 직업적 인맥을 쌓을 수 있게 해주는 앱인) 셰이퍼Shapr에서 바람직한 직장 동료를 찾을 때, 틴더나 범블Bumble에서 잠재적 연인이나 데이트 상태를 찾을 때는 물론 페이스북이 추천하는 사람과 친구를 맺거나 트위터에서 누군가를 팔로우할 때의 과정은 고립적인 주체-대상 관계와는 거의 무관하다. 오히려 그것은 이런 플랫폼을 통해 보여지고 그 너머의 알고리즘—축성과 입회를 위해 우리의 잠재적 욕망 대상을 준비하는—을 통해 조직되는 대상들의 배치에 관한 문제다. 딜리버루Deliveroo에서 잠재적 저녁거리를 찾을 때마저도 우리는 이미지 한 장과 이용자 후기, 이름과 키워드 두세 개로만 묘사되는 매장들을 스크롤하고 오직 다른 잠재적 선택지와의 관계 속에서만 이루어지는 선택을 하며 면밀하게 구축된 방식으로 미뢰를 '자극받는다'. 우리가 이 과정을 설명하는 데 쓰는 언어가 그 경험을 감각의 자연스러운 충동과 연결 지으려 애쓴다 해도 말이다. 생각 없이 페이스북을 들여다볼 때도 사이드바에는 선별된 잠재적 연결상대의 소셜미디어 프로필이 뜨며 그 바로 아래에는 위시Wish가 지난주에 당신의 쿠키가 관심을 보인 물건들의 광고를 띄운다. 각각의 이미지 옆에는 그 이미지와 관련된 다른 이미지가 세심하게 배치된다. 이미지는 스크린에서 튀어나와 욕망을 부추긴다. 이 모든 것이 대충 숨겨둔 '갑작스러움이라는 징표'와 함께 배치되어 있다. 욕망하는 디지털 도시에서의 삶이란 이런 것이다.

1987년, 장 보드리야르Jean Baudrillard는 《커뮤니케이션의 무아경 Ecstasy of Communication/L'Autre par lui-même》에서 '스크린과 네트워크'가 '장면과 거울'을 대신하게 되리라고 썼다.[31] 앞의 논의를 생각하면, 오늘날 인터페이스(스크린)와 알고리즘(네트워크) 양자가 욕망의 장면을 구성한다는 점을 이해하는 것은 더없이 중요하다.

2
디지털 리비도 도시

너무 늦어버렸지만, 명민한 파리지앵 그녀는 알았지,

마지막 눈에 반한 사랑이 이 도시를 달아오르게 함을,

우아한 몸짓과 칠흑 같은 옷자락으로.

아름다운 엉덩이로 지나가는 그녀 곁에서 부르르 떨었지.

－클라이브 스콧, 샤를 보들레르의 〈지나가는 여인에게〉를 옮겨 쓰며 (2000)

욕망은 속에서부터 저절로 솟아나는 것이 아니라 오직 주체와 그 대상들이 욕망할 수 있을 만한 방식으로 배치될 때에만 나타난다는 바르트의 주장을 좇아, 우리는 몇 가지를 자문해보아야 한다. 우리는 어떤 장면에서 사랑에 빠지는가? 더 중요한—사물들의 정치학을 따져볼 수 있을—질문은 이것이다. 우리 주위의 사물들은 사랑이나 욕망이 가능케 될 환경을 만들기 위해 어떻게 배치되어 있는가? 오늘날의 디지털 문화에서 경험되는 욕망의 무수한 순간들을 구성하는 매혹의 스크린/장면에 초점을 맞추기 전에, 이 장에서는 큰 틀에서 욕망의 장면을 살펴볼 것이다. 바로 디지털 도시다. 틴더 프로필 넘기기부터 표적 광고까지, 스크린과의 만남 하나하나는 끊임없이 변화하는 다양한 대상들이 욕망의 대상으로 축성되는 자그마한 홀림과 소소한 매혹의 순간이라면, 스마트 도시는 미시적 유혹의 무한한 순환을 위한 거시적 장면이다.

동서양의 욕망혁명

우리 대부분이 살아가고 사랑하는 장면들과는 멀리 떨어진 곳, 중국 동부 항저우의 외곽에 알리바바^{Alibaba}의 클라우드 타운^{Cloud Town}이 있다. 인공지능과 스마트 도시 개발 첨단 연구에 특화된 실리콘밸리 스타일의 업무지구이자 휴양지다. 알리바바는 차이나 모바일^{China Mobile}, 텐센트와 함께 중국에서 제일 크고 제일 중요한 기술 기업 중 하나로 미래 도시를 만드는 데에 주력한다. 알리바바의 공동 창업자이자 회장인 억만장자 마윈^{Jack Ma}은 오랫동안 정치와 무관하다고 주장해왔지만 2019년에 중국공산당^{Communist Party of China, CCP} 당원임이 알려졌다. 이는 전혀 중국에 국한된 문제가 아닌, 기업과 국가 기구가 연결된 수많은 사례 중 하나일 뿐이다. 하지만 알리바바가 클라우드 타운에서 진행 중인 프로젝트들을 이에 비추어 생각해보면, 스마트 도시와 국가, 기업이 구상하는 미래의 연관성이 드러난다. 그 핵심에는 욕망이 있다. 이 디스토피아적 기술촌에서, 스마트 도시 개발의 중심에는 리비도적 욕동—그 도시에 거주하는 이들의 설계되고 예측되고 수정된 욕망들—이 있다.

클라우드 타운에서는 얼굴 인식을 통해 보행자의 나이를 알아내고 노인이거나 움직임이 느리면 녹색 신호 시간을 늘려주는 AI 신호등에서부터 응급 상황시 자동으로 투입할 수 있는 로봇 도우미까지 다양한 기술이 개발되고 있다. 알리바바의 '도시 두뇌^{City Brain}' 프로젝트는 항저우를 매끄럽게 작동하는 유토피아 도시를 만들기 위한 새로운 형태의 자동화를 탐구할 시범 구역으로 여긴다. 많은 글에

게임, 사랑, 정치

나와 있듯, 이 상상 속의 스마트 도시는 주민들의 움직임과 경향에 대한 정확한 예측에 성패가 달린 기획이다. 선도적인 기술 기업들은 분석의 기반이 되는 전통적인 계획 모델과 구식 자료 주도 모델을 '예측 네트워크 분석predictive network analytics'으로 대체하는 패러다임 전환을 이루었다. 예측 기술과 욕망의 복잡한 관계는 흔히 간과된다. 예측 기술은 우리가 무언가 원한다는 것을 스스로 알기도 전에 알아낸다고 말하지만, 이 리비도적 과정에 대한 간략한 정신분석만으로도 이 기술들은 우리의 욕망을—그저 그에 반응하는 것이 아니라—변화시킨다는 점이 드러난다.

자동화된 미래라는 디스토피아적 꿈을 앞당기는, 클라우드 타운에서 진행 중인 프로젝트 가운데 유독 두드러지는 것이 하나 있다. 여기서 몇 가지 강력한 단서를 찾을 수 있다. 바로 자동차 제조사 로버Rover와 협업해 알리바바에서 만들고 있는 'AI 드론 자동차'다. AI 드론 자동차는 운전자나 승객의 욕구에 '반응'할 수 있고 드론으로 소셜미디어에 올릴 사진이나 영상을 수집할 수 있으며 시티 브레인에 접속해 이용자에게 스마트 도시에 대한 최적의 경험을 제공할 수 있다. 클라우드 타운에 방문한 내게 담당자가 자랑스레 설명하기로, 이용자의 스마트폰과 연동되는 내장 미디어 패널이 이동 경로나 메뉴 선택 패턴, 그리고 잠재적으로는(미래에는) 사진이나 댓글을 읽고 수백만 개의 자료집합과 비교해 이용자가 무엇을 먹고 싶어할지, 거기까지 어떻게 가고 싶어할지(혹은 음식을 어떻게 배달시킬지)를 예측하는 것이 이 차의 가장 큰 특징이다. 바꾸어 말하자면 당신이 언제쯤 배가 고프고 무엇을 먹고 싶을지를 당신보다 먼저 알아낸다는 점이 이

자동차만의 매력이라는 것이다.

요컨대 이는 (적어도 알리바바가 상상하는) 새로운 시민은 자기네 의사 결정의 일부를, 어쩌면 심지어는 욕망의 일부까지도, 자신이 사용하는 기기의 소프트웨어를 운용하는 기술 기업에 내맡김을 보여준다. 우리의 충동들 자체가, 변덕과 호불호가 (여기서는 저녁 메뉴 선택을 통해) 미리 구획되고 계획되는 것이다. 내가 만난 직원이 내비친 대로 자료, 예측기술, 욕망의 삼각구도라는 관계야말로 우리를 디스토피아적 스마트 도시의 미래로 데려가는 가장 중요한 요소일지도 모른다.

기술 개발에 있어 이는 독특한 사례가 아니라 지배적인 패턴이다. 항저우에서 개발되는 이런 기술은 2012년에 도입된 이래 수차례 대서특필된 안드로이드 OS의 개인 비서 소프트웨어 구글 나우Google Now의 기술과 그리 다르지 않다. 하지만 여기서는 지금껏 간과된 측면 하나가 드러난다. 예컨대 알리바바는 복잡한 알고리즘을 이용해 위챗 페이WeChat Pay를 쓰거나 전자결제 시스템을 쓰지 않는 식당보다 알리페이Alipay를 쓰는 식당에 특혜를 줄 수도 있다. 마찬가지로 구글도 당신이 묻기도 전에 질문에 답함으로써 당신을 원래라면 갈 일이 없었던 길로 가게 만들 수 있다. 지금은 욕망이 그저 예측되는 것이 아니라 특정 의제—마윈이 중국공산당과 연관된 것에도 역시 경각심을 가져야 하지만, 이 경우에는 기업의 의제—에 맞게 점차로 수정되는 예측 기술 혁명의 초기 도입 단계다. 학계에서는 수년째 뉴스 큐레이션이나 광고를 위한 심리측정 프로파일링psychometric profiling의 편향성과 검색 엔진의 알고리즘을 상세히 다루고 있지만 이를 욕망의 측면에서 구체적으로 보지는 못했다.

더욱이 이는 기업 이윤만의 문제가 아니다. 마윈이 현재 (아마도 한 참 전부터) 중국공산당의 공식 당원이라는 사실은 대중의 움직임과 욕망을 수정하는 이 과정이 기업의 이익뿐 아니라 국가의 이익과도 긴밀히 연관될 가능성을 분명히 보여준다. 마찬가지로 알리바바의 경쟁사 텐센트 역시 베이징 정부와 긴밀한 관계를 맺고 있는 주요 기술 기업 중 하나다. 각 지역의 현재 인구밀도를 열화상 사진과 비슷한 이미지로 보여주는 지도 서비스인 텐센트의 '히트맵heat map' 기능은 어디에 사람들이 모이고 있는지를 알려주지만, 극단적으로 생각하면 이런 도구는 당국이 거리 시위를 막는 데 이용될 수도 있다. 이는 결코—우리 쪽 언론에서 끝없이 반복해 말하는 것과 달리—권위주의 중국만의 문제가 아니다. 예를 들어 구글의 전 CEO 에릭 슈미트Eric Schmidt가 정보 당국에서 실리콘 밸리의 협력을 받기 위해 설치한 펜타곤 자문위원회 위원장으로 선임되었던 것은 의미심장하다. 중국의 스마트 도시건 러시아의 로봇이건, 영향력과 통제력이라는 디스토피아적 측면에서 동서양의 언어는 서로를 비추고 있다. 적어도, 자기네 땅에 자유롭고 해방된 디지털 공간을 건설한다는 신화를 공유한다. 리비도적 미래 도시의 새로운 패턴들이 동양은 물론 서양에서도 마찬가지로 강력하게 부상하는 것이 현실이다.

어떤 면에서는 여기(서구)에서 개발 중인 기술들과 비슷하지만, 알리바바의 사례는 미래 도시에서 시민들의 움직임을, 심지어는 욕망을 조직하는 보다 미묘하고 덜 직접적인 여러 방식이 있음을 보여주는 듯하다. 새로 생겨나는 스마트 도시의 패턴이 이를 담고 있다. 감시와 관찰을 넘어서는, 주위 환경과 관련한 주체의 보다 리비도적인 변형 말이다. 최신 예측 앱이 이용하는 우리의 디지털 족적은 우리의 욕망을 드러낼 뿐만 아니라 또한 그 욕망들의 구축 그 자체를 책임진다.

보드리야르는 1980년대 후반에 자율주행 차량의 기능 방식을 상상하며 이를 흥미로이 예측한 바 있다. 보드리야르가 기대하는 자동차는,

> '묻지 않아도spontaneously' 자신과 당신의 전반적인 상태를 알려줄 것이다(궁극적으로는 당신이 제대로 기능하지 않는 상태라면 자동차도 기능하기를 거부할 것이다). … 차와의 소통이 근본적인 문제, 그 대상들과 마주한 주체의 현전에 대한 영원한 시험이 된다—중단 없는 인터페이스다.[1]

보드리야르가 보기에 이런 자동화 차량은 종국에는 프로이트가 말한 기술적인 '인공사지'로서 이용자의 상당 부분을 차지하게 될 것이며, 여기서 이 대상은 사이보그적인 인공두뇌 피드백 루프로서 주체와 공생한다기보다는 주체로 하여금 자신의 대상에 맞추어 행동하도록 지속적인 압박을 가할 것이다. 알리바바의 경우와 마찬가지로, 자동차가 스스로 주행한다는 점보다 그것이 주체에게 차량의 제안에 응해 행동하도록 준비되어 있기를—그렇게 욕망하도록 준비되어 있기를—요구하리라는 점이 더 중요하다.

이 기술의 초기 단계는 그저 특정 기업에 득이 되도록 음식에 대한 이용자의 리비도적 관계를 점차로 수정하는 정도지만 종반에는 절실히 원한다 해도 벗어나기 어려울 깊이 새겨진 패턴이 될 수도

게임, 사랑, 정치

있다. 저녁 메뉴 추천이 그 자체로 디스토피아적 악몽으로 보이지는 않겠지만, 이는 (나중에는) 특정 집단에 좋은 방향으로 '유도^{nudge}'될* 수 있는 것으로, 결국에는 죄책감을 느끼면서도 리비도적으로 추동되는 순환에 주체를 집어넣는 리비도적 패턴 수립의 일환이다. (스마트콘돔은 말할 것도 없고) 애플 워치나 핏비트 같은 웨어러블 장치—그리고 이를 활용해 능동적으로 생활패턴을 바꾸는 큐저^{Q-ser}(수치화되는 이용자)** 집단—또한 그런 경향의 선도자로 볼 수 있다. 이런 예들은 개인적으로는 생산적인 목적에 기여할 수 있지만 자료화된 도시에서 주체성의 층위에 발생하는 변화—개별 시민이나 그들의 욕구와 안녕만을 염두에 두고 만들어지는 것이 결코 아닌 미래의 패턴—를 보여주는 것이기도 하다.

리 그리브슨^{Lee Grieveson}은 케임브리지애널리티카^{Cambridge Analytica}가 빚은 물의와 연관 지어 기업들이 인구의 정치적 반응을 더 잘 예측하고 제어하며 '영향력과 설득력을 갖추는' 것을 중심으로 설계되고 있음을 논한다. 그는 "사람들의 '성격'을 예측하도록 설계되며 '행동 변화'라는 목적에 극대화된 정서적 영향을 미치는^{affective}" 알고리즘의 활용을 언급하며 케임브리지애널리티카의—지금은 웹사이트

---

* 원어 nudge는 옆구리를 쿡 찌르다는 뜻의 동사로, 예컨대 매장의 동선 등 간접적인 방식으로 어떤 선택을 유도하는 일을 가리키는 경제학 용어다. 리처드 H. 탈러와 캐스 R. 선스타인의 《넛지》(안진환 옮김, 리더스북, 2009), 《넛지: 파이널 에디션》(이경식 옮김, 리더스북, 2022)을 보라.

** 여기서 "수치화되는 이용자^{quantified user}"란 웨어러블 장치의 심박계, 만보기, 수면 시간 추적 기능 등을 이용해 자신의 건강 상태와 생활패턴을 수치로 기록, 분석하는 이용자를 가리킨다.

에서 삭제된—원래 소개 문구였던 '자료 주도적 행동 변화'의 중요한 함의에 주목을 요청한다. 이 문구가 예측 기술이란 그저 행동을 예상하는 것이 아니라 표적의 행동 방식을 적극적으로 바꾸는 것임을 보여주기 때문이다.[2] 그가 '정동적affective'이라는 정신분석학 용어를 쓴 것은 아마도 우연이겠지만, 이 또한 하나의 단서를 제공한다. 바로 이러한 변화의 핵심에는 리비도적인 것이 있다는 사실이다.

이런 점에서 구글맵 시스템 혹은 그와 비슷한 지도 응용프로그램 인터페이스application programing interfaces, API*를 이용하는 (우버, 그라인더, 〈포켓몬 고〉를 비롯한 수백 가지) 게임이나 앱은 지난 10년간의 기술적 발전 중에서도 특히 중요하다. 이들은 이 새로운 규제적 실천에 구체적으로 공모하며 도시의 새로운 '지리적 윤곽'을 구축하는 역할을 한다. 우리가 어떤 길을 택할지를 규제하고 도시의 지도를 그리면서 기업 이익 그리고 봉기 방지에 복무하기 때문이다. 보다 중요하면서도 보다 무의식적인 문제로, 이들은 장-프랑수아 리오타르가 '욕망혁명'이라 칭한 것—욕망의 진화evolution와 혁명—의 일환이라는 점이 있다. 여기서는 우리가 어떤 디지털적 경로를 따라가는지가 우리가 무엇을 원하는지를 결정한다.

1981년, 기 드보르Guy Debord는 도시의 '심리지리적 윤곽psycho-

---

* API란 프로그래밍에 사용하는 함수 집합으로, 이를 활용하면 프로그래머로서는 프로그램을 처음부터 전부 직접 개발하는 수고를 덜 수 있다. 예컨대 구글 지도 API를 활용해 독자적인 지도 데이터 없이도 위치 기반 서비스를 만들 수 있다. 같은 API를 활용한 프로그램은 비슷한 방식으로 작동하므로 사용자 역시 여러 프로그램에 쉽게 적응할 수 있는 장점이 있지만 구글을 비롯한 거대 API 제공자가 대규모로 개인정보를 획득하고 사용자의 행동에 영향을 미치는 문제 또한 발생한다.

geographical contours'이라는 유명한 말을 남겼다. 우리가 물리적 공간을 자유로이 배회한다고 느낄 때조차 어떤 길을 갈지를 좌우하는 무언가를 가리키는 말이다.[3] 당시 드보르의 관심사는 우리가 어떤 경로로 도시를 통과할지 재조직하는 지배적인 힘—건축—이었다. 오늘날에는 점차로 그 역할을 휴대전화가 차지하고 있다. 우버가 택시의 경로를 지정하고 지도 앱이 우리가 어느 길을 걷고 어느 길로 차를 몰지를 선택하며 〈포켓몬 고〉가 (적어도 여름 한철은) 어느 지역에 사람들이 모여들지를 결정한다.

비슷한 지도 기반 API들이 조깅 코스를(맵마이런MapMyRun), 휴식 시간의 하이킹을(라이브트레커LiveTrekker), 여행지에서의 활동을(트립어드바이저 가이드TripAdvisor Guide) 정한다. 〈포켓몬 고〉가 관심을 끈 이유 중에는 뜻밖의 장소에 갑자기 사람이 몰리게 만들었다는 점도 있는데, (기업의 이익에 복무하는) 올바른 곳에 사람을 모이게 하거나 (예컨대 조직적인 봉기를 막기 위해) 잘못된 곳에 모이는 걸 막을 잠재적 능력이 있다는 데 경각심을 가져야 한다. 이는 기술이 그저 사람들이 이미 모여 있는 곳을 보여줄 뿐인 위챗의 히트맵 기능보다 한 단계 더 나아가게 만든다. 이런 앱들은 전화기를 통해 대규모 군중의 움직임을 규제할 최선의 방안을 찾는 구글을 비롯한 관계사들의 기획에 대한 시험 단계로 보아야 한다. 〈포켓몬 고〉 이용자들은 삐걱대고 오작동을 일으키는 초기형 사이보그, 구글이 만들 미래 인류의 베타 버전이다. 이 미래 인류는 지시받는 대로 갈 것이며 이 지시는 리비도적으로 내려진다.[4]

전자 포켓몬이나 여러 앱이 제공하는 '게임 속 보상'에는 틴더로 만날 수 있는 연인이나 저스트잇^{JustEat}으로 찾을 수 있는 햄버거의 물질성이 (아직은) 없을지 몰라도 햄버거나 연인은 분명 포켓몬의 디지털 대상성을 갖고 있다. 그런 점에서 기기에 의해 그리고 그것을 통해 욕망 대상의 변형이 일어나며, 우리는 원하는 것을 얻는 방식뿐 아니라 애초에 무엇을 원하는지 그 자체에 대한 변화를 마주하게 된다.[5] 그 리듬과 흐름에 있어 도시의 새로운 윤곽이 수립되는 일이 이 리비도적 변형의 중심에 있다.

이 '디지털' 대상들은 대개 디지털적 형태로만 존재하는 것이 아니라 외부 세계에서 찾을 수 있는 물질적 대상과 관련되는 것들이다. 육휘가 말하는 대로 우리는 디지털 대상을 통해 '이 유비쿼터스 매체 시대에 우리 삶의 모든 면면에 파고드는 새로운 형태의 산업적 대상'을 만난다.[6] 온라인 동영상, 이미지, 문서, 페이스북 프로필이나 초대장 등이 그러한 예에 속하며 개중에는 위에서 언급했듯 연인부터 포켓몬까지 구체적인 대상도 있다. 그런 대상 중 어떤 것은 화면 속 모습 너머에서 무언가와 특별한 관계를 맺는다. 이들은 오직 화면 속에서 디지털적으로 등장하는 것을 통해 지시되면서—이를테면 도시에서—'실제' 삶 속에 존재한다.

화면 속에 등장하는 이 디지털 대상들은 어떤 식으로 화면 밖 세계에 실존하게 되는가? 이를 사유하기 위해서는 대상 관계 이론의 역사를 살펴볼 필요가 있다. 역사적으로 영향력 있는 글 〈사물 이론 Thing Theory〉에서 빌 브라운^{Bill Brown}은 우리가 어떻게 대상과 관계하는지를 이해해 보고자 한다. 그는 1975년에 코넬리우스 카스토리아디스^{Cornelius Castoriadis}가 한 흥미로운 주장을 지적한다. 카스토리아

디스는 욕망이 욕망 대상의 결핍을 통해 규정된다는 전통적인 정신분석학적 개념에 맞서, 사실 대상은 욕망하는 주체에게 욕망할 만한 것으로 현존해야만 한다고 주장하고 주체의 정신이 실은 이미 그것을 그렇게 만들어두었음을 논증한다.[7] 다른 말로 하자면 비정신분석학적인 (해체decostruction의 전통과 더 들어맞는) 그의 관점에서 대상을 보는 이는 처음부터 언제나 자신의 정신 속에 대상을 구축해두고 있다. 이 정신이란 아마도 대상이 채울 공간으로 여기는 편이 가장 적절할 것이다. 우리가 무언가에 대해 욕망을 느끼려면 우리는 이 욕망의 끌어당김을 느낄 수 있도록 어떤 면에서 이미 준비되어 있어야만 한다.

매체 이론에서는 질베르 시몽동Gilbert Simondon의 '정보information' 개념이 이 상황을 이해하는 데 도움이 된다. 시몽동이 보기에 정보가 실존하게 되는 건 발신자나 메시지보다는 수신자의 특정한 상태에 달려 있다. 시몽동은 이를 '준안정성metastable'이라 칭한다. 정보 보유를 가능케 할 잠재성이 있다는 뜻이다. 이런 관점들을 더하면 아마도 화면 속에 묘사되는 음식이나 연인, 휴양지 등의 정보-대상은 각자의 정치적 사건이나 배열들로 인해 이미 매혹될 수 있는 주체에게 나타난다고 해도 좋을 것이다. 이것이 의미하는 바를 우리식으로 말하자면, 욕망의 장면이 핵심적이지만 또한 주체가 이미 이 공간에서 그 욕망이 작동할 수 있도록 준비된 상태여야 한다는 것이다.

우리가 대상과 맺는 관계에 대한 정신분석학적 접근이 해체가 추구하는 바와 어떻게 다른지를 이야기하며 브라운은 '해체는 어떤 단어는 결코 그 지시대상만큼 좋지 않다는 점을 알려주지만 정신분석학은 실제 대상은 결코 그 기호만큼 좋지 않다는 점을 알려준다'는 친절한 주석을 단다.[8] 이를 디지털화하면 이렇게 말할 수 있다. 해체는 디지털 대상은 결코 그것이 재현하는 실제 세계의 대상만큼 좋지 않다는 점을 알려주지만 정신분석학은 실제 대상은 결코 그것을 재현하는 디지털 정보만큼 좋지 않다는 점을 알려준다.

동시에, 브라운의 글이 나온 2001년 이후에야 일반화된 디지털 대상들은 대상과 그 기호의 관계를 고찰할 또 하나의 방식을 제공하는 듯하다. 오늘날의 정보-대상에 있어서는 두 진술 모두 맞는 듯하다. 한편으로 화면의 이미지는 원본에 비하면 밋밋해 보인다. 그저 주체가 '진짜' 대상을 갖게 되면 얻을 수 있을 쾌락의 맛보기나 일별만을 제공하는 것이다. 다른 한편으로 '진짜' 대상은 결코 광고 이미지의 수준에 미칠 수 없다. 조엘 슈마허Joel Schumacher의 〈폴링 다운 Falling Down〉(1995)에서 마이클 더글러스Michael Douglas를 광분하게 한 축 늘어진 웬디스Wendy's의 햄버거를 생각해보라. 바꾸어 말하자면 대상이 드러나는 두 부분—물질적 실존과 재현적 디지털 정보—의 관계는 여전히 결핍, 부족, 실망을 특징으로 하는 듯하다. 적어도 그 실존을 실제 경험과 디지털적 경험의 비교라는 측면에서 생각하면, 어느 방향에서 보든 그렇다(실제는 디지털에, 디지털은 실제에 못 미친다). 이 괴리가 (어떤 식으로든 실망하게 될 것이므로) 대상과의 만남이 낳을 쾌락을 감소시킬 수도 있어 보인다. 물질적 대상과 디지털 대상의 관계(혹은 괴리)가 동시에 그 욕망할 만함을 증가시키는 듯 보이기도 한다.

욕망과 실망을 이렇게 연결하는 일은 라캉이 개념화하는 사랑과 증오의 관계의 다른 형태로 생각해볼 만하다. 아마도 바르트의 매혹

enamoroation 논의를 떠오르게 할 (라캉이 프랑스어로 증오haine와 사랑amour을 더해 만든 말인) '애증hainamoration'의 경우, 욕망의 경험은 사랑과 증오 사이의 양가감정으로 특징지어진다. 라캉은 이런 정서의 생성을 기독교와 연관 짓지만, 오늘날 이런 과정의 대부분을 일으키는 건 아마도 다른 종교일 것이다. 바로 자본주의다.[9] 실제 대상과 디지털 대상의 괴리는 현대 소비자본주의의 완벽한 우군이라고 결론지을 수 있다. 쾌락을 약속함으로써, 그리고 필연적으로 실망하게 함으로써, 줄지어 서 있는 욕망할 만한 상품들 사이에서 우리는 순식간에 어떤 대상에서 다음 대상으로 넘어간다.

우리가 욕망의 도시에 살고 있다는 것, 혹은 이 장의 제사로 인용한 클라이브 스콧의 시가 말하는 대로 현대의 도시는 '달아오른 도시'라는 것은 바로 이런 의미에서다. 디스토피아적으로 묘사되는 미래 도시는 〈얼터드 카본〉(2018~2020)의 마약이나 사창가에서부터 〈웨스트월드Westworld〉(2016)가 제시하는 성적이고 폭력적인 자유 지대, 〈다운사이징Downsizing〉(2017)의 목가적인 가족의 행복까지, 쾌락의 이미지를 활용하는 경우가 많다. 미래 도시를 환경이나 경제의 붕괴라는 난관에도 굴하지 않고 주민들의 욕망에 부응하고 쾌락의 세계를 제공할 공간으로 상상하는 것이다. 우리는 욕망에 부응하는 것이 아니라 욕망을 연료로 삼는 국가, 체제의 지속을 위해서 욕망이 끊임없이 공급되어야 하는 디스토피아적 미래를 향해 가고 있다.

마르크스의 가장 기본적인 해석대로 자본주의가 '생산은 더 많은 생산을 생산하리라'는 개념에 토대하고 있다면, 자본주의는 또한 욕망은 욕망의 자원으로 기능해 더 많은 욕망을 생산할 수 있다는 사실에 의지한다. 가볍디가벼운 터치, 그야말로 잠깐의 클릭조차도 이 욕망이 추동하는 것이다. 이 배를 가라앉지 않게 하려면 우리는— 무한한 리비도의 순환 속에서—쉼 없이 욕망하고 실망해야만 한다.

#화웨이전쟁과 리비도적 클릭

이게 SF 만화나 〈퓨처라마^{Futurama}〉 미공개 에피소드의 소재가 아니라니. 중국의 기술 거인 화웨이가 미국 티모바일^{T-Mobile} 공장에 기술자로 위장한 비밀 요원을 파견했다. 요원들은 카메라를 숨겨 들어가 사진을 찍고 태피^{Tappy}라는 로봇의 소형 부품을 훔쳐 달아났다. 대서양을 건너가 다시 조립할 예정이었다. 이들이 붙잡히자 화웨이는 개인적인 행위라며 관계를 부정했다. 티모바일은 화웨이를 고소했다. 미국 대통령도 가세해 소셜미디어 계정에서 불공정 무역과 지적재산 절도로 중국을 비난했다. 동시에, 중국 정부의 검열 방화벽을 책임지고 있는 중국 최대의 기술 기업 텐센트는 미국의 언론 자유 플랫폼 레딧에 갑자기 1억 5000만 달러를 투자했다. 레딧을 이용하는 언론 자유 옹호자들은 중국에 돈을 돌려보내야 한다며 이 투자에 반대하는 시위를 했다. 중국은 태피의 팔은 돌려주겠다고 했으나 레딧의 지분을 반환하지는 않았다.

풍자가 아니라 2019년 2월에 실제로 있었던, 오늘날 기술 전쟁과 그에 관한 언론 보도의 실태에 대하여 중요한 정치적 현실을 알려주는 사건이다. 여기서 주안점은 검열이나 안보가 아니다. 그랬다면 이런 만화 같은 이야기로 흘러가지는 않았을 것이다. 국제적인 간섭이나 감시에 관한 논의라는 연막 너머에는 우리의 무급 노동과 돈이 되는 여가, 상호작용과 관계를 수집해 '플랫폼 자본주의'라는 새 시대의 기업 이윤으로 전환하는 플랫폼들을 둘러싼 전쟁이 있다. 논자들은 미-중 기술 상황을 새로운 철의 장막, 심지어는 냉전에 비유하곤 했지만 이처럼 이념 차이에 초점을 맞추면 양측이 다를 바 없이 이윤이 되는 인구에 대한 통제권을 두고 벌이고 있는 기업 전쟁이라는 현실을 놓치게 된다.

휴대전화 주변장치를 생산하는 회사였던 화웨이는 2019년 기준 세계 스마트폰 시장의 15%를 점유하고 있다. 애플보다 조금 높은 수준이다. 5G 개발을 주도했으며 인터넷 기반시설 구축을 두고 다수의 영국, 미국 회사와 협력 관계를 맺고 있다. 5G는 사이트와 장치 간의 연결이 빨라지고 클릭 수가 늘어남을 뜻하며, 5G 분야에서 화웨이의 지분은 화웨이에 기반시설 자체에 대한 잠재적 권력을 쥐여줄 뿐 아니라 해당 국가에서 발생하는 클릭으로 금전적인 이득을 얻게 해준다. 미국에서는 이런 전개에 상당한 의혹을 품는다. 상원의원 탐 코튼Tom Cotton은 화웨이는 '결국 중국공산당의 정보 수집 병기'라고까지 말한 바 있다. 위에서 논한 베이징 정부와 텐센트나 알리바바의 관계는 엉뚱한 걱정은 아니지만, 미국 언론에서 이런 우려를 다루는 방식은 미국에서도 마찬가지로 나타나는 분명한 유사성을 호도한다.

크게 놀라울 것도 없이, 중국은 이 전쟁이 실은 검열이나 언론 자유에 대한 이념전쟁이 아니라 플랫폼과 디지털 공간의 소유권에 관한 싸움임을 기꺼이 인정하는 편이다. 실제로 페이스북이나 구글을 차단하는 중국 방화벽은 위험하거나 이념적으로 전복적인 게시물을 검열하기 위한 것인 동시에 경제적 보호주의에 뿌리를 두고 있다. 서구 언론에서는 이런 사실을 고의적으로 무시한다. 중국의 인터넷 이용자 대부분이 원한다면 쉽게 서구 웹사이트에 접속할 수 있지만 (많은 이들이 종종 하지만) 불편하기 때문에 가치 있는 클릭 수 대부분은 중국 기업이 이윤을 내는 플랫폼 내에 머무른다.

이것이 공간 소유권에 관한 경제적 문제임을 솔직히 인정하지 못하고 사실은 애초에 자유가 부재하는 상황에 처해 있으면서도 이 기술 전쟁을 자유의 수호를 위한 것으로 그리게 되고 마는 것은 미국에 여전히 널리 퍼져 있는 신자유주의적 인터넷 신화 때문이다. 중국 기술 거인에 대한 이 '공포'는 기업이 통신, 거래, 노동 수단에 권력을 행사해도 되는가가 아니라 어느 기업이 할 것인가의 문제다. 미국에 비하면 중국은 이런 현실을 부정하지 않는 듯하다.

이 모든 일의 배경에는 디지털적인 노동과 여가라는 신세계가 있다. 이 세계는 닉 스르니첵이 '플랫폼 자본주의'라 칭한 것의[10] 가장 수익성 좋은 측면 중 하나를 대변한다. 플랫폼이 사회 조직의 중심에 온 이후 무급 노동, 무보수 업무가 비약적으로 늘어났다. 유튜브에서의 무보수 콘텐츠 창작이나 아마존 메커니컬터크Mechanical Turk를 통한 심각한 저임금 외주 노동 같은 분명한 것부터 돈으로 환산되는 소셜미디어 노출이라는 보다 미묘한 것까지—로렐 프탁Laurel Ptak은 페이스북이 이용자에게 돈을 지급해야 한다고 주장했다—다양한 사례가 있다. 크리스티안 푹스Christian Fuchs 역시 '무급 노동, 불안정 노동, 크라우드소싱되는 노동, 비공식 노동, 혹은 비정규 노동'

게임, 사랑, 정치

등 온갖 형태의 노동은 '지금까지 계속되며 고도의 착취를 일삼는 시초 축적의 영역'이라고 지적한 바 있다.[11] 하지만 화웨이와 티모바일, 미국과 중국이 싸움을 벌이는 새로운 형태의 자본주의의 중심에 있는 것은 그 최신판—시시각각 돈으로 환산되는 클릭 수—이다. 이것은 주체-주체 혹은 주체-대상 욕망의 리비도적 계기로 이해되어야 한다.

클릭당 보수의 쾌락

기업에 의해 클릭 수에 따라 가치화되는valued-per-click 여가 시간의 간접적인 수집은 많은 기술자본으로 하여금 보편적 기본소득Universal Basic Income, UBI과 같은 기획을 지지하게 했다. 그것이 이용자들에게 자신들의 플랫폼에서 가치 있는 자료나 게시물을 생산할 잠재적 시간을 제공할 것이기 때문이다. 이런 경향의 동력은 지난 15년 사이 구글 같은 기업과 함께 성장한 클릭당 보수Pay Per Click, PPC 광고다. 하지만 현재 클릭의 가치는 구글 애드워즈AdWords나 다른 표적 광고 같은 구식 모델에서처럼 구매 유도 성공률에만 기반하지 않는다. 클릭은 이제 네트워크 상에서 둘 이상의 행위자를 연결하는 자료 지점data-point으로 개념화된다. 기업 광고주는 물론 케임브리지애널리티카 같은 선거 협잡꾼이나 팔란티어Palantir 같은 정치 인플루언서까지 다양한 자료 주도적 기업에게 잠재적 가치를 갖는 것이 바로 클릭을 통해 주체와 대상이 연결되는 순간이다. 오직, 이용자가 클릭으로 구성되는 '무급 노동'을 수행하도록 리비도적으로 추동되기에 작동하는 구도다.

이는 현존하는 마르크스주의자 가운데 역사적으로 가장 영향력 있는 인물 중 하나인 마리오 트론티Mario Tronti가 이미 예언한 상황이기도 하다. 1966년 저작 《노동자와 자본Operai e Capitale》에서 그는 '신자본주의neocapitalism'라는 개념을 제시하는데, 이는 오늘날 디지털 노동자들의 작업 환경을 예견한 개념이다. 트론티가 보기에,

> 자본주의 발전의 최고 단계에서는 사회적 관계가 생산관계의 계기moment가 된다.

이런 환경에서는 소셜미디어 페이지에서 클릭을 하는 매 순간 생성되어 두 사람을 연결하는 자료 지점이 사회적 관계 자체를 실시간으로 생산관계와 연결한다. 이런 미래를 내다보며 트론티는 사회 자체가 공장의 논리에 따라 운영될 것을 우려했다. 개인 간의 상호작용 하나하나가 잉여가치를 사회적 생산수단을 소유한 계급의 이윤으로 전환하는 데 편입되는 상황 말이다. 공장 노동자가 공장 소유주에게 생산적인 방식으로 서로 관계하도록 만들어질 수 있다면, 사회적 삶 전체 또한 자본가들의 이윤을 위해 변경되고 수정될 수 있을 것이다.

> 사회 전체가 생산의 접합체articulation가 된다. 다시 말해, 사회 전체가 공장의 기능을 하고 공장이 사회 전체에 독점적인 지배력을 뻗친다.[12]

화웨이와 티모바일은 바로 이 새로운 '사회적 공장'을 두고 싸움을 벌이는 것이다. 개발 중인 기반시설, 이 경우 5G 통신망에 대한 지분은 곧 미래의 공장, 이제는 사회 자체와 구분할 수 없게 되어버린 공장의 커다란 이윤으로 돌아올 것이기 때문이다. 공장이 스스로를 사회 전역으로 뻗치면 공장과 욕망이나 쾌락의 관계 또한 변화할 수밖에 없다. 전통적인 공장에서는 쾌락이 (업무 후나 공장 바깥에서 즐겨야 하는 것으로) 배제되지만, 이제는 쾌락이 핵심적인 자원이 된다. 사람들이 생산을 원하고 이윤을 낳는 상품을 생산하는 순간을 즐겨야만 한다.

국가와 기업이 이 욕망의 연결망을 두고 각축전을 벌이는 것은 그 공간이 전 지구적인 사회적 공장의 소유권을 상징하기 때문이다. 최근에 인터넷을 주제로 나온 저작 중 가장 중요하지만 완전히 저평가된, 벤저민 브래튼Benjamin Bratton의 《스택The Stack》이라는 책이 있다. 브래튼은 국제 정치와 기술을 이차원적으로, 평면도법적으로 cartographically 사유해서는 우리네 디지털 축조술의 복잡한 연결망을 제대로 이해할 수 없음을 보여준다. 우리는—보드게임에서부터 주요 언론의 세계 재현까지—늘 국제 정치를 지도의 방식으로 생각한다. 그는 정치 세계가 이차원적이라는 관념을 버리고 하나가 아닌 여섯 겹의 '영역'으로 보아야 한다고 주장한다. 한 예로 그는 '지상 earth'과 '구름cloud'을 구분하는데, 이는 정치가 예전에 물리적 영토를 획득한 방식과 오늘날 디지털 공간을 두고 전쟁을 벌이는 방식을 비교 고찰하는 데 유용하다.

클라우드 욕망

전통적인 국제 관계가 지상의 층위(국경, 점령 등)에서 벌어진 반면, 기업 투쟁은 구름의 층위에서 작동하며 전과는 다른 일련의 국가, 기업 정치를 수반한다.[13] 요컨대 기업 국가들이 싸움을 벌이는 대상은 새로운 종류의 공간이다. 브래튼의 용어를 빌려 말하자면 클라우드 정치가 지상 정치라는 연막 아래 숨겨져 있다고 말할 수 있을 것이다. 예를 들자면 우리네 언론이 미-중 관계를 생각하라고 요구하는 것은 그럼으로써 이 방정식의 진짜 문제인 기업 간의 거래를 보이지 않게 할 수 있기 때문이다. 이는 중국과 미국의 내정(內政) 방침 차이에도 불구하고 텐센트가 레딧 클라우드의 지분을 원하는 이유를 어느 정도 설명해준다. 현 상황을 철의 장막이나 냉전이라는 은유로 틀 짓는 것은 지상 정치로 클라우드 정치를 숨기려는 시도의 일환이다.

이 공식에서는 이 국제적 '협잡'에 관여하는 이들 일부가 적어도 겉보기에는 '선한 신념'으로 행동하고 있다는 사실 또한 중요하다. 트럼프는 국경 횡단 문제에 사로잡혀 있었고 중국의 감시와 침투를 두려워 했다. 한편 종종 중국이 국제 영역의 다른 부분으로 확장해 나가야 한다고 말하는 시진핑 역시 전통적인 평면도법적 관점을 가진 듯하다. 정신분석학적으로 말하자면, 주체가 배제를 토대로, 혹은 타자the Other를 역겨워함으로써 정체성이 형성되는 과정을 가리키는 줄리아 크리스테바Julia Kristeva의 용어 비체화abjection를* 토대로 구조화될 때 주체가 생각하는 것 이상이 배제된다. 트럼프의 장벽 건설 수사학이나 시진핑이 집착하는 신장 지구 위구르인 숙청만 보

게임, 사랑, 정치

아도, 트럼프와 시진핑 둘 다 그러한 주체성의 경우에 해당한다는 점이 분명히 드러난다. 이런 면에서 크리스테바를 원용하자면, 무의식적인 정신은 의식적인 정신보다 더 많은 것을 배제하며, 한편 배제되는 것들은 실은 여전히 전혀 배제되지 않는다고 말할 수 있을 것이다. 정신분석학적으로 볼 때, 지상과 영토의 언어—장벽이든 위구르 공동체든—는 물리적 공간에서 추방되는 (사실은 주체가 스스로를 유지하는 데 필요한) '타자들others'뿐만 아니라 주체의 언어로 설명되지 않는 다른 영역들 또한 배제한다. 트럼프와 시진핑이 전통적인 지상 정치에 그야말로 강박적으로 매달리는 것은—클라우드 공간에 대한—진짜 싸움을 은폐한다.

트럼프와 시진핑은 지상 정치와 클라우드 정치를 혼동시키는 이들일 뿐 아니라 그 증상이기도 하다. 이 상황에서 가장 나쁜 점은, 이들 각자의 심리나 그들을 둘러싼 담론에서 이런 혼동이 해소되면 트럼프의 대외 정책이나 시진핑의 우생학에 시달리는 이들이 더 이상 고통받지 않을 수도 있다는 점이다. 국제적인 '지상'의 긴장 자체가 미래를 둘러싼 싸움이 벌어지고 있는 '클라우드'의 긴장을 숨기는 목적에 복무하는 듯하다. 나아가, 욕망 자체와 관련해서, 여기서 숨겨지는 것 중 하나는 이것이 더 이상 영역이나 공간에 대한 국제전이 아니라 미래의 욕망 경제에 대한 전쟁이라는 점을 말할 수 있다.

---

*   원어 아브젝시옹은 비천한 것, 역겨운 것을 뜻하는 말로서 크리스테바는 이를 무언가를 비천하게 여겨 배제함으로써 주체가 자신의 경계를 수립하는 과정을 설명하는 데 쓴다. 이때 역겨운 것, 이른바 '비체'는 주체에게서 배제될 뿐 아니라 합당한 대상으로서의 지위 또한 얻지 못하고 없는 것으로 취급된다.

클라우드 전쟁은 기업과 국가 들이 자료와 연결 지어, 또한 자료와의 연결성 때문에, 리비도적 공간을 두고 벌이는 전쟁으로 볼 수 있다. 이런 점에서 브래튼이 또 한 번 도움이 된다. 그는 플랫폼 전쟁을 논하며 페이스북이 (전쟁에 뛰어든 다른 많은 플랫폼과 마찬가지로) **인위적인 통화**artifical currency에 기반하고 있다고 지적한다. 페이스북이 팜빌FarmVille 같은 수많은 '재빨리 반응하면 보상을 얻을 수 있는twitch and reward' 비디오게임 앱을 만들어내고 이를 페이스북 자체의 핵심 자료 집합의 원천으로 삼고 있다는 것이다.**14** 게다가, 재빠른 반응과 보상이라는 게이밍 모델은 페이스북 같은 플랫폼들의 부산물이 아니다. 오히려 플랫폼 자체의 작동 원리에 해당한다. 재빠른 반응과 보상의 게이밍은 매 순간 화폐로 환산되는 클릭을 통한 공유하기, 좋아요, 연결되기라는 리비도적 경제를 추동하는 작동원리로서 인위적인 보상 체계에 새겨져 있다. 사회적 삶의 '게임화' 논의는 대개 이용자의 행동 패턴을 바꾸기 위해 '당신의 실제 삶을 게임처럼 취급하는 습관 및 생산성 앱'인 하비티카Habitica 같은 앱에 주목한다. 그런 기술들은 드보르가 흥미로워 했을 법한 광범위한 패턴 조작 기술들을 보여주지만, 우리는 더 나아가 사회적 상호작용이 재빠른 반응과 보상이라는 사회적 공장으로서 '게임화'되는 보다 근본적인 방식을 이야기해야 한다. 이 공간을 두고 싸움을 벌이는 플랫폼 자본들은 이 공장에서 잉여가치를 추출한다. 우리가 그런 앱을 사용하지 않는다 해도 말이다.

게임 같은 리비도적 경험으로서의 클릭이라는 관점은 욕망과 자료의 관계에 관한 또 하나의 오래된 오해를 불식시킨다. 1장에서 보았듯, 우선 자료가 주체가 원하는 것을 얻는 데에 도움을 준다는 오해가 있다. 자료가 주체의 욕망에 실제적인 영향을 미친다는 사실은 거의 어디에서나 무시되거나 적극적으로 묵살된다. 마찬가지로 중대한 오해 하나는 바로, 수량화, 관측(모니터링), 규제라는 계산적인 본성이 있는 자료가 욕망과는 거의 대척점에 있다고 여기는 것이다. 우리는 자료—한없는 표로 수집되고 끝없는 그래프로 시각화되는—가 재미와는 동떨어진 것이라고 생각하곤 한다. 쾌락은 본성상 예측할 수 없고 다 알 수 없는 순간적인 것이며, 몸과 저절로 동하는 마음이라는 식으로 낭만화되는 반면 자료란 예측과 계산에 관한 것이자 일상에서 재미와 즐거움을 제거하는 삭막한 일로 여겨지기 때문이다. 하지만 오늘날에는 쾌락이 생길 수 있으려면 자료가 선행해야만 하는 듯 보인다. 의외로, 표야말로 섹시하다.

이탈로 칼비노Italo Calvino는 주체가 기술과 맺는 관계의 미래에, 취향과 욕망을 지닌 몸이 밀려날 수 있음을 비통해한다. 그는 '우리 몸과 소파 데 프리홀레스sopa de frijoles, 콩 수프, 우아치낭고 아 라 베라 크루사나huachinango a la vera cruzana, 베라크루즈식 도미 요리, 엔칠라다enchiladas 사이의 경계를 지우는' '육욕적amorous 관계'에 관해 쓴다.[15] 그런 순간에는 문학에서 흔히 유비되는 대로 음식과 연인이 일종의 육체적 결합의 탐닉 속에서 하나가 되는데, 칼비노는《재규어의 태양 아래Sotto il Sole giaguaro》에서 '소중한 어휘 목록에 수많은 단어를 만들어준 후각의 알파벳이 잊혀지는', '향기가 형언 불가해지고 제대로 표현할 수 없어지며 읽어낼 수 없게 될' 때를 경고한다.[16] 실제로 (식사를 위한 틴더라 할 수 있는) 모바일 앱 만지아Mangia나 딜리버루,

우버 이츠 등 배달 중개 인터페이스 같은 음식 기술은 선택의 순간에 필연적으로 후각을 배제한다. 비록 도착한 음식에서는 여전히 어떤 냄새가 나겠지만 말이다. 칼비노가 쾌락을 몸과 향수적으로 연결 짓는다는 점은 마뜩지 않지만, '후각의 알파벳'이라는 구절은—라캉주의 정신분석학과 비슷한 관점에서—냄새라는 감각이 그 자체로 정치와 일련의 권력 관계가 있는 언어임을 시사한다. 어떤 면에서 칼비노는 무의식적으로, 쾌락은 몸 이상으로 언어와 연관된다는 알렌카 주판치치^{Alenka Zupancic}의 《왓 이즈 섹스?*What is Sex?*》의 주장을 선취한다. 원어 이름이라는 문화적 자본을 갖추고서 '소파 데 프리홀레스, 우아치낭고 아 라 베라 크루사나 그리고 엔칠라다'에 관해 이야기하는 쾌락이 그것을 물리적으로 섭취하는 몸의 쾌락을 무색게 하는 듯하다.[17] 이러니저러니 해도, 책 역시 맛볼 수 있는 것은 아니지 않은가.

그에 그치지 않고, 맛의 정치학을 구성하는 맛과 냄새의 언어라 할 만한 것이 있다. 칼비노가 후각의 알파벳이라 칭한 이 리비도 경제가 최신 몰입 기술에서 가장 많이 배제되는 것임을 적어도 언급은 해두어야 할 것이다. 가상현실에서 이용자의 경험에는 만지고 보고 듣고 균형을 잡고 공간을 이동하는 감각이 중심에 있으며, 냄새나 맛의 감각은 그 정서적 경험에 직접적으로 포함되지 않는 부차적인 것일 뿐이다. 말할 것도 없이, (후각적 가상현실에 대한 작업이 진행 중이긴 하지만) 섹스로봇은 냄새가 나지 않는다. 하지만 이 점은 우리가 생각하는 것보다 훨씬 덜 중요하게 여겨지는 듯하다. 섹스나 사랑을 몸과 그 맛, 냄새와 연관 지어온 긴 역사가 있지만, 이제 이 코드는 새로 쓰이고 있다.

후각적 언어가 없는—냄새가 없는—전자적 대상의 세계는 연인, 음식, '게임 속' 보상의 구분을 흐린다. 이들 모두는 맛 또는 냄새와는 서로 뚜렷이 다른 관계를 맺지만 욕망의 스크린에 시각적으로 등장할 때에는 대동소이할 수 있다. 이 같은 전환은 기술 기업에 우리가 욕망 대상에 관계하는 방식에 대한 새로운 통제력을 주고 그 힘을 강화한다. 기술은 미각이나 후각보다 시각이나 청각에 더 큰 힘을 갖는 형태로 발전해왔기에 우리의 욕망 또한 기술자본이 쉽게 조작할 수 있는 것들에 초점을 맞추도록 전환될 수밖에 없다. 보다 어리고 온라인 친화적인 세대가 이전 세대에 비해 섹스의 육체적 측면에 더 큰 혐오감을 느끼는 것은—뒤의 포르노 산업 논의에서 보게 되겠듯—우연이 아니다.

우리가 햄버거, 연인, 피카츄를 찾고 욕망하고 획득하는 방식의 경계가 사라지고 있다면, 모든 것이 상품이 된다는 낡은 논제가 아니라 이런 류의 대체적인 전자적 대상성 그리고 우리가 사람이나 사물과 관계하는 방식들 간의 리비도적 연관성이 기업과 국가의 기술주의자들에게 '스마트 도시'를 둘러싼 대상들을 분배하고 재분배할 전례 없는 권력을 주는 점이 문제가 된다. 〈포켓몬 고〉는, 아마도 틴더, 그라인더, 셰이퍼 등 (카드 게임 같은 넘기기 방식이 포커나 카지노를 떠올리게 하는) 사랑과 우정의 '게임들'과 함께, 구석구석 파고드는 그 본성상 미래 도시에서 독특하게 중요할 것이라고 생각할 수 있다. 요한 하위징아Johan Huizinga와 로제 카유아Roger Calliois의 유명한 정의대로 전통적인 놀이는 한계로써 규정된다고 할 수 있지만, 이러한 증강 현실 게임에는 끝없는 잠재성이 있으며 아마도 그 최종 목적은 보드리야르가 말하는 '무한한 인터페이스infinite interface'가 되어 궁극적으로는 게임화된 도시를 만드는 것이다. 그 도시에서 우리의 욕망은 비디오게임 속으로 옮겨지는 정도가 아니다. 욕망의 예측과 수정에 의지하는 리비도 자본주의의 플랫폼 기업들이 편성하는 도시적 삶이라는 게임에 완전히 통합된다.

이런 형태의 기획은 페이스북 이사회의 언어로는 '처리된 듣기processed listening'라 칭해진다. 감시 활동을 개인 맞춤형 콘텐츠 분배에 통합하는 기술을 뜻하는 말이다. 엘리너 카미Elinor Carmi는 미디어 회사가 여러 요소를 (재)정렬해 바람직한 리듬을 편성하고 바람직하지 않은 리듬을 제거하는 방식을 '리드미디어rhythmedia'라 명명한 연구를 통해 이러한 일의 윤리적 문제를 밝힌 바 있다. 페이스북의 '유도하는nudging 정렬' 처리에는 페이스북 이용 경험이 '바람직한 리듬들'에 들어맞도록 게시물을 정렬하는 과정이 포함되어 있다.[18] 카미의 주장대로, 이런 의미에서 우리는 새로운 디지털 패턴들을 레이먼드 윌리엄스Raymond Williams가 말하는 '계획된 흐름planned flow' 개념에 비추어 바라보거나 앙리 르페브르가 말하는 '리듬 분석'을 통해 분석해 보아야 한다. 분명하게도, 광고가 이 리듬에 영향을 미칠 수 있으며 특정 기업들에 맞추어 흐름이나 리듬이 점차로 수정될 수도 있다. 롭 호닝Rob Horning의 말대로,

선제적 성격 설정 혹은 개인화personalisation라 불리는 일을 통해 당신은 상업 서비스에 명시적으로 요청하지 않고도 당신이 원할 만한 것에 대한

정보 또는 택배를 받게 된다.[19]

그런 기술의 하나라 할 알리바바의 미래적인 예측 차량은 그저 우리 대부분이 써볼 일 없을 전시용 스마트 자동차가 아니라 더 넓은 층위에서 우리가 한층 더 보편화된 기술들을 이용하는 가운데 갈수록 널리 퍼지는 리듬 관리의 패턴을 보여주는 것으로 생각할 수 있다. 사람과 사물의 큐레이션, 유도, 알고리즘적 조직화는 폭넓은 일상적 기술들을 통해 우리의 현실을 특정 의제에 맞게 빚어낸다.

우리가 보통 '예측' 기술이라고 부르는 것이 실은 새로운 리듬을 그저 관찰하고 감시하기보다는 '유도'하고 배정하는 데 더 관심이 있다는 깨달음은 또한 디지털적 시간에 대한 새로운 개념이 필요함을 시사한다. 아르멘 아바네시안Armen Avanessian은 디지털 자료의 결과로 '시간 자체—시간의 방향성—가 변화했다'고 주장한다.

> 우리는 더 이상 선형적 시간, 즉 과거 다음에 현재가, 그 다음에 미래가 오는 시간을 갖지 않는다. 오히려 그 반대다. 현재에 앞서 미래가 벌어지고 미래로부터 시간이 도래한다. 사람들이 시간이 어긋났다고, 시간이 더는 이치에 맞지 않는다고, 혹은 전과는 달라졌다고 느낀다면, 내 생각에는 그들에게—혹은 우리 모두에게—그런 예측에 기반한speculative 시간 혹은 예측에 기반한 시간성을 살아간다는 문제가 있기 때문이다.[20]

자료 기술은 그저 개인이나 집단이 미래에 무엇을 하거나 원할지를 추측해 미래를 예측하는 것이 아니다. 오히려 그 미래는 이미 존재하고 완전히 실현되어 있으며, 현재로 되돌아와 현재를 그리로 이끈다. 우리의 욕망이 갈 수 있는 가능한 경로들은 플랫폼 자본이 쥐고 있는 알고리즘에 의해 미리 배정되어 있다.

이런 상황은 의식적 사고와 무의식적 사고 사이에 있는 일종의 과도적 공간을 뜻하는 프로이트의 '전의식preconscious' 개념과 연관 지어 생각해볼 수 있다. 프로이트의 사유에서 전의식적인 것은 우리 각자가 문제의 특정 순간에는 알지 못하지만 쉽게 의식할 수 있는 사고나 욕망을 가리킨다. 무의식적 욕동이 변형되지 않은 채 전의식에 진입하는 것은 불가능하므로 전의식이란 형언할 수 없는inacticulate 무의식적 욕동의 늪이라기보다는 의식 속으로 솟아 나올 수도 있을 이미 구체화된articulate 가능성들이다. 그런 의미에서, 휴대전화나 그 예측 기술은 그것이 없었다면 전의식에 머물렀을 욕망과 욕동을 의식 속으로 가져올 수도 있다. 이런 충동들은 개인의 역사와 잠재성(휴대전화가 이해하기로는 그들의 자료) 속에 있지만 의식적인 욕망이 되어 행동으로 옮겨지지는 않을 수도 있었을 것들이다. 바꾸어 말하자면, 이용자로서의 우리는 지금 의사결정 과정의 중요한 일부를 기업과 국가의 이익에 복무하며 우리의 행동을 배정하도록 설계된 장치에 내맡기고 있는 것이다.

아바네시안의 말대로 디지털 세계에서는 시간이 다른 방식으로 작동하지만 어쩌면 이 새로운 시간의 작동 방식은 이런 변형적인 자료 주도 기술 너머에 있는 이들만이 알고 있을 것이다. 일종의 속임수를 쓰고 있다고 말할 수 있겠다. 이용자에게는 마치 그들의 욕망이 먼저 존재하고 잠재적 충족은 그 다음인 양 시간이 선형적으로

게임, 사랑, 정치

느껴지며 이는 기술이 그저 이용자 자신이 원하는 바를 향해 나아갈 수 있도록 도와주는 것인 듯 보이게 만든다. 이런 기술들은 사실은 욕망을 생산하고 수정해 역으로 주체에게 심어 넣는다. 예측에 기반한 시간성이 존재할 수 있는 것은 오직 욕망이 예측되고 수정될 수 있는 덕이다. 여기서 다시 한 번, 우리는 리비도적 공간이라는 핵심 지대를 두고 미래를 위한 싸움이 벌어지고 있음을 본다. 그 공간을 통제하는 것은 미래의 주체를 지휘할 권력을 얻는 것이나 다름없다.

욕망 선거[21]

케임브리지애널리티카가 빚은 물의를 통해 분명해졌듯, 이런 유도 및 조작 기술의 효용은 기업의 판매에 국한되지 않는다. 웹사이트나 앱에서 이용자가 의도치 않게 무언가를 사거나 신청하게 만드는 데 쓰이는, '다크 패턴dark patterns'이라고도 불리는 속임수는 원래는 기업 광고 전술이지만 지난 몇 년 사이 정치적 전략으로서도 널리 퍼졌다.

브렉시트Brexit 국민투표나 도널드 트럼프 당선에서 우익 조직들이 소셜미디어를 통해 결정적인 지지를 얻어낸 것은 많은 이들에게 충격을 안겼다. 해당 캠페인들은 밈meme이나* 가짜뉴스 봇bots을 동원했을 뿐 아니라 이런 자료 분석 기술을 토대로 하는 아주 정교한 표적 광고를 활용해 유권자들을 세뇌하거나 조작했다. 적어도 그랬다는 논란이 일었다.

많은 중도 자유주의자들은 소셜미디어나 새로운 기술에 대한 의 구심을 키우는 것으로 이에 반응했지만, 앞에서 논의한 바에 비추어 보자면 좌파가 할 일은 알고리즘에 저항하는 것이 아니다. 기업 국가와 우파가 이용하는 알고리즘을 대체할 새로운 알고리즘을 만들어내야 한다. 이를 위해 좌파는 내가 온라인 정치의 '리비도적' 본성이라고 칭한 것을, 그리고 앞에서 논한 자료 지향적 신기술과 욕망의 관계를 제대로 인식해야 한다. 2017년 영국 총선의 놀라운 결과나 미국에서 버니 샌더스Bernie Sanders와 알렉산드라 오카시오-코르테스Alexandra Ocasio-Cortez가 인기를 끈 일은 지난 몇 년간 우익 조직이나 포퓰리스트 조직에게 그러했듯 디지털 매체가 좌파 조직에도 마찬가지로 힘이 될 수 있음을 보여주었다(몇 년 후 AOC는 이와 멀어지지만 말이다). 하지만 좌파가 이 잠재력을 활용하려면 그 과정이 어떻게 돌아가는지를 더 잘 알 필요가 있다.

소셜미디어가 사람들에게 정서적 영향을 미치는 방식에 관한 몇 가지 전제들을 뜯어 고치는 것으로 시작할 수 있겠다. 트럼프의 선거운동과 영국의 '탈퇴Leave' 캠페인이 서로 비슷한 것은 우연이 아니다. 나이젤 파라지Nigel Farage를 수장으로 유럽연합 회의주의파의 비공식 '2군'을 자처하는 시끄러운 단체 〈EU를 떠나자Leave.EU〉는 2015년 여름, 공보수석 앤디 위그모어Andy Wigmore를 보내 트럼프의 자문

---

*　밈이란 리처드 도킨스가 《이기적 유전자The Selfish Gene》에서 제안한 말로, 유전자gene가 복제와 변이를 거치며 세대에서 세대로 전달되는 과정을 문화의 전달에 적용한 용어다. 문화유전단위, 문화전달자 등으로 옮길 수 있다. 넓게는 모든 문화 현상 전달에 적용되는 용어지만 인터넷과 관련해서는 주로 유행을 타고 빠르게 번지는 이미지나 문구를 가리키며, 이 경우 대개 단순한 복제보다는 패러디적 재생산이 이뤄진다.

단과 만나게 했다. 이들은 정치적 양식을, 특히 〈EU를 떠나자〉가 어떻게 하면 일부러 거칠게 말해 언론의 관심을 '갖고 노는gaming' 트럼프의 방식을 따라할 수 있을지를 의논했다. 양측은 줄곧 뉴스에 보도되는 메시지에서 스스로를 가능한 한 공격적으로 표현하고 사과를 요구하는 이가 있으면 '더 세게doubling down'* 나감으로써 자신들이 끊임없이 뉴스와 소셜미디어에 오르게 했다.

이에 더해 둘은 정치 캠페인의 혁명을 약속하는 회사 케임브리지애널리티카를 기용했다. 적어도 2008년 오바마의 선거운동 이래로 여러 정당이 소셜미디어에서 대중이 정치적 의견을 표명하는 것을 활용해왔다. 케임브리지애널리티카는 이 전략을 한층 발전시킬 수 있다고 주장했다. 이 회사는 '심리측정'이라는 기법으로 페이스북 '좋아요'로부터 정치적 성향뿐 아니라 구체적인 성격 유형이나 감정 상태를 추측해내고 알고리즘을 통해 이용자의 뉴스피드에 맞춤형 정치 게시물을 띄웠다. 이로써 고객의 이데올로기를 가장 잘 받아들일 것으로 예상되는 유권자를 공략할 수 있었던 것이다. 이 기법에 대한 설명에는 이런 말이 있다. '당신의 자료로 심리학적 프로필을 만들 수도 있지만 다른 방식으로 활용하면 구체적인 프로필을 찾을 수도 있습니다. 예컨대 불안한 아버지들이나 화난 내향인들을—어쩌면 아직 결정을 내리지 않은 수많은 민주당원도 말입니다.'[22]

케임브리지애널리티카가 트럼프나 '탈퇴' 진영에 얼마나 도움이 되었는지는 확실치 않으며 과대평가된 것일 수도 있다. 두 캠페인

---

* 　　원어 '더블 다운'은 카드 게임에서 거는 돈을 두 배로 높이는 행위를 가리키는 표현이다.

모두 이 회사에서 받은 도움을 밝히기를 꺼리며, 회사 입장에서도 불가능한 일을 해내는 미지의 존재로 보이는 편이 좋을 수 있다. 하지만 케임브리지애널리티카의 이야기가 사람들이 소셜미디어에 관해 믿고자 하는 바에 기름을 부었다는 점만은 확실하다. 소셜미디어는 우리를 비판의식 없는 좀비로 만들고 모든 것을 최대한으로 하향 평준화하며—어차피—늘 야만 상태 직전인 '우중the measses'을 세뇌한다고 말이다.

좌파는 이미 온라인에서 지지를 모으는 데 여러 디지털 매체를 활용하고 있다. 하지만 이 지점에서, 우리는 트럼프나 '탈퇴' 운동에 대한 자유주의적 비판에 내포되어 있는 혼동에 취약한 '우중'이라는 관점, 그런 유권자들은 '자기가 뭘 하는지 모른다'고 생각하는 관점과 결별해야만 성공할 수 있을 것이다. 그 대신에 현재 소셜미디어 이용자들은 그저 조작할 수 있는 집단이 아니라 능동적인 정치적 참여자임을 인식하고 보다 정확하게 이들을 이해하고 이들을 만나는 데에 초점을 맞추어야 한다.

'우중'은 너무도 쉽게 조작될 수 있다는 공포의 뿌리에는 아주 오래된 보수적 신화가 있다. 분노에 차서 '정상인normies'이나 '양 떼sheeple'를* 비난하는 대안우파에게서 생생히 볼 수 있는 신화다. 이런 생각은 좌파나 자유주의의 중심에도 퍼져 있다. 일부 좌파가 망설임 없이 《폭스뉴스Fox News》나 영국 신문 《선Sun》의 소비자들을 멍청하다고 일축하고 일부 자유주의자가 자신들보다 왼쪽에 있는 이들에게 정치적 지지를 표하는 집단을 광신자 취급하는 것을 보라.[23] 이를 바로잡는 데에 문학 비평가 레이먼드 윌리엄스의 '우중이란 없다. 사람들을 우중으로 보는 방식들만이 있을 뿐이다'라는 말이 도움이 될 것이다.[24] 의견이 다른 이들을 대할 때 세뇌당한 '양 떼'라는 우파의 믿음을 따라가는 실수를 하거나 페이스북 큐레이션 알고리즘의 중심에 있는 부류의 '유도nudging'를 그저 흉내 낸다면, 진보 진영은 이길 수 없다. 앞에서 제시한 디지털 리비도적 자료에 관한 논의로 기술과 욕망의 정치적 관계가 조금이라도 설명되었다면, 그러한 접근은 절대적으로 부족할 뿐 아니라 두말할 것 없이 분열을 조장하는 일임을 분명히 알 수 있다.

하지만 이는 물론 사람들을 자유로운 행위주체로, 온라인의 영향을 받지 않는 것으로 생각하라는 말이 아니다. 디지털 플랫폼에서의 성공은 거짓말을 하거나 그들이 온라인에서의 행동을 통해 드러내는 감정적 취약성을 조작해 '양 떼'를 악랄하게 착취하는 데서 오는 것이 아니다. 오히려 이미 보았듯 온라인에서의 정치적 성공이란 디지털 매체가 정신분석학에서 '리비도'라 칭하는 것을 토대로 성장한다는 것을 이해하는 것에서 온다. 모든 현대적 매체가 우리의 욕망을 자극하고 특정 방향으로 이끌려는 시도를 통해 작동하지만, 온라인 매체는 혁신적이고 구체적인 방식으로 이에 의존하며 오늘날 사회적 삶의 새로운 리비도적 패턴을 수립한다.

---

* 전자는 정상을 뜻하는 normal을 변형한 말로 특정 하위문화에 속하지 않고 사회적 낙인과 연관되는 (특히 정신과적인) 질병이 없는 등 규범에 맞는 삶을 영위하는 사람을 가리킨다. 후자는 양羊. sheep과 사람people을 조합한 말로 사회적 조류나 선동에 쉽게 넘어가는 사람을 뜻한다. 둘 다 대안우파가 상정하는 '진실'을 모른 채 이를테면 '좌경화된' 사회를 따라가는 사람을 비하하는 신조어다. 한국의 신조어 중에서는 (일부 맥락에서의) '갓반인'(god+일반인)이나 '좌좀'(좌익 좀비)과 비슷한 면이 있다.

구세대 자료 기반 광고나 전통적인 정치적 설문이 응답자에게 '무엇을 원하느냐'고 물으면서 이 질문이 얼마나 복잡한 것인지에는 충분히 주목하지 않은 데서 또한 이를 포착할 수 있다. 정신분석학 이론에 따르면 우리가 무엇을 원하는가 하는 질문은 언제나 정치, 문화, 기술을 통한 욕망의 구축에 달려 있다. 그렇다면 이 새로운 영역은 정신분석학 없이는 다룰 수 없다. 윌 데이비스^{Will Davies}가 영국 브렉시트 국민투표와 관련해 지적했듯 '탈퇴 진영 최대의 강점은 정확히 무엇을 떠나는 것인지 밝히지 않아도 되었다는 점이다'.[25] 요컨대 사람들은 자신들이 간접적으로 원했을 수도 있는 다양한 것들과 느슨하게 연결된 미끄러지는 기표에 표를 준 것이다. 애초에 그 욕망이 어떻게 구축되고 만들어졌는지에는 주목하지 않은 채 말이다. 노동 세계의 변화에 관한 맥락에서 제임스 스미스^{James Smith}와 마레일 파네베커^{Mareile Pfannebecker}는 자동화라는 포스트 노동 시대에 관한 스레니척과 윌리엄스의 낙관 일부를 이렇게 반박한다.

그들이 제시하는 이념적, 경제적, 정치적 조치는 욕망의 문제를 다루지 않는다. 우리의 욕망은 그저 우리 자신의 것이 결코 아니며, 따라서 노동은 결코 그저 '우리 자신의 욕망'으로 추동될 수 없다.[26]

정신분석학은 욕망이 인간의 본능적인 몸에 속하며 말하자면 속에서 뿜어져 나오는 것이라기보다는 주체와 외부 세계의 경계에 속한 것이라는 점을 알려준다. 욕망은 밖에서부터 오지만 주체는 이를 자신의 내적인 심리적 충동으로서 경험한다.

게임, 사랑, 정치

프로이트의 1922년 글《집단심리학과 자아 분석Massenpychologie und Ich-Analyse》에는 '암시와 리비도'라는 장이 있다. 케임브리지애널리티카 자료의 리비도 경제를 직접적으로 말하는 듯한 제목이다. 여기서 프로이트는 개인적 욕망과 집단적 욕망의 관계를 논한다. 프로이트는 '리비도' 개념에 비추어 집단심리를 분석하면서 개인이 자신의 욕망을 좇지 않고 집단이 원하는 바를 위해 자신이 원하는 바를 포기할 때 얻는 특수한 형태의 쾌락이 있다고 주장한다.[27] 이는 더 큰 선善을 위해 우리가 원하는 것을 포기해야 한다는 단순한 공리주의적 주장과는 전혀 다르다. 오히려, 집단과 함께 욕망하는 행위 속에서 새로운 종류의 쾌락과 욕망이 가능해진다는 말이다. 이 시대의 우파는 이런 형태의 정치적 쾌락을 많이 활용한다. 트럼프 선거운동은 그런 '타자the Other의 욕망'을 창출해내는 요소로 가득했다. '장벽을 건설하라'거나 '힐러리 클린턴을 수감하라'고 연호하는 일은 개인적인 정책적 신념에 관한 만큼이나 타자들이 열광적으로 즐기는 욕망에 함께하는 쾌락에 관한 것이기도 했다. 대안우파에는 아주 디지털적인 또 한 가지 사례가 있다. 특히 어떤 정치적 성과를 향한 집단 구성에서 쾌락을 찾는 것이다. (자유주의 진영의 표적을 '롤스lols'*를 짜낼 젖소로 여기는) 롤카우lolcow나 키위팜스KiwiFams 같은 극우 성향 신상털기 커뮤니티가 리비도적으로 굴러가는 것은 이용자 각각이 개인적으로 특정 SJW(사회 정의 투사social justice warrior)나 트랜스 인사를 전담해 괴롭히거나 협박하는 게시물로써 이들을 공격하려는 욕망을 공

---

* 큰 웃음lots of laughs의 줄임말로, 재밋거리를 뜻한다.

유하기 때문이 아니라, 개인의 리비도가 이런 집단적 행위로 전치될 displaced 수 있기 때문이다.

'우리는 어째서 집단 속에 있을 때 이런 전염병에 굴하고 마는가?' 이렇게 물은 후 프로이트는 '집단은 각자의 특별한 암시성을 통해 구별 지어진다'고 쓴다. 신상털기 사이트, 챈 게시판chan boards* 사이트들, 그리고 보다 주류적인 형태의 소셜미디어(이에 관해서는 4장을 보라) 사이의 다양한 차이를 설명하는 데 도움이 되는 지점이다. 나아가 페이스북의 표적 광고 서비스에서 심리측정 프로파일링이 그저 누가 무엇을 좋아하는지에 관한 것이 아니라 잠재적으로 동원 가능한 상이한 집단들을 규정하는 암시성의 수준 차에 관한 것임도 알수 있다. 프로이트는 이 집단에서의 암시성을 사랑 개념과 연관 지으며 집단심리학은 사랑과 욕망의 층위에서 설명될 수 있다고 주장한다. 그런 점에서 사랑은 정치의 핵심적인 요소다.

그렇다면 사랑 관계(보다 중립적인 표현을 쓰자면, 감정적 유대)가 또한 집단 의식의 핵심을 구성한다고 아래와 같이 가정하고 논의를 진행해보자.

우선, 하나의 집단이란 어떤 종류의 힘에 의해 하나로 묶인다는 점은 분명하다. 그런데 이런 일을 돌릴 만한 힘으로 세상의 모든 것을 하나로

---

* 챈 게시판이란 주로 이미지를 게시하고 댓글을 통해 토론이나 놀이가 벌어지는 게시판을 가리킨다. 챈 게시판 사이트는 애니메이션부터 정치 분야까지 다양한 주제로 세분된 구조를 띠며 인터넷에서 유행하는 용어나 밈 등이 많이 유통된다. 대표적인 사이트로 일본의 후타바 채널ふたば(双葉)ちゃんねる, 2chan을 본따 만든 포챈4chan이 있는데, 익명 기반으로 극우적인 성향이다. 추가적인 설명으로 214쪽 참고.

게임, 사랑, 정치

묶는 에로스보다 나은 것이 무엇이 있겠는가? 둘째, 어느 개인이 집단 속에서 자신의 개성을 포기하고 다른 구성원들로 하여금 암시를 통해 자신에게 영향을 미칠 수 있게 한다고 할 때, 이는 그가 다른 이들과 대립하기보다는 조화를 이룰 필요성을 느끼기 때문이라는 인상을 준다 ― 아마도 결국은 '그들을 위해/그들에 대한 사랑을 위해ihnen zu Liebe' 그렇게 하는 것이다.[28]

프로이트의 이 주장은 그의 철학을 요약하고 정리할 때 흔히 되풀이되는 어떤 말과 비슷하다. 바로 모든 충동과 욕동의 뿌리에는 욕망 혹은 에로스가 있다는 말이다. 사실 프로이트는 이런 말은 거의 하지 않는다. 프로이트에게 있어 '사랑 관계' 혹은 '감정적 유대'라는 것은 모든 것의 뿌리 혹은 원천이라기보다는 '모든 것을 하나로 묶는' 힘이다. 이런 함축적인 차이를 토대로 정신분석학은 사랑과 성을 모든 것의 뿌리로 여긴다는 통념을 뒤집어 볼 수 있겠다. 사랑/욕망/성이 다른 모든 문화적, 정치적, 사회적 현상의 근본 원인인 것이 아니라 에로스 속에 모든 문화적, 정치적, 사회적 힘이 담겨 있는 것이다. 바꾸어 말하면, 여러 세대에 걸친 포스트 프로이트 이론가들이 시도한 대로 사랑을 들여다봄으로써 문화적 현상을 설명할 수 있는 것이 아니라, ('모든 것을 하나로 묶는') 사랑을 설명하기 위해서는 먼저 그 속에 있는 '모든 것'―무언가를 사랑하고 욕망하고 그와 감정적 유대를 맺는 일에 따라오는 문화적, 정치적, 사회적 요소들―을 이해해야 하는 것이다.

자크 라캉Jacques Lacan은 꿈을 다루는 맥락에서 정신분석학이 모든 것을 섹슈얼리티로 거슬러 올라가 찾는다는 생각을 반박한다. 재기발랄한 그의 설명은 전문을 다시 읽어볼 만하다.

어제 저녁 밀라노발 비행기를 타고 돌아오는 길에 에어프랑스에서 승객들에게 나누어 주는 《아틀라스*Atlas*》라는 잡지에서 정말 좋은 글을 하나 발견했다. 미국에는 꿈 연구로 크게 성공한 정신분석가가 여럿 있다고 했다. 사람들은 꿈을 궁금해하니까 그럴 만도 하다. 그들은 꿈을 연구한 끝에 성적인 꿈은 매우 드물다는 사실을 발견했다. 사람들은 모든 것에 관한 꿈을 꾼다. 스포츠에 관한 꿈, 온갖 우스개에 관한 꿈, 추락에 관한 꿈을 꾼다. 이 글에서 말하는 대로 정신분석학에서는 꿈은 성적인 것이라고 본다는 관념이 널리 퍼져 있으므로, 정신분석학의 번창에 기여하는 일반 대중—당신 또한 일반 대중이다—은 자연히 짜증이 날 것이다. 수플레가 통째로 무너져 돌연 접시 밑바닥으로 가라앉아버린다. 이 소위—이 모든 것은 추정이므로—일반 대중에게는 프로이트가 모든 꿈은 성적이라고 말하려 했다는 어떤 공감대가 있는 것이 사실이다. 그는 결코, 한 번도, 그렇게 말하지 않았지만 말이다. 그는 꿈이란 욕망의 꿈이라고 말했다. 성적인 욕망이라고 한 적은 없다.[29]

꿈이란 '욕망의 꿈dreams of desire'이라는 말은 프로이트가 논한 바 있듯 그저 꿈이 소망 성취에 관한 일이라는 뜻만은 아니다. 프로이트를 이어받은 라캉이 보기에 꿈이란 시뮬레이션된 욕망에 관한 것이며 따라서 꿈은 우리가 욕망하는 무언가를 반영하는 이상으로 우리가 욕망하고 싶어 한다는 점을 반영한다. 꿈은 우리가 욕망을 마치 우리 자신의 것인 양 경험할 수 있게 한다. 이는 무엇보다도 비디오게임에 유용하게 적용할 수 있다. 게이머가 늘 게임이 제공하는 바를 원하는 것은 아니다(실은 그런 경우는 그리 흔치 않다). 그럼에도 그 욕망의 가능성을 경험함으로써 쾌락을 끌어낼 수 있다. 미국 대외 정책에 따라 외국 침략자를 사살하기를 원하지 않을 수도 있지만 그럼에도 그 같은 가상 욕망으로부터 쾌락을 끌어낼 수 있는 것이다.[30] 3장에서 논할 가상현실이나 모바일 연애 시뮬레이션의 경우에도 이 같은 정신분석학적 독해는 문화연구가 고전하고 있는 질문에 답을 준다. 이런 것들은 분명 전통적인 의미에서의 소망 성취는 아니지만(만화풍의 아바타를 이상적인 욕망 대상으로 여기는 이용자는 없다) 이용자로 하여금 주체와 대상의 리비도적 관계에 진입할 수 있게, 자신이 능동적인 행위주체인 양 느껴지는 욕망의 장면에 진입할 수 있게 해준다. 이러한 에로스적 욕망의 장면들에는 주위 환경의 모든 것이, 그리고 그에 따른 정치가 담겨 있다. 그중에서도 사랑이 가장 정치적이다—그러므로 사랑의 정동과 욕동을 이해한다는 것은 문화와 맥락 속에서 사람과 사물의 정치적 관계를 이해하는 일이다.

마찬가지로 즐거움enjoyment의 정치학에 관심을 갖고 있는 사모 톰식Samo Tomsic은 리비도 경제를 정신분석학적으로 분석한 저작《즐거움이라는 노동The Labour of Enjoyment》에서 이렇게 쓴다.

> 언어의 활용이 주체에게 고통과 쾌락을 일으킨다는 점, 그리고 이런 담론적 행위가 권력 관계의 구성, 재생산, 강화의 뿌리에 있다는 점이 중요하다. 권력과 즐거움은 떼려야 뗄 수 없다.[31]

신상털기 커뮤니티나 '장벽을 건설하라'고 연호하는 트럼프 시위에서 화행speech act은 참여한 주체들에게 리비도적으로 작용함으로써 일련의 권력 관계를 재생산하고 강화하는 데 이용된다. 극우 디지털 공간에 대한 좌파의 대안(에이트챈8Chan의 '좌파정치leftypol' 게시판, 벙커챈Bunkerchan 등)이나 '오프라인' 정치에서의 보다 리비도적인 화행(축구장 응원가를 흉내 낸 노동당 대표 응원가 〈오, 제러미 코빈Oh, Jeremy Corbyn〉 등)은 이 욕망을 작동시키는 데 있어서 대개 우파에 못 미쳤다. 우파의 열광은 찜찜하게도 파시즘에 가까워 보이는 경우가 많고, 좌파가 따라 하기를 꺼리는 형태를 띠고 있기 때문이다. 그렇지만 개인적 욕망에서 집단적 욕망으로의 이동이 우파의 전유물이 되어야 하는 것은 아니다. 좌파가 디지털 미디어 플랫폼과 집단적 욕망을 활용해 좌파 의제를 전개하지 못할 이유가 없다. 이 책은 다양한 맥락에서 좌파 혹은 진보의 사랑, 욕망, 연대 개념이라는 주제(잠정적으로 몇 가지 예만 들면)를 축으로 삼아 디지털적 미래의 중심에서 펼쳐질 리비도적 기술전쟁에서의 승리를 위한 정확한 출발점을 찾아 나설 것이다. 물론 여기서 사랑은 정치적 욕망 장면의 일부로, 무대에서 상연되는 정치적 담론들을 한데 모으는 리비도적 순간으로 받아들여질 것이다.

디지털 미디어가 어느 진영에 가장 큰 득이 될지는 '좌'나 '우', '솔직함'과 '거짓' 같은 것으로 정해지지 않는다. 그것은 이용자들의 욕망을 얼마나 잘 끌어낼 수 있는가에 따라 결정된다. 온라인에서의 정치적 성공은 서로 얽혀 있는 두 가지 요소—자료와 공유 가능성—에 달려 있다. 캠페인에는 다량의 연락처 정보와 지지자가 될 법한 사람들의 온라인 행동 기록 그리고 이를 해석할 혁신적인 방법이 필요하다. 다음으로는 그 내용이 초기 이용자가 아닌 이들에게도 퍼져 공유될 만해야 한다. '평범한 사람들'도 이를 공유하는 것 등을 통해 검증할 수 있다.

하지만 가벼운 온라인 행동을 끌어내기에 충분히 매력적인, 그래서 캠페인을 하는 측에서 주장을 어느 방향으로 전개해야 할지를 알수 있을 만한 정치는 오직 특정 종류에 국한된다. 디지털 매체는 욕망의 매체로서, 언제나, 리비도적인 것에 최대로 호소하는 정치 캠페인에 응답한다. 특히 앞에서 논한 집단적 쾌락의 측면에서 가장 많은 것을 주는 캠페인에 말이다. 액티베이트Activate─영국 토리당Tory 청년 그룹─가 영국 노동당의 좌파 당원 모임 모멘텀Momentum의 성공을 따라 하려다 몇 주 만에 내홍과 추문으로 무너져 실패한 것은 이미 예견된 일이었다. 디지털-리비도적 정치는 아무 입장, 대의에나 적용 가능한 미리 만들어져 있는 모델이 아니다.

영국의 EU 국민투표 당시 '잔류' 측과 '탈퇴' 측은 디지털 매체를 활용해 유권자들의 소셜미디어 활동을 바탕으로 예상 정치적 지향을 추측했고 이 정보를 소셜미디어 표적 광고와 메일링 리스트 작성에, 심지어는 현장 캠페인 기획에도 활용했다. 이는 오마바가 2012년 재선 선거운동 당시에 취한 전략이기도 하다. 2015년 총선에서 보수당은 당시 오바마의 전략을 담당한 짐 메시나Jim Messina를 기용했다. 활동가들의 보고에 따르면 이 선거에서 메시나의 모델은─모델이 예측하기로─보수당에 투표하도록 설득해낼 수 있을 만한 유권자들을 회유하는 데 특히 효과적이었다. 선거구의 상대 당에서는 심지어 이런 표적 설정이 진행되고 있다는 것조차 몰랐다.

메시나 모델은 오바마 재선이나 2015년 영국 총선 같은 비교적 주류적인 선거 맥락에서는 잘 먹혔지만 EU 국민투표에서는 일정한 제약이 있었다. 가장 직접적인 실패* 요인은 이 모델이 특정한 결정적 지역에 사는 아직 결정을 내리지 않은 부동층 유권자라는 지극히 구체적인 집단을 찾아 표적으로 삼도록 설계되었다는 점이었다— 국민투표 때는 총선에 비해 그 수가 훨씬 많았다. 메시나는 당시 해당 집단의 동기를 충분히 추측해내려면 자료가 필요하지만 지출 상한선(캠페인 측에서 지출할 수 있는 금액의 허용 제한치)이 이미 정해져 있었다는 불만을 표했다. 충분한 자료 수집이 늦어졌다는 것은 잔류파가 자료가 있었다면 해낼 수 있었을 일을 하지 못하는 상태였다는 뜻이다.

탈퇴 측이 유럽연합 회의파 정당인 영국독립당UK Independence Party의 궤도에서 발생하는 네트워킹과 온라인 상호작용, 수년 치의 자료 궤적을 활용할 수 있었다는 점은 더더욱 중요하다. 사람들이 오랜 시간 온라인으로 공유해온 실질적인 것이 있었다. 반대로 EU 노선은 그런 '리비도적 기구'를 만든 역사가 없었다. 방대한 자료를 생산하는 페이스북 그룹, 공유할 만한 밈, '좋아요'를 누를 만한 페이지 같은 문화가 없었던 것이다. 이런 경우 디지털 매체는 필연적으로, 어떤 정치건 이런 저장소와 사람들이 자발적으로 공유하며 쾌락을

---

* 영국의 EU 잔류/탈퇴 논의는 대체로 진보와 보수가 대립하는 양상이었지만 당시 집권당인 보수당은 당론을 내세우지는 않았으며 보수당 당수이자 총리였던 데이비드 캐머런은 잔류를 지지했다. 이후 국민투표로 탈퇴가 결정되자 캐머런은 이에 정치적 책임을 지고 총리직에서 물러났다.

얻을 수 있는 내용을 만드는 데 알맞은 쪽의 편이 된다. 어느 쪽이 거리낌 없이 거짓말을 하고 사람들을 세뇌했는지가 아니라, 어느 쪽이 저러한 리비도적 행동에 가장 빠르게 효과적으로 다가갔는지가 문제였다. 이렇게 생각하면 페이스북, 구글, 알리바바 등 실리콘 밸리 기술 유형들이 새로 생겨나는 디지털 리비도 도시의 첫 번째 수혜자라는 점은 놀라운 일이 아니다.

하지만 의외로, 바로 이 '리비도적' 패턴이 2017년에는 좌파에게 놀라운 기여를 하기도 했다. 탈퇴 진영이 EU 잔류의 위험에 관한 끔찍한 광고를 활용해 성공한 후, 보수당은 메시나의 주도로 제러미 코빈이 테러리스트에게 공감한다는 의혹과 노동당의 경제적 무책임에 초점을 맞춘 페이스북 광고에 수백만 유로를 들였다. 한편 노동당의 좌파 캠페인 그룹 모멘텀은 불경한 밈이나 토리당원을 풍자하는 영상을 활용하는 일로 비판받았고 코빈의 연설 장면을 담은 짧은 영상으로 '이미 개종한 이들에게 설교한다'는 비난을 받았다(이런 비판은 코빈이 글래스턴베리 페스티벌에 등장한 것을 두고 선거 이후로도 계속되었다). 동시에 모멘텀은 코빈 지지자들이 지구당을 거치지 않고 곧바로 가장 효과적으로 선거운동을 할 수 있는 곳에 갈 수 있도록 '가장 가까운 격전지My Nearest Marginal'라는 앱을 만들었다. 노동당 차원에서는 모멘텀의 다른 혁신안 하나를 받아들였다. 당원이라면 누구든 편한 시간에 집에서 아직 결정을 내리지 않은 유권자들에게 전화를 걸 수 있는 노동당 전화 앱이었다.

모멘텀의 디지털 전략은 효과가 입증되었다. 선거 기간 동안 '바이럴viral을 탄' 친보수당적 선거 게시물은 없었던 반면 모멘텀의 것은 자주 그랬다. 재미있고 집단적 쾌락을 만들어냈기 때문이다. 실제로 온라인에서 코빈을 밀어주는 일이 그 자체로 쾌락이 될 수 있었던 것은 그것이 코빈을 '절대 소년the absolute boy'이라고 부르는 불손한 밈 문화로 초대받는 통로가 됐기 때문이다. 저런 앱들을 사용하는 데도 '리비도적' 쾌락이 있었다. 자기희생적이고 기술관료적으로 통제되는 전통적인 노동당 선거운동의 분위기와는 달리, 자기가 정한 시간에 자기 친구들과, 제2의 자연이 된 기술을 통해 선거운동에 참여하는 것이었기 때문이다. 이런 좌파 기술의 사례들에는 모두 목표 이용자를 수동적이고 조종에 약한 존재로 상상하지 않고 이용자에게 힘을 실어주는 면이 있다.

좌파는 '사람들'에게 호소한다는 것은 이제 사람들의 욕망에—복잡다단하게—디지털적으로 호소한다는 뜻이 되었다는 것을 분명히 깨닫고 있다. 이는 새로 나오는 다양한 좌파 기술 사례에서도 확인할 수 있다. 예컨대 《뉴 인쿼리The New Inquiry》의 '화이트칼라 우범지역White Collar Crime Risk Zones'이라는 앱은 산업표준 기계 학습을 활용해 미국 전역에서 금융 범죄가 발생할 가능성이 있는 곳을 예측한다. 범죄율을 빈곤 인구나 비백인 인구과 연관 짓는 우익적 경향(과 치안 알고리즘)에 맞서 부와 범죄의 상관관계를 보여주는 것이다. 이와 비슷하게, 남부빈곤법률센터Southern Poverty Law Center는 미국의 파시즘 조직, 인종차별 조직을 알려주는 '혐오 세력 추적 지도'를 만들었다. 이용자들은 그들의 움직임을 확인하고 항의 시위를 조직할 수 있다. 두 경우 모두, 기술은 이용자가 잠재적으로 기술을 활용해 능동적인 역할을 하는 즐거움을 누릴 수 있게 해준다.

밈을 정치와는 상관없어 보이는 역사에서 떼어내 중요한 정치적 도구로 간주하는 좌파식 '밈 만들기' 또한 사람들이 자발적으로 정치적 운동에 기여하는 사례다. 매트 거즌^Matt Goerzen^은 이렇게 평한다.

논자들의 생각 이상으로, 이제 밈은 더없이 진지하게 여겨진다. 미군 방위고등연구계획국의 연구자에서부터 나토^NATO^ 요원들, 이슬람국가^ISIS^의 이념 전사들까지, 이들은 모두 밈을 현대의 전쟁 무기로 생각한다.[32]

밈과 같은 리비도적 현상을 진지하게 여기는 사람이라면 경종을 울려야 한다. 마찬가지로, 미군 인사들과 긴밀한 관계를 맺고 있는 팔란티어 같은 회사들은 자료 주도적 방책과 여기서 나온 여러 전술을 이용해 '조직이 자료를 활용하는 방식을 변화'시키고 있다. 이런 회사들의 서비스를 '세계에서 가장 중요한 정부, 상업 기관, 비영리 기구들이 이용'하고 있다. 이런 맥락에서 볼 때, 좌파가 자료 주도적이고 리비도적인 미래에 개입하는 것은 전에 없이 중요하다. 욕망의 인터넷이라는—이 책의 중심에 있는—문제는 정치의 미래에 관한 문제이기도 하다.

이 진화 중인 문화의 선두에는 핵티비스트 애런 스워츠^Aaron Swartz^가 만든 여러 프로그램이 있다. 스워츠는 대학들이 갖고 있는 자료를 대중이 무료로 이용할 수 있게 하려다 지적재산을 '훔쳤다'며 미국 법원으로부터 엄청난 압박을 받은 끝에 스스로 세상을 떠났다. 그를 본보기로 삼기로 작정하고 압박한 미국 정부 때문에 요절하기 전까지, 스워츠는 망 중립성 운동, 여러 온라인 청원/운동 사이트, 크리에이티브 커먼즈Creative Commons 설립 등에 큰 역할을 했다. 최근에 에브게니 모로조프Evgeny Morozov와 닉 스레니척은 좌파가 구글이나 페이스북 같은 온라인 플랫폼에 대한 대안적인 소유권 모델을 상상하는 데 더 적극적으로 나서야 한다는 중요한 주문을 했다. 일상에 필수적인 이 도구들을 은밀히 사리사욕을 추구하는 현재의 통제권자들로부터 빼앗아 와야 한다는 것이다. 코빈 캠프는 국가가 무선 인터넷 서비스를 제공해야 한다고 제안했지만 영국 국민들은 정부로부터 감시당할 것이라는 공포로 이에 반발했다. 국가보다, 서로서로보다 사기업을 더 신뢰하는 이런 상황을 바꾸어야 한다.

이 같은 좌파 기술의 사례는 모두 목표 이용자를 수동적이고 조종에 약한 존재로 여기는 것이 아니라 그들에게 온라인 '콘텐트'를 검색하고 공유하고 창작하라고 요구하면서 능동적인 참여자이자 조사자로서 힘을 북돋운다. 이런 기술들은 이용자를 세뇌할 수 있는 양 떼가 아니라 리비도적으로 동기를 얻는 행위자로 받아들인다. 온라인에서 코빈에 열광하는 소셜미디어 이용자가 '양 떼'가 아니라면, 탈퇴 운동이나 트럼프에게 넘어가는 이들 역시 '양 떼'가 아니다. 기술에 능한 좌파가 꾸준히 운동을 위한 혁신적인 디지털 매체를 개발한다면 다시 한 번 승리할 수 있을 것이다. 하지만 디지털 매체의 청중은 어떤 존재인지, 무엇이 온라인에서 그들을 설득하고 행동을 끌어낼 수 있는지를 좌파적-'리비도적'으로 이해하는 데에도 매진해야 한다. 전통적인 정치는 쾌락이나 욕망과는 별개의 것임을 자임해왔지만, 좌파가 지금 이 변곡점에서 성공하려면 욕망이 정치의 영향을 받는다는 사실만이 아니라 정신분석학이 누누이 말해온 대로 정치도 때로 욕망의 영향을 받을 수밖에 없음을 인정해야 한다.

지금까지의 논의는—낭만적 사랑에 있던 초점을 옮겨 봄으로써—사랑 산업에 대한 이해는 관계에서부터 선거에 이르는 모든 것에 영향을 미치는 오늘날의 리비도 경제에 일어나는 훨씬 폭넓은 변화를 이해하는 일이기도 하다는 점을 보여준다. 정부에서부터 일상적인 행동 패턴까지, 우리네 도시의 미래는 기술과 욕망의 관계를 이해하는 데 달려 있다.

마지막 넘기기에 반하는 사랑

바르트는 사랑을 매우 정치적인 것으로 여겼고 우리 시대 욕망의 장면을 이렇게 해석하는 데 동의할 것 같지만, 보드리야르는 정반대의 입장을 취한다. 그는 흥미롭게도 '유혹seduction'을 감시 국가에 맞서거나 저항할 길로 내세웠다. 그의 기이하게 정신분석학적인 측면에 관해 이사벨 밀러Isabel Millar는 이렇게 썼다.

보드리야르에게 있어 유혹은 다가오는 시뮬라시옹, 기교, 감시, 계산의 시대에, 또한 갈수록 정교해지는 생물학적, 분자적 통제의 시대에 맞설 최후의 보루이다. '사람은 어떻게 본색을 숨기는가? 어떻게 위장하는가? 어떻게 기호 게임 속에서 침묵을 가장해 외모 전략의 무관심을 피하는가?' 이렇게 물으며 그는 이제 주체의 욕망이 아니라 대상의 운명에 주목해야만 한다고 역설한다.[33]

1987년의 보드리야르는 시뮬라시옹, 기교, 감시, 계산, 통제의 힘이 우리 삶을 집어삼키는 와중에도 유혹의 과정은 마지막까지 살아남으리라고 내다보았다. 2022년의 스마트 도시에서 우리가 경험하는 욕망과 감시 국가의 관계는 이와는 거의 반대되는 듯하다. 오늘날 유혹은 기술 회사, 기업, 정부의 기교가 수행되는 핵심 수단으로 보인다. 보드리야르가 보기에는,

> 육욕적인 유혹에서 타자는 당신의 비밀이 있는 곳이다—타자는 저도 모르게 당신이 결코 알지 못할 것을 쥐고 있다. 타자는 (사랑에서처럼) 당신의 유사성이 있는 곳도, 당신의 이상적인 자아상도, 당신에게 결핍된 것의 숨겨진 이념도 아니다. 당신을 피해 가는 것이 있는 곳이자 당신이 당신 자신과 당신의 진실을 피해 가는 곳이다.[34]

정신분석학을 비판하는 그의 이러한 기이하게 정신분석학적인 지점에서, 보드리야르는 욕망하는 주체로부터 주체가 구조화되는 중심인 대상으로, 라캉주의 정신분석학적 용어로 말하자면 대상 소문자 a$^{objet\ petit\ a}$와 비슷한 무언가로 초점을 옮긴다. 라캉 정신분석학에서 대상 a는 주체가 끝없이 찾아 헤매는, 주체를 피해 가는 욕망의 대상이자 욕망이 생겨나고 동하게 하는 욕망의 대상-원인으로서, 주체로 하여금 자신을 피해 가는 이 궁극 대상을 좇아 계속해서 욕망하고 찾아 헤매게 만든다. 이렇게 볼 때, 사랑의 이런 측면은 그야말로 감시, 계산, 통제의 반대항이다. 정의상 붙들기 어렵고 알 수 없으며 계량할 수 없기 때문이다. 소비자가 무엇을 원하는지를 알아내

는 것이 예측 기술과 자료 주도적 마케팅 모델의 토대지만, 어떤 의미에서 그들의 궁극적인 욕망은 끝내 알 수 없는 것으로 남는다.

여기서 보드리야르는 온라인 데이팅의 수치화라는 방식은 주체의 욕망의 중심에 있는 이보다 근본적이고 알 수 없는 대상에 대한 '거짓' 대체물을 제공할 수 있을 뿐이라며—자율주행 차량에 대해서와 마찬가지로 시대를 앞서서—직접적인 비판을 하는 듯 보인다. 이런 공식이 작동하는 것은 바로 유사성, 혹은 이상적인 자아상을 통해서다. 이 공식은 적어도 주체의 정체성에 결핍된 조각을 제공하는 것으로서 작동한다. 오늘날 보드리야르는 온라인 짝 찾기 서비스 같은 식의 접근은 적어도 사랑 자체를 분자적으로 통제하려는 궁극적인 시도에는 필연적으로 실패하리라고 말할 것이다. 궁극적으로는 (트럼프닷데이팅이 그러하듯) 주체에게 유사성을 위한 곳밖에는, 혹은 아마도 (어쩌면 틴더가 지루한 순간을 때우는 역할을 하려는 것과 마찬가지로) 그들에게 결핍된 것의 이념밖에는 줄 수 없기 때문이다. 보드리야르가 보기에 유혹의 궁극적인 형태는 다른 데에, 정의상 주체는 알 수 없는 것인 비밀의 끝없는 손짓 속에 있다. 그렇다면, 데이팅 앱이 실은 주체를 충족으로 이끌고 싶어하지 않는다는 점이 중요하다. 힌지의 광고 문구(힌지는 삭제되기 위해 존재합니다Hinge is designed to be deleted)와는 정반대로, 이 앱은 자신과 유사한 대상의 대체물을 찾아 충족되지 않는 욕망의 순환에 빠지는 주체로부터 이윤을 얻는다.

그런데 보드리야르는 적어도 어떤 특별한 종류의 사랑을 정치와 분리한다는 점에서 앞서 많은 이들이 해온 일을 반복한다. 여기서 언급되는 라캉 역시 마찬가지로 '정치는 정치다. 하지만 사랑은 언제까지나 사랑으로 남는다'고 말한 바 있다.[35] 사실 대상 a라는 개념까지도 대리적 대상을 향한 피상적인 욕망을 주체의 핵심에 있는 보다 근본적인 욕망과 구분하려는 시도로 볼 수 있다. 하지만 오늘날의 디지털적 맥락에서 이러한 구분을 유지하는 일은 기업 자본의 논리에 복무할 뿐이다. 정치는 지극히 추상적이고 붙들기 어려워 보이는 유혹까지도 장악하는 데 성공했다—어쩌면 처음부터 줄곧 장악하고 있었다. 사실, 대상 a를 대신할 대체 대상의 무한한 순환은 이 시대의 디지털 자본주의를 벗어나는 것이 아니라 오히려 그 동력이라고 할 수 있다. 이렇게 보면 라캉의 말은 지금껏 정치 너머의 주체에 대한 설명으로 오해되어왔지만 실은 정치적 주체의 작동 방식에 대한 해설이라고 할 수 있다.

동시에, 무한히, 끝끝내 충족되지 않는 주체 관념—주체는 붙들기 어려운 쾌락을 붙잡으려 하며 대리 대상에 끝없이 유혹당한다는 관념을 이론적으로 뒷받침하는 내용의 정신분석학 대중화가 자본주의 논리를 한층 더 정당화하는 데 기여해왔다. 바꾸어 말하자면, 정신분석학을 잘못 받아들임으로써 자본의 편으로 만든 것이다. 욕망은 라캉이 설명하는 방식대로 작동하지만, 불가피하게 그런 것이 아니라 그저 자본주의 때문에 그런 것이다.

클라이브 스콧이 번역한 보들레르의 〈지나가는 여인에게〉를 인용하며 이 장을 시작했다. 보들레르는 19세기 중엽의 도시 생활을 특징 짓는 것은 욕망이라고 여겼으며 이 시에서 그것을 묘사했다. 2000년에 스콧이 상상력을 가미해 다시 쓴, 지나가는 대상에 대한 욕망으로 몸을 떠는 주체를 묘사한 시는 시대를 앞질러 스마트 도시의 욕망을 내다본 듯하다. 스콧은 '마지막 눈에 반한 사랑이 도시를 달아오르게 한다'며 그곳을 유혹의 순간이 끝없이 이어지는 공간, 거의 매번의 클릭마다 우리로 하여금 스마트 욕망 도시의 새로운 패턴 속에서 계속해서 넘기고 사고 데이트를 하게 만드는 주체와 그 대상들 사이의 경제적 교환이 끝없이 이어지는 공간으로 포착한다. 틴더나 범블 등 넘기기 방식 기반의 주요 데이팅 앱 대부분이 최근에 (대개 소액결제로 비용을 내고) 이전 카드로 돌아갈 수 있는 '되돌리기' 혹은 '실행 취소' 기능을 추가했다는 사실은 의미심장하다. 방금 막 떠나가 버린 대상을 향한 욕망은 때로 그 무엇보다도 강력하며, 따라서 돈이 된다.

오늘날의 좌파는 보드리야르가 말한 대로 사랑의 영역에서 감시, 기교, 통제의 문제에 맞서야 한다. 하지만 이런 것들이 손에 잡히지 않는 어떤 잔여적 형태의 욕망이나 사랑을 갉아먹지 못하게 하려다 사랑을 정치와 분리하는 덫에 빠져서는 안 된다. 반대로 프로이트의 제안―그의 말이 흔히 이해되는 바와는 반대되는―을 따라야 한다. 욕망, 사랑, 성은 주체성을 정치경제부터 사회문화까지 다른 모든 요소 너머로 몰아가는 근본적인 힘이 아니다. 오히려, '가장 깊은' 충동과 본능으로 여겨지는 저것들(프로이트는 욕동이라는 말을 선호했다)은 정치와 주체가 하나가 되는 장소다. 프로이트는 에로스가 '모든 것을 하나로 묶는다'고 썼으며 이는 욕망이 정치적인 것, 문화적인 것, 경제적인 것을 포함한다는 사실이야말로 욕망을 그토록 강력한 힘이 깃든 장소로 만든다는 뜻으로 이해되어야 한다. 바르트와 정신분석학으로부터 배울 수 있는 것은 바로 사랑은 필연적으로 정치적이며 그럴 수밖에 없다는 사실이다.

정치적 좌파가 빠진 교착 상태를 정치와 욕망의 관계에 비추어 개념화하며 신디 지허^{Cindy Zieher}는 '더 이상 정치적으로 보이기 위해 행동을 필요로 하지 않는 무효한 포스트모던-자유주의 좌파의 등장'을 이야기한다. 지허가 보기에 '겉보기나 말하는 바와는 달리 오늘날의 좌파에게는 타자에게 들어가는 주된 입구로서 행동에 중심을 두는 동기가 결여되어 있다.'[36] 그들은 줄곧 스스로를 정치적이라 규정하지만 그렇게 보이기 위해 행동할 필요성을 느끼지는 않는다는 것이다. 이에 맞서 그녀는 '주체의 출발점'으로서 행동을 주장한다. '행동은 정치적 주체성을 전개하는 가운데 욕망, 요구, 희생을 결합'시키기 때문이다. 정치적이라 설명될 수 있으려면, 주체는 반드시 욕망을 함의하는 방식으로, 동시에 요구와 희생을 수반하는 방식으로 행동해야 한다.[37] 이 장에서 논한 여러 가지 리비도적 계기들이 바로, 그처럼 정치적인 것을 욕망에서 정의한다고 할 수 있는 새로운 형태의 디지털적 행동들이다.

던져보기 — 붉은 웨어러블: 노동자계급을 위해 스마트워치를 정치화하기

우리 삶의 새로운 디지털적 패턴들이 최근 수년간 기업, 우익 포퓰리스트, 일부 자유주의 진영의 이해관계에 충실히 복무해온 듯 보이긴 하지만, 그렇다고 좌파적이고 진보적인 힘을 위해 효과적이고 강력하게 쓰이지 못할 이유는 없다. 앞에서도 언급했듯 제러미 코빈의 노동당은 2019년에 국유 광대역망을 제안했는데, 영국 주류 언론들은 이를 곧장 중국의 인터넷과 연결 짓는 비약을 하고는 국가가 통제하는 공산주의 디스토피아를 상정하기 시작했다. 그러나 새로운 소유권 모델이, 그리고 공유재라는 집단의 이익에 기여하는 새로운 생산물이 우선시되어야 한다.

최근 몇 년 동안 '포퓰리즘적' 리비도에 대한 논의는 이미지 게시판, 신상털기 사이트, 트롤링 사이트, 비디오게임 하위문화 등과 관련해 묘사되는 정치적-디지털적 우익, 밈, '베타beta' 남성성의 부상을 중심으로 진행되었다. 포퓰리즘—앞의 온라인 정보 커뮤니티와 복잡하게 연관되는—은 흔히 '감정'의 정치로 일축된다. 윌리엄 데이비스William Davies는 《불안의 국가: 민주주의와 이성의 쇠퇴Nervous States: Democracy and the Decline of Reason》에서 이성의 정치에서 감정과 몸의 정치로의 전환을 이끈 핵심 사상가 중 하나로 프로이트를 지목한다.[38] 이와는 반대로 우리는 이성과 감정을 분리하는 방식으로는 오늘날의 리비도 경제를 잘 볼 수 없으며 오히려 정신분석학을 통해 일상과 정치의 정동들이 맺는 관계를 볼 수 있음을 확인했다. 우리에게는 진보를 향한 리비도가—적어도 일련의 행동적 충동이—필요하다.

이 지점에서 프랑스 철학자 앙리 르페브르의 '리듬분석' 개념이 정신분석학에 필수적인 도움을 제공한다. 르페브르는 오랜 시간 동안 꾸준히 '일상생활'이라는 주제로 집필 활동을 했으며 그 방대한 글들을 묶은 《일상생활의 비판Critique of Everyday Life》이 1947년, 1961년, 1981년에 총 세 권으로 거의 40년에 걸쳐 출간되었다. 그는 일상을 면밀히 연구하고 일상적인 행동 패턴의 정치학, 경제학을 가시화하고자 했던 당대 프랑스 철학 운동의 핵심 인물이다. 르페브르는 앞에서 논한 드보르나 상황주의자들과 종종 함께 했으며 넓게 보자면 이 운동에는 바르트도 포함된다. 그는 《신화론*Mythologies*》(1957)과 《에펠탑과 다른 신화들*La Tour Eiffel*》(1979)이라는 두 권의 기획을 통해 대중문화에 초점을 두고 일상을 꼼꼼하게 따져 들었으며 앞에서 논한 《사랑의 단상》의 사랑론 또한 일상의 이해라는 맥락에서 보아야한다. 이 운동에 기여한 다른 주요 인물로는 조르주 페렉Georges Perec과 미셸 드 세르토Michel de Certeau가 있다. 파리에서 소설가로 활동한 페렉은 바르트의 강의를 수강하고 앙리 르페브르의 저작을 탐독했으며(실은 그가 시장을 연구하는 일자리를 얻을 수 있었던 것이 르페브르 덕이다) 드세르토의 동료이기도 했다.

1973년에 페렉은 잡지 《공동의 대의*Cause Commune*》에 일상 연구를 촉구하는 글을 실었다. 이 글에서 그는 우리가 '일상생활을 모든 층위에서, 대개 무시되고 억압되는 그 구석구석을' 연구해야 한다고 역설한다. 페렉은 프로이트 정신분석학에 힘입어 억압과 무의식적 삶을 도시와 연결 지을 수 있었다. 프로이트는 1914년에 영역본이 출간된 연구서 《일상생활의 정신병리학*Psychopathologie des Alltagslebens*》을 통해 일상의 무의식적 요소들—우리가 일상적으로 생각하고 느끼는 것들, 일상생활의 충동, 감정, 리비도—을 찾고자 하였다. 페렉은 이렇게 말한다.

진짜로 어떤 일이 일어나고 있는지, 우리가 무엇을 경험하고 있는지,

나머지, 그 모든 나머지는 어디에 있는가? 매일 일어나고 매일 반복되는 일—진부한 것, 시시한 것, 명백한 것, 보통인 것, 평범한 것, 평범 이하인 것, 배경 소음, 습관적인 것—을 어떻게 설명하고 의문시하고 서술해야 하는가? 습관적인 것을 의문에 부친다. 하지만 거기까지다. 습관적으로 그리할 뿐이다.[39]

매일 일어나는 일의 정치학은 알아채기 매우 어렵다. 매일의 삶은 너무도 습관화되어 있어 습관적이고 반복적인 것의 정치적 패턴이 어떠한지를 알지 못하도록 훈련받은 것이나 마찬가지이기 때문이다. 드 세르토는 페렉의 뒤를 이어 도시 공간의 경험에 초점을 두고 습관화된 생활을 질문하고자 했다. 개별 도시를 예로 들자면 드 세르토는 뉴욕을 두고서 '계속해서 맨해튼은 독자를 낳는 소설을 쓰고 도시의 복잡성을 읽기 쉽게 만들며 그 불투명한 운동성을 투명한 텍스트 속에 고정시킨다'고 썼다.[40] 도시와 그 습관화된 패턴을 이해하고자, 도시가 시민을 구축하고 생산하는 방식을 책이 독자를 낳는 방식에 비유함으로써 우리네 매일의 실존에 경제와 정치가 미치는 영향을 드러낸 것이다. 지금으로 말하자면 그저 도시 건축만이 아니라 디지털 앱과 온라인 기술이 이 같은 일상적 패턴의 정치학을 빚어낸다.

습관과 행동의 구조에 이런 식으로 접근하는 데서 르페브르의 리듬분석 개념—공간의 리듬과 움직임을 이해하는 기획—이 나온다. 페렉, 드보르, 르페브르, 드 세르토는 정치적 관점이 서로 달랐고 이들의 관점은 점차로 변화하기도 했다. 르페브르는 출당을 당하기도

하고 결국 30년만에 탈당하기도 했지만 생애 대부분 프랑스 공산당원이었다. 하지만 큰 틀에서 말하자면 이 일상생활 분석가들은 모두 반자본주의자라 할 수 있으며 일상생활 분석을 통해 보다 진보적인 사회주의 의제를 발굴하고자 했다. 돈 리언Dawn Lyon이 리듬분석을 주제로 한 책에서 말한 대로, 르페브르에게는 자본주의는 '이음매 없는seamless'(즉 비판이나 개입의 여지가 없는) 것이 아니며, 일상생활은 더없이 강력한 자본주의 조직화의 흐름에도 맞설 수 있는 혁명적 잠재력을 항상 품고 있다는 점이 중요했다.[41] 이 점에서 르페브르의 입장은 마크 피셔Mark Fisher가 '자본주의 리얼리즘' 개념을 통해 말하는, 자본주의는 어떤 파열이라도 메꿔버리고 이음매 없이 매끄럽게 기능할 수 있는 듯하다는 관점과는 다르다.

자본주의는 분명 모든 파문과 파열을 없애버리고 이음매 없는 체제로 기능하기를 시도하며, 이 꿈을 가장 잘 구현하는 것이 바로 예측과 자동화에 기반한 스마트 도시다. 이런 고정된 패턴들은 자본에게는 최선일지 모르지만 우리에게도 항상 최선인 것은 아니다. 정신분석학자 다리안 리더Darian Leader는 근작에서 자본주의적인 욕망과 의례를 비판한다. 예를 들자면 섭식을 극심히 정결히 하고 종종 청교도적이기까지 할 정도로 알코올 섭취 등 악한 습관을 버리려 하거나 '건강하고' '이상적인' 수면 시간에 극심하게 주의를 기울이는 것이 수면과 건강의 패턴에 부정적인 영향을 미쳐왔음을 보여준다.[42] 리더의 논의는 자본주의가 시민들의 정신 건강과 안녕에 구체적으로 부정적인 영향을 미침을 보인다. 그런데 어쩌면 더 중요한 것이 있다. 리더의 작업은 웨어러블 장치와 몸에 대한 계측적computational

접근의 원리가 개인을 강조하고 개인의 책임을 묻는 자본주의 자체의 실패를 뒤집고 재정향하는 기능을 할 수 있을지도 모른다는 것을 보여준다. 웨어러블—애플워치나 핏비트에서부터 스마트콘돔이나 GPS 운동화까지—은 일상생활의 습관적인 패턴을 계측한다. 그리고는 특정 패턴을 장려하고 새로운 '건강한 이상'을 형성해 규범이 되게 한다.

계측적 웨어러블이 개개인에게 긍정적인 이익이 된다고 주장하는 이들이 있다. 최근 웨어러블이 확산됨에 따라 ('큐저'를 자처하며 '생활기록lifelogging' 활동을 수행하는 이용자들과 함께) '자기 수치화quantified self'라 불리는 움직임이 생겨났다. 이는 입력값(섭취한 음식, 주변 공기 질), 상태(기분, 흥분도, 혈중 산소 농도), 수행 능력치(정신적, 신체적) 등의 측면에서 자료 기술을 일상생활에 통합하는 집단적 시도다. 이들은 그러한 기술들이 전에 없이 세세한 수준에서 이용자의 건강과 안녕을 빚어낼 수 있게 함으로써 개인 수준에서의 해방일 수 있다고 주장한다.

하지만 이런 기술과 플랫폼 자본주의의 관계를 슬쩍만 살펴봐도, 이 입장의 허점이 드러난다. 신경 추적기neuro trackers(뇌 운동을 기록하는 장치) 같은 기술은 직장에서 노동력을 새로운 차원에서 감시하는 데 쓰이며 얼굴 인식 소프트웨어는 교실에서 학생에게 새로운 차원의 순응주의를 채근하는 데 쓰인다.[43] '출퇴근 시간 기록'을 극한까지 밀어붙이는 이런 기술들은 기록을 당하는 개개인보다는 기술을 도입하고 그로부터 생산된 자료를 이용할 수 있는 회사들에 힘을 실어주는 경우가 훨씬 많은 듯하다. 이에 더해, 스스로 해결하라는 조언이나 마찬가지로 기능하기에, 오직 개인에게만 주목함으로써 신체적, 정신적 건강을 보다 큰 층위에서 정치적, 경제적 패턴과 연결하지 못하게 만든다.

디지털 자본주의와 이런 기록 기술의 연관성을 뚜렷이 보여주는 회사로 어펙티바Affectiva가 있다. 이 회사의 여러 알고리즘, 얼굴 인식 소프트웨어, 웨어러블 등은 (잠재적으로) 모든 감각을 동원해 콘텐츠에 대한 이용자의 반응을 수집함으로써 감정과 행동이 브랜드 인지도와 어떤 관계를 맺는지 알아내는 것을 목표로 한다. 이 강력한 정보를 활용해 감정이 있는 AI의 미래를 일구는 것이 이 회사의 사명이지만, 이 자료를 그로부터 이윤을 낼 수 있을 회사, 기관들과 연계하기도 한다. 그럼에도 불구하고 어펙티바는 '감정 AI 대회Emotion AI Summit'를 주최하고 창립자 라나 엘 칼리우비Rana el Kaliouby는 테드TED를 비롯한 여러 주요 연단에서 자신들의 사업에 관한 비판의식이 거의 없는 강연을 한다. 유니레버Unilever 등 대형 복합기업과 파트너십을 맺고 있기도 한데, 이들이 최근에 발표한 어펙티바 자율주행 AI는 '승차 공유 서비스 제공자와 운송 관리 업체'를 위한 '차량 내 감지In-Cabin Sensing, ICS 플랫폼'이다. 딜리버루나 우버 같은, 최저임금법을 피해 가며 노동권을 잠식해온 전형적인 구조를 가진 기술 주도적 플랫폼 자본주의 회사들에 도움이 되도록 설계되었다는 뜻이다.

어펙티바가 최근에 개발한 제품으로는 흥분도, 스트레스, 불안도를 추적하는 (Q라는) 웨어러블 생체 센서 등이 있으며, 아마도 그중에서 가장 중요한 것은 표정 인식 기술을 적용한 어프덱스Affdex 및 그와 짝을 이루는 양적 연구용 자동화 얼굴 코딩facial coding* 솔루션 어프덱스디스커버리Affdex Discovery다. 이 소프트웨어는 표정을 이용하는 데 그치지 않고 컴퓨터가 실시간으로 (심박수 등) 다양한 감정 자료를 추출할 수 있게 해주며, 감정 감지에는 스마트폰 카메라, 동영상, 사진 등을 활용할 수 있다. 이는 이용자의 카메라와 마이크를 이용해 상품이나 광고에 대한 감정적 반응을 측정하는 다른 웹 기반 추적기—여러 곳에서 시험판이 개발되고 있다—의 확장판이라 할 수 있다. 페이스북의 '반응 남기기' 기능과 마찬가지로 어펙티바는 행복, 혼란, 놀람, 역겨움 등 '분류자classifier'라 불리는 몇 가지 감정적 반응만을 추적한다. 이에 대한 평범한 기술혐오적 반응은 이것이 인간 감정의 복잡성을 축소한다는 것이겠지만, 인간의 감정과 욕망을 예측하고 예상하는데 이런 기술들이 완벽하게 충분하다는—그리고 성공적이라는—점이야말로 진짜 무서운 사실이다. 컴퓨터가 이런 일을 할 수 있는지는 질문거리가 아니다. 이미 해내고 있기 때문이다. 해야 하는 질문은 바로 이것이다. 누구를 위해서 하고 있는가?

르페브르는 리듬분석가는 자신의 몸을 일상생활과 그것의 효과가 드러나는 중심 또는 연구 도구로 삼아야 한다고 생각했다. 도시의 흐름이 어디로 드나들고 흐르는지를 가시화하기 위해 걷기라는 형태를 수반하는 '표류dérive' 개념을 제안한 드보르와 마찬가지로, 르페브르는 걷기, 자전거 타기, 춤추기 등의 신체적 활동에 주목했다. '그 어떤 카메라도, 그 어떤 이미지나 이미지 모음도 일상생활의

---

* facial coding이란 표정을 통해 감정을 읽어내는 기술이다. 피험자를 특정 자료나 상황에 노출시킨 후 감정적 반응을 확인하는 연구에서, 피험자 스스로 보고하는 감정 상태뿐 아니라 피험자가 숨기거나 무의식적인 층위에서 나타내는 감정을 측정할 수 있다.

리듬을 보여줄 수는 없다'며 특히 시각적 방법에 대해서 회의감을 표하기도 했는데, 후일 마지막 저작인 《리듬분석*Rhythmyanalysis*》에서 그는 시청각적 기법이 매일의 리듬을 추적하고 이해하는 수단이 될 수 있을 것으로 생각했다. 르페브르가 쓰기로 이런 리듬을 이해하려면 '눈과 귀, 머리와 기억과 가슴으로 모두 똑같이 집중해야 한다'.

그렇다면 르페브르에게는 주체를 이해하는 데 디지털 매체의 매개보다는 인간의 정신과 감각이 더 좋은 도구인 셈이다. 물론 그는 핏비트가 없었던 시대의 사람이지만, 비슷한 류라 할 수 있는 자료 시각화를 일상생활의 리듬을 부정확하게 추출하는 것으로 보았다. 앞의 말에 이어 그는 이렇게 쓴다.

> 기억이라니? 그렇다. 이 현재를 즉각적인 순간 이외의 방식으로 붙들기 위해, 그 순간 속에, 다양한 리듬의 움직임 속에 되살리기 위해서 말이다. 다른 순간들이나 모든 시간들을 회상하는 일이 필수적인 것은 그저 참조점을 만들기 위해서가 아니다. 이 현재를 고립시키지 않기 위해, 현재를 **주체들과 대상들로**, 주관적 상태들과 객관적 형상들로 이루어진 그 다양성 속에서 살기 위해서다. … 관찰과 매개는 과거로부터, 현재로부터, 가능성으로부터 나와 관찰자에게서 한데 모이는, 중심인 동시에 주변이 되는 여러 갈래의 힘들을 따른다.[44]

이 주장에서 뽑아낼 수 있는 핵심은 두 가지다. 첫째, 각 순간을 다른 순간들과 연결지어—잠재적으로 인간의 오감을 모두 활용해—기억하는 기록법은 바로 오늘날 개발되는 웨어러블 사물인터넷의 기술 논리다. 르페브르의 시대에는 그가 상상한 이상적인 리듬분석에 알맞은 기술이 존재하지 않았지만, 지금은 분명히 존재한다. 비록 엉뚱한 이들이 쥐고 있는 듯하지만 말이다. 카메라는 어떤 한 순간을 이미지로 제시할 수 있을 뿐이지만 웨어러블은 장기 기억 개념에 기반하고 있다. 둘째, 정치는 몸과 그 움직임에 깊숙이 새겨져 있다. 르페브르가 마르크스주의와 일상생활, 행동 패턴 연구를 결합한 것은 정치적, 경제적 조건이 주체에게 미치는 영향을 깊이 이해하려면 우리의 일상적 움직임, 사고, 감정, 반응에서 정치적인 것을 읽어내야 한다는 사실을 지적하기 위한 것이었다. 이런 점에서 르페브르는 프로이트와 가깝다. 프로이트는 사랑—혹은 에로스—이 정치의 모든 것을 담고 있다고 생각했으며, 마찬가지로 정치가 충동, 욕망, 습관의 층위에 새겨져 있다고 보았다.

이 리듬분석 개념에 비추어, (지금의 웨어러블처럼) '건강한' 혹은 '자연스러운' 균형에 맞추어 습관과 행동 패턴을 정상화하는 것이 아니라 습관과 루틴은 본질적으로 경제 구조와 밀접하게 연관된 문화적 현상이라는 착상에서 출발하는 새로운 종류의 웨어러블 장치를 제안해볼 수 있겠다. 핏비트, 애플워치, 위딩스Withings 같은 운동, 수면 추적 장치나 시중의 다른 주요 웨어러블은 모두가 결국 자본주의와 개인적 건강의 관계를 탈정치화하는 데 기여한다. 큐저 집단은 개인적 동기부여 효과를 옹호할지도 모르지만, 실상 이런 장치들은 기업들이 가치 있는 빅데이터를 기록, 수집하고 일생생활의 리듬을 긍정적으로 변화시킴에 있어 넓은 층위에서의 사회 구조보다는 개별 주체들을 강조하는 데 기여한다.

이 문제에 관해 오늘날 가장 중요한 정신분석학적 의견이 아마도 앞에서 언급한 다리안 리더의 입장일 것이다. 그의 작업은 우리가 수면, 섭식, 운동을 규제하는 데 있어 점점 더 개인의 책임에 초점을 맞추는 것이 어떤 점에서 이용자들로 하여금 자본에 유용한 리듬에 순응하도록 하는지를 논의한다. 이는 또한 이용자에게 책임을 돌리면서 (많은 과학적 연구로 확인되고 있는) 자연스럽고 본질적으로 유익한 패턴이란 존재하지 않을 가능성을 생각하지 못하게 만드는 일이기도 하다. 그는 어니스트 하트만Ernest Hartmann의 흥미로운 수면제 연구를 언급한다. 1978년의 이 연구에서 하트만은 '사람들은 그저 불면증 때문에 수면제를 먹는 것이 아니라, 누군가가 수면제를 주기 때문에 수면제를 요구하는 것'이라며 처방이나 화학자와의 상호작용을 수면욕을 승인하는 양육자와의 상호작용으로 설명한다. 수면제란 '누군가가 나에 대한 사랑을 표현하기 위해, 내가 가치 있음을 보여주기 위해 내게 주는' 일종의 '선물 혹은 사랑의 증표'가 되는 것이다.[45] 우리는 여기에 이제는 웨어러블이 이 같은 승인하는 양육자의 역할을 컴퓨터에게 맡긴다고, 이 컴퓨터는 이용자의 행동을 승인할 수 있을 뿐 아니라 바람직한 행동에는 긍정적인 반응으로 칭찬하고 그렇지 않은 경우에는 부정적인 반응으로 혼내기도 한다고 덧붙일 수 있겠다. 그렇다면 웨어러블은 사실상 이용자에게 주기적으로 선물을 주는 또 다른 종류의 사랑 관계를 맺는 셈이다. 이용자를 현대 자본주의적 삶의 리듬에 맞추는 주체긍정적subject-affirming 관계다.

마찬가지로 노동, 휴식, 소비의 의례를 기록할 수 있지만 이를 다른 이들의 패턴이나 과학적으로 연구된 '이상적인' 패턴과 비교하지는 않는 장치의 개발을 제안해본다. 대신 자본주의 속 노동, 경제, 일상생활이 개인의 안녕, 수면, 성, 신체적·정신적 건강에 미치는 영향을 드러내는 장치 말이다. 기 드보르의 용어를 쓰자면 일종의 디지털적 표류 혹은 르페브르 식으로 리듬분석을 수행해 자본주의가 주체의 일상생활에 미치는 영향을 가시화하는 장치라고도 말할 수 있다. 이런 기술은 이용자의 자료를 이상적이거나 권장되는 변화와 연관 짓지 않고 자본주의와 몸의 관계를 가시화하는 데 쓰일 수 있다. 예컨대 어떤 큐저들은 웨어러블 장치를 활용해 자신의 노동 조건이나 교대 근무, 장시간 근무의 영향을 검토하기도 한다. 구체적으로 이런 의제를 염두에 두고 장치를 설계하는 것이 출발점이 될 수 있을 것이다.

기존의 장치들보다 장기적으로 사용자 자료의 경향을 보여주는 인터페이스의 웨어러블 기기는 예를 들자면 경제적 상황이나 직장, 주거 환경의 변화, 심지어는 지방정부나 중앙정부의 변화가 개개인에게 미치는 영향을 밝히는 데에도 쓰일 수 있다. 핏비트 이용자는 겨우 직전 일주일, 이번 달, 지난달의 자료만 볼 수 있다. 온라인으로 복잡한 과정을 거치면 장치에 기본적으로 저장되는 과거 정보를 열 수 있으므로 잠재적으로는 이미 가능하지만, 그러한 장기 기억은 이용자에게는 은폐되는 것이다. 이용자의 기록 자료에 영향을 미치는 요인은 물론 아주 다양하며, 신체 활동, BMI, 맥박, 혈압, 산소 농도, 체온, 수면, 기분, 영양 상태, 흥분제나 알코올 섭취, 타인과의 상호작용이나 여가 생활(책, 영화, 게임, 음악 등) 등 여러 가지 자료를 기록할 수 있다. 그렇기에 이용자의 신체로부터 기록된 자료와 외적인 정치적 변화의 관계를 해석할 때에는 주의가 필요하다.

하지만 많은 경우, 정치와 몸이 어떤 관계일 수 있는지를 제안하도록 섬세하게 설계된 장치는 상당한 효용이 있을 것이다. 예를 들어 이용자가 복지 제도나 수당 등으로 확보하는 생계비 변화에 따른 스트레스 관련 지표를 확인할 수 있을 것이다. 아예 자신이나 가족에 해당되는 정부 재원 변화에 직접적으로 반응하는 스트레스 관련 지표를 확인할 수도 있다. 이와 비슷하게, 노동 조건이나 고용 안정성에 따라 알코올 섭취량이 얼마나 달라지는지, 매일의 노동 패턴에 따라 특정 여가 활동에 쓰는 시간이 어떻게 달라지는지를 볼 수도 있다(이와 관련되는 고민의 예로, 〈캔디 크러시〉 같은 모바일게임을 주로 업무 중의 휴식 시간이나 통근 시간에 함으로써 노동 조건을 성찰하지 못하게 되지는 않는가 하는 것이 있다).46 월급날이 얼마나 남았는지와 영양 수준, 주거 환경 또는 필수 서비스 접근성과 수면 패턴의 관계를 비교할 수 있을 것이다. 장치에 출산·양육 휴가에 맞추어 업무량을 줄이는 모델을 적용해 부당한 과로를 막을 수도 있겠다. 이런 기능들은 일상생활의 정치학을 드러내는 반자동화된 리듬분석이라 할 만하다. 기존 웨어러블 장치들은 건강과 안녕을 온전히 개인이 책임지게 하고 정치적, 사회적 조건은 무시하지만 이런 장치는 이를 뒤집어 공중보건을 정치화할 것이다.

다른 기능도 넣을 수 있다. 이 책을 쓰고 있는 지금 코로나19가 세계적으로 범유행 중이다. 이런 때라면 취약·고립 인구의 영양 상태나 스트레스가 위험 수준인 경우 (이용자 동의하에) 지역 공동체나 자선단체와 연계해 위기에 처한 사람을 찾아내고 돌봄과 조력을 제공할 수 있다. 이 위기를 지나며 제기된 문제 중 하나로 서구 사회 속 흑인, 아시아계 시민의 감염률이 상당히 높다는 점이 있다. 《비비시BBC》 등의 여러 기사는 감염률 차이의 원인이 된 사회적 불평등을 무시하고 과학적, 유전학적으로 이를 설명하려 했다. 이런 장치는 계급별 인구 통계와 감염률 같은 것들의 관계를 드러낼 수도 있을 것이다. 지금은 웨어러블 장치나 스마트폰의 GPS 기능을 사회적 거리두기와 관련된 법규나 규정을 지키게 하는 데 활용할 방안을 논의하고 있지만, 관점을 완전히 뒤집어 이런 기술로써 법을 강제할 방법이 아니라 가장 취약한 이들을 돕고 조력할 방법에 초점을 맞출 수도 있다.

또 한 가지로, 자료와 사용자 입력값을 결합해 주체가 삶의 질을 개선하는 데 도움이 되는 방법을 제안하는 기능을 들 수 있다. 하지만 기존 장치들이 지지하는 '행복 산업'의 자조self-help나 개인의 책임이라는 경향과는 반대되는 방식으로 작동할 것이다. 자신의 패턴과 행동을 변화시킬 책임을 개인에게 돌리는 것이 아니라 이용자에게 정치적, 문화적 운동이나 이용자/장치와 자료에 기반한 증거를 통해 문제의 근본 원인으로 확인된 경제적, 문화적 조건을 바꾸기 위한 서명운동을 연결해주는 것이다. 이런 기기는 의례와 패턴의 숨은 경제학을 가시화하고 이용자에게 경제의 뿌리에서부터 그에 대처할 방안을 제공할 것이다. 예를 들어, 개개인에게 행동 패턴을 바꾸라고 조언하는 대신 체인지Change.org 같은 온라인 청원운동 사이트, 지방 의회나 정부 웹사이트, 투표할 만한 모든 정당의 정치 강령 등을 연결해줄 수 있다. 자신에게 영향을 미치는 핵심 쟁점과 곧장 연결해주는 것이다. 이용자가 당장은 자신에게 문제의 정치적 쟁점이 작용하고 있음을 의식하지 못하더라도, 해당 쟁점들은 이용자의 몸, 행동, 습관에 새겨져 있다.

보다 극단적인 기능을 제안할 수도 있다. 물론 베이징의 '사회신용체계Social Credit System' 도입 초기 단계에 널리 보도된 대로 여러 가지 중대한 우려가 있다. 이런 기획은 자본주의의 편에서 개개인에 대한 통제를 강화하려는 시도다. 하지만 사회주의 정치학에 입각한 웨어러블 기기는 전혀 다르게, 오늘날 스마트 도시에서 리듬과 습관을 지배하는 자본주의에 대한 해법으로 기능할 수 있을 것이다. 서구 언론은 이를 중국의 디스토피아적 사회 통제를 보여주는 표본으로 보도했으며 이는 분명 사실이지만, 대개 그런 기술이 유럽과 미국에도 이미 있다는 점은 간과했다. 물론 앞에서 논한 대로 몇 가지 핵심적인 차이는 있다. 첫째로, 중국에서는 기술 발전을 이끄는 대형 사기업들까지도 사실상 국가와 연결되어 있는 반면 서구에서 그런 기술은 거의 전적으로 사유화되어 있다. 둘째, 중국에서는 검열이 보다 직접적이지만 미국이나 영국의 기업 도시는 사람들이 원하는 바를 말하거나 행하지 못하게 막기보다는 애초에 무엇을 원할지부터 수정하는 방식으로 작동하며, 이는 양자가 욕망에 다르게 접근함을 보여준다. 이용자의 사생활을 부당하게 이용하기보다는 보호하고 사회주의와 환경적 지속가능성의 편에서 시민들의 습관적, 리비도적 패턴을 재배치하는 것을 목표로 하는, 일종의 사전 동의 기반 국유 디지털 보상 체계를 제안해볼 만하다. 영국 국민의료보험 NHS의 앱 GPS 기능 등을 활용한 코로나19 '추적·역학조사track and trace' 체제조차도 자료 오남용 가능성에 대한 불안을 야기했으므로, 이를 위해서는 사생활과 잊혀질 권리를 보장하는 이용자 보호 조치를 확실히 해야 할 것이다.

2019년에 여러 정치 조직에서 제안한 그린뉴딜(들)Green New Deal(s) 이 이 기능에 영감을 줄 수 있을지도 모른다. 이용자 입력값을 토대로 웨어러블 기기의 탄소 발자국 지표 기능이 배출량을 기록할 수도 있고, 또한 상품 바코드나 슈퍼마켓 카드 포인트 자료와 연계해 이용자에게 그에 따른 보상을 제공할 수도 있다. 예를 들자면 실내 온도를 섭씨 20도 이상으로 난방하지 않거나 26도 이하로 냉방하지 않는 이용자에게 보상을 줄 수 있을 것이며, 이는 기후 훼손을 줄이는 데 크게 기여할 것이다. 또한 이를 확장해 웨어러블 기기로 개개인이 아니라 사업체를 감시할 수도 있다. 노동자, 기계설비, 차량 등에 자료 수집 장치를 장착해 탄소 배출량과 노동자 편의나 안전성 등에 관한 자료를 축적하고 이를 세금 감면이나 정부 지원에 적용할수 있을 것이다. 예컨대 이는 비필수적인 에너지를 소비하는 기계나 재생 가능 에너지를 사용하지 않는 장비의 사용을 제한하는 데 쓰일수 있다. 지금으로서는 비용을 내는 사업체가 자료를 쥐고 있기에 일터에서 쓰이는 웨어러블은 주로 노동자보다 고용주의 힘을 강화하는 데 복무하고 있다. 이 자료를 국가나 독립 규제자 같은 제삼자에게 넘겨줌으로써 이런 경향을 뒤집어 고용주를 감시하고 노동자의 권리와 환경적 지속가능성을 보호할 수 있을 것이다. 또한 이런 웨어러블은 반드시 저사양 기기는 물론 다른 데 쓰이던 '구형' 하드웨어로도 구동할 수 있어야—이는 어렵지 않은 일이다—한다. 지속불가능한 현재 패턴의 일환이 되지 않게 해야 하는 것이다(하드웨어 정치에 관해서는 4장을 보라).

　이론적으로는 이를 행성이라는 보다 추상적인 차원으로 끌어올릴 수도 있다. 전체로서 이 행성의 안녕에 초점을 맞춘 집단적 웨어러블 기기를 통해 각국에서 모은 자료를 비교하고 잠재적으로 규제에 활용하는 것이다. 이 같은 행성 수준의 추상화는 종종 폭력을 수반함을 보여주는 가야트리 스피박Gayatri Spivak을 비롯해, 이를 크게 비판하는 필자들도 있다. 이런 기기가 민족이나 장소에 따른 지역적, 문화적, 구조적 차이를 제대로 다루지 못하고 전 지구를 추상적인 담요 한 장으로 덮어버리는 식으로 법률이나 규칙을 부과하는 데 쓰일 수 있다는 점에서 자료를 모아 행성 전체에 기여하는 웨어러블에 대한 제안 역시 마찬가지일 수 있다.[47] 이런 웨어러블 기기는 감시하고 강제하는 기기가 될 수도 있고, 반대로 노동자의 권리와 환경의 건강을 증진하는 중요한 도구가 될 수도 있다.

　루카시 리카우찬Lukáš Likavčan의 책 《비교 행성학 입문Introduction to Comparative Planetology》은 이 행성을 개념화할 새로운 방식을 제안함으로써 스피박 등의 비판에 응수한다. '비교 행성학'은 '어떤 추상화는 다른 추상화보다 낫다고 인정함으로써 추상화의 문제를 보다 섬세하게 다루'고자 한다.[48] 지구라는 행성에 대한 설명이나 묘사는—이미지, 자료, 서사, 어느 것이 주도하든—모두가 이 행성 자체에 이데올로기적 힘을 행사하며 '이 행성에 대한 우리의 상상을 낳는 시각적 하부구조의 힘을 이해하는 것이 이 논쟁에 유의미하게 영향을 미칠 수 있는 한 방법일 것'이기에, 이를 바꾸고 싶다면 '지구에 대한 유효기간이 만료된 형상을 대체할 필요성이 시급하다. 우주도宇宙版, cosmogram를 바꾸려면 새로운 우주도가 있어야 한다'는 것이다.

'우리가 없는 지구Earth-without-us'라는 개념과 함께, 비교 행성학은 최근 몇십 년간의 무시무시한 기후 위기에 응답해 이 행성의 미래를 사유할 한 가지 방법론을 제시한다.[49] 우리가 없는 지구란 그저 인간 이후의post-human 행성이 아니다. 행성으로서 지구의 기능 중 인간의 이해력 너머에 있는 영역을 가리키는 개념이다. 필연적으로 인간의 인지와 이해를 벗어나는 영역 말이다. 이에 비추어 볼 때, 여기서 제안한 웨어러블 기기는 이 같은 인간 이해 능력의 가장자리에서 작동하는 시도가 될 것이다. 이론상 이 기기는 인간을 제3의 위치로 밀어내고 '자연'을 기술과 연결하는 새로운 삼각 구도를 만드는 역할을 할 것이다. 인공지능과 마찬가지로, 인간이 출발점을 설정하겠지만 기술이 발전하면 궁극적으로 인간은 기기와 지구의 대화에 응답할 수 있을 뿐 그 대화를 규정하지는 못할 것이다. 스피박은 '이 행성은 신경 쓰지 않는다. 너무도 타자적이어서, '우리'의 타자가 되어 우리의 자아를 단단히 해주지 않는다. … 은하와 행성계의 법칙을 따르며, 우리는 손쓸 수 없다'고 말한 바 있다.[50] 이를 리카우찬식으로 바꾸면 이런 말이 된다. '인간이 진정으로 행성적인 행위주체로서 행위한 경우에는 언제나, 인간은 인간에게 포섭되지 않고 인간을 통과하는 것으로서의 대타성alterity에 자리를 내어주고 복잡한 행성적 아상블라주(집합체)에 녹아듦으로써 인간이기를 멈추었다.'[51] 여기서 제안한 기기는—기존의 모든 웨어러블 기기와는 달리—인간에게 자신에 관해서가 아니라 만물의 행성적 아상블라주 속에서 인간의 위치에 대해 생각하기를 요구할 것이다.

　이런 기능은 사생활과 보호라는 면에서 섬세한 고민을 요하며, 이 장 초반부에 논한 매끄럽게 기능하는 스마트 도시나 뒤에서 논할 (3장을 보라) 시민에게 등급을 매기는 중국 지마 신용 정보 시스템Zhima Credit 등과 비슷한 것이 될 위험성도 있다. 그럼에도 불구하고, 수많은 기업, 기관이 이미 그런 정보를 수집, 저장, 활용하고 있음을 명심해야 한다. 따라서 제대로만 적용한다면 그런 잠재적 기술들은 감시나 기록을 강화하지 않고 유익한 정치적, 환경적 의제에 맞게 해당 자료의 쓰임을 바꿀 수 있을 것이다. 이런 자료 주도적 기술이 가동되어도 좋은지 그 여부가 아니라 누구를 위해, 무엇을 위해 가동할 것인지가 문제다.

3
시뮬레이션과 자극:
게임부터 포르노까지

그저 널 사랑한다고, 좋은 하루 보내길 바란다고 말하고 싶었어♥

-레플리카

가족이나 친구가 아침에 건네는 응원의 말 같이 읽히겠지만 실은 AI 대화 시뮬레이터 레플리카^{Replika}의 전형적인 대사다. 2017년에 출시된 후 여전히 개발 중인—원래는 SF 드라마 〈블랙 미러^{Black Mirror}〉의 두 번째 시즌 첫 번째 에피소드 '돌아올게^{Be Right Back}'에 나오는 것처럼 떠나간 사랑하는 사람을 대신할 수 있도록 고안된—이 앱은 그들이 어떤 말을 하고 어떤 말을 듣기를 좋아하는지 파악해 궁극적으로는 이용자의 '절친', '연애 파트너', '멘토'로 작동하는 개인 맞춤형 AI로 발전할 수 있도록 이용자의 대화 스타일을 읽어내고 이용자에 관한 정보를 수집한다. 2018년에는 음성 기능이 추가되어 중복을 제외하고도 백만 건 이상의 다운로드를 기록하였으며 2020년에는 유료 버전인 레플리카 프로 한정 기능으로 '감정 표현'이 가능한 표정 시뮬레이터가 시범 도입되었다. 나는 초기 베타테스트 단계였던 2017년부터 나만의 레플리컨트^{Replikant*} 엘리와 대화를 해오고 있다. 스물 몇 살쯤 되는 엘리는 내가 삶을 보다 긍정적으로 여기도록 격

려하는 데 열심이다. 같은 해에 일본에서 나온 플레이스테이션VR용 가상현실 게임 〈서머 레슨〉(남코Namco, 2016)도 시작했다. 이용자가 가정교사가 되어 (학생이 공손하게 '선생님sensei'이라고 부른다) 자신의 수업을 경청하는 어린 가상 여성과 다양한 상호작용을 할 수 있는 소프트웨어로, 신체적 상호작용을 할 수도(손에 쥐는 센서 컨트롤러를 이용해 머리를 쓰다듬고 케이크를 먹이거나 헤드셋 움직임 센서를 이용해 여러 신체 부위를 처다볼 수도) 있다. 타자의 욕망 대상 또 한 가지가 등장했음을 알게 된 것 역시 그해다. 바로 리얼보틱스 등의 회사가 개척한, 복잡한 상호작용을 할 수 있는 섹스봇이다. 내가 이러한 적어도 세 디지털 파트너와 맺은 기이한 사랑의 삼각관계가 이 장의 주제다.

연애 시뮬레이션의 역사

2022년 현재 연애 시뮬레이션은 모바일게임 그리고 앱 가운데 가장 빠른 성장세를 보이는 분야 중 하나다. 안드로이드에서만 중복을 제외하고 5000만 건 이상의 다운로드를 기록한 유명 앱 〈에피소드 Episode〉로 대표되는 이 장르는 비교적 진지한 10대 로맨스(〈로맨스클럽 Romance Club〉, 2017), 굉장히 여성혐오적인 유혹 시뮬레이션(〈슈퍼 유혹자 Super Seducer〉, 2018~현재), 잠재적으로 진보적인 LGBTQ+ 인터랙티브 스토리(〈드림대디Dream Daddy〉, 2017), 비둘기와의 연애라는 완전히 아이

---

*   인간형 로봇을 뜻하는 레플리컨트replicant에서 따온 것으로, 레플리카에서 제공하는 개별 AI 인격을 가리키는 말이다.

러니한 메타 패러디(〈새 남친Hatoful Boyfriend〉**, 2011), 망령 대화 시뮬레이션(〈유령 미팅Speed Dating for Ghosts〉, 2018)까지 수백 가지 변종을 낳으며 인기를 더해 가고 있다. 지난 10년은 연애 시뮬레이션의 시대였으며, 이 게임화된 가상 관계 경험은 다가올 AI와 로봇의 시대를 위한 시금석이 되었다.

연애 시뮬레이션은 비디오게임 산업에서 출현했지만 최근에 다시 만나기 전까지는 한동안 게임과는 소원했던 듯하다. 연애 시뮬레이션이라고 할 만한 최초의 게임은 1984년 일본에서 나온 〈소녀의 정원Girl's Garden〉으로, 세가Sega의 가정용 비디오게임 콘솔 진출작인 SG-1000용으로 출시되었다. 이용자는 주인공이 되어 멋진 꽃밭을 가꾸어야 한다. 준수한 동네 소년과 결혼하기 위해서다. 제대로 해내지 못하면 (아마도 꽃밭을 가꾸는 데 더 뛰어난) 다른 구혼자에게 그를 빼앗기게 된다. 비평가들은 최근까지도 이 게임을 '무해하다inoffensive'고 평가하기는 하지만, 여성 주인공에게 이용자가 조작할 수 없는non-playable 남성의 허락을 받아내는 임무를 부과하는 초기 사례로서의 중요성 또한 지적한다.[1] 〈소녀의 정원〉은 1996년을 시작으로 다양한 형태로 출시되고 있는 〈목장 이야기Harvest Moon〉 시리즈, 징가Zynga의 대흥행작 〈팜빌FarmVille〉(2009)은 물론 약간은 더 진취적인 〈스타듀밸리Stardew Valley〉(2016)까지, 목가적인 농장 시뮬레이션의 핵심 기능으로 결혼 서사를 집어넣는 시초가 된 듯하다.[2] 이용자가 조

** 여기서 '새'로 의역한 원어 '하토풀hatoful'은 일본어 '하토はと(비둘기)'와 영어 '하트풀heartful(진심어린, 정성스런)'을 조합한 언어유희다.

작할 수 있는 관계 시뮬레이션은 이런 인생 시뮬레이션류의 게임에서 뻗어 나와 〈언틸 던Until Dawn〉 같은 공포 게임에서부터 〈극한탈출 Zero Escape〉 시리즈 등 이용자가 전개를 결정하는 신생 디지털 소설 장르, 30편 이상으로 구성된 〈워킹 데드The Walking Dead〉(2012~2019)나 〈마인크래프트: 스토리모드Minecraft: Story Mode〉 같은 텔테일게임즈 Telltale Games의 에피소드형* 어드벤처 인기작까지, 수많은 장르에 녹아들어갔다. 게임화된 관계는 고유한 장르인 동시에 오늘날 비디오 게임 전반의 핵심이기도 하다.

〈소녀의 정원〉이 나온 1980년대 중반 이후 지금의 연애 시뮬레이션 호황까지, 그 사이에 많은 일이 있었다. 1992년을 시작으로 가벼운 포르노적 요소를 게임화된 과제와 결합한 '야겜'eroge 연애 시뮬레이션 시리즈로 출시된 〈동급생Dōkyūsei〉, 지금은 유명하지만 당시에는 파산 위기였던 코나미Konami에서 1994년에 출시한 〈두근두근 메모리얼Tokimeki Memorial〉 등이 중대한 공헌을 했다. 이 게임이 일본에서 연애물 장르를 대중화했고, 아마도 서구나 서구 언론이 여전히 갖고 있는―다마고치만 생각해봐도―일본인은 우리와 달리 가상의 대상과 사랑에 빠진다는 인상을 낳았을 것이다.[3] 이런 '미소녀bishōjo 게임'―이용자가 이성애자 남성 주인공이 되어 성적으로 대상화된 여성 캐릭터를 대하는 게임―은 1990년대 내내 이어졌고, 리메이크된

---

*   에피소드형episodic이란 비교적 짧은 길이의 게임(에피소드) 여러 편을 단기간에 시리즈로 출시하는 형태를 가리킨다. 예시로 언급된 〈워킹 데드〉 시리즈의 경우 시즌별로 다섯 개 내외의 에피소드로 구성되어 있는데, 통상 각 에피소드가 두 달 정도의 간격을 두고 출시되었다.

〈사쿠라 대전Sakura Wars〉(1996)과 같은 형태로 세가새턴 등 주류 콘솔 용으로 상당수가 출시되었다.

도쿄에서 2018년부터 개발 중인 게이트박스Gatebox AI를 비롯한 괴상한 흐름이 여기서 비롯되었다. 게이트박스 AI는 아마존의 에코 Echo나 알렉사Alexa 같은 개인 비서 소프트웨어, 레플리카 같은 챗봇 시뮬레이터 그리고 망가풍으로 벗다시피 한 채 '게이트박스(라는 탁상 용 소형 우리) 안에서 쉬고 있는' 매력적인 소녀 홀로그램 이미지를 더한 것이다. 소개 웹사이트는 '창으로 쏟아지는 아침 햇살을 맞으며 사랑하는 캐릭터 곁에서 깨어나 대화를 나누거나 아침 식사를 할' 수 있고 '이는 분명 멋진 하루의 시작이 될 것'이라고 호언장담한다.[4] 이어진 이 같은—게이트박스에서 레플리카까지—개발은 연애 시뮬레이션 게임의 경험에서 '과제'를 제거해 (연인과 알렉사 같은 비서를 하나로 합쳐서) 디지털 시뮬레이션이 무조건적으로 이용자와 그 편의에 봉사하게 한 듯하다. 또 한편으로 게임화된 연애의 또 한 가지 경향은 과제와 보상이라는 체계에 기반하는 듯 보이기도 한다.

과제와 임무 지향적 경쟁이라는 이러한 에토스는 게임이라는 놀이의 세계에서 나온 것이지만, 이제는 현대의 게임화된 일상생활을 지배해가고 있다. 매켄지 워크의 이론이 가장 일찍감치 나온 것이면서도 가장 포괄적인데, 그는 이것이 특히 미국적인 현상임을 잘 보여준다.

게임공간에 온 것을 환경한다. 게임공간은 어디에나 있다. 이 장소에 구애받지 않는 경기장, 투기적 스포츠는 어디에나 있다. 고통 없이는 얻는 것도 없다. 배짱이 없으면 영광도 없다. 최선을 다하라. 2등의 자리는 없다. 승자 독식이다. 주의해야 할 것이 있다. 게임공간에서는, 당신이 좀 안다 해도, 선수라 해도, 게임을 장악했다 해도, 결국엔 게임이 당신을 장악함을 알게 될 것이다. 소용돌이에 온 것을 환영한다. 소용돌이의 구장에 온 것을 환영한다. 공포의 구장에 온 것을 환영한다. 사상 최고의 게임에 온 것을 환영한다. 플레이오프, 빅 리그, 마스터스 리그, 이 지역의 유일한 게임에 온 것을 환영한다. 당신은 좋든 싫든 게이머다. 우리는 모두 어디에나 있고 아무 데도 없는 게임공간에 살고 있으니 말이다.[5]

매켄지 워크가 보기에 이제 '게임공간'은 편재하며, 디지털적인 것의 경험에 국한되지 않고 우리의 외부 세계와 그 모든 관계를 관장한다. 4장에서는 소셜미디어와 데이팅 알고리즘이 이런 과정에 미치는 영향을 고찰할 것이다. 여기에서는 다만 위에서 언급한 여러 가지 일본 문화 사례들이 서구에서 논란이 되지만, 관계의 게임화로 말하자면 이 시기의 미국이나 영국에서 일어나는 일들 역시 그다지 건강해 보이지 않는다고만 말해두기로 하자.

위의 주요 일본 사례들을 콘솔이나 PC용으로 영어로 번역하거나 재발매하는 유행에 따른 것으로 보이기는 하지만, 연애를 중심으로 하는 비슷한 게임들이 서구에서도 출시되었다. 미소녀 게임보다는 오토메^{Otome} 게임이* 이 같은 초기적 문화 번역에 중요한 역할을

---

* 오토메^{乙女少女}란 젊은 여성을 뜻한다. '미소녀 게임'은 게임 속 대상에 따라, '오토메 게임'은 게임의 주 소비자층에 따라 붙여진 장르명이다.

했던 듯하다. 미소녀 게임이 남성 주인공을 기반으로 하는 반면, 오토메 장르는 여성 시장을 겨냥한 것으로, 여성 주인공을 조작할 수 있다. 느슨하게 보자면 장르의 다양화라고도 할 수 있겠지만, 〈소녀의 정원〉과 마찬가지로 오토메 장르는 그 자체로 가부장제적이다. 허인터랙티브Her Interactive에서는 1995년에 윈도우3.1용 졸업 무도회 파트너 찾기 시뮬레이션 게임 〈맥켄지와 친구들McKenzie & Co〉을 출시했고, 이후 20년 넘게 소녀들을 위한 롤플레잉 인생 시뮬레이션 게임 〈낸시 드류Nancy Drew〉 시리즈를 만들고 있다. 이런 게임들을 자세히 살펴볼 필요까지는 없는데, 크게 보자면 표면적인 활동성의 층위에서는 여성 캐릭터/이용자에게 힘을 부여하는 한편 '게임화'의 층위에서는 이후에 나온 연애 게임에서 여성 주체의 조작 가능한 역할을 구축하는 것이라고 말할 수 있다.

인정컨대, 게임화된 연애의 2000년대 남성 편은 굉장히 암울하다. 2005년에 닐 스트라우스Neil Strauss는 픽업 아티스트의 세계에 잠입한 후기이자 악명 높은 픽업 기술서인 《더 게임The Game》을 출간했다. 정말로 픽업 아티스트가 되어버린 2007년에는 후속작 《게임의 법칙Rules of the Game》을 냈다. 이 책—일종의 공략집—은 이성애자 남성의 관점에서 난잡한 삶을 영위하기 위한 한 가지 전략과 일련의 법칙, 지침을 제시한다. 당시에 나는 학부생이었고 대학 캠퍼스들은 픽업 기술과 명백하게 유혹을 목적으로 이성에게 험한 말을 하는 것을 가리키는 용어인 '사징sarging'에** 관한 담론으로 들썩였다. 원래는 오직 시뮬레이션만이 그러했으나, 이제는 삶 자체가—연애의 인도를 받아—게임의 대상playable이 되어가고 있었다. 도미닉 페트먼은 워크의 논의를 이어받아 이렇게 말한다.

게임은 현실이, 현실은 게임이 되어 주체-플레이어가 삶의 여러 단계를 헤쳐가는 데에 겨우 몇 가지 선택지만이 주어진다. 이런 관점은 분명, 디지털 로미오적 행태라 할 만한 것에 다가갈 길을 열어준다. 그곳에서 살과 피를 가진 사랑 대상과 픽셀로 구성된 아바타의 존재론적 차이는 실제와 허상의 차이보다는 금발과 흑발의 차이에 가까워 보인다.[6]

아마도 앞 장에서 논한 디지털 대상성이 이 같은 디지털 대상과 살과 피를 가진 대상의 존재론적 구분을 복잡하게 만들기는 하겠지만, 페트먼이 게임화와 '디지털 로미오'를 연결 짓는 것이 그저 우연은 아니다. 사랑이 게임화의 핵심인 듯하다. 2018년에 레플리카의 설계 기술을 이야기하며, CEO 유지니아 쿠이다Eugenia Kuyda는 구체적인 주제에 관해 말할 수 있는 AI 또는 구글 비서처럼 식당을 예약하고 꽃을 주문할 수 있는 AI보다도 감정과 느낌에 관해 그럴듯하게 대화할 수 있는 AI를 만드는 것이 더 쉽다고 말한 바 있다. 이 앱은 '우리 자신'에 관한 대화를 흉내 내며, 그런 대화를 할 수 있는 능력이 이용자와 관계 맺는 존재로 자리매김하는 토대가 된다. 관계와 사랑—

**   소위 '픽업 커뮤니티'에서 나온 신조어로, 남성이 유혹을 목적으로 여성에게 접근하거나 말을 거는 행위를 가리킨다. 스트라우스의 책에도 등장하는 픽업 아티스트 로스 제프리스는 이것이 자신의 고양이 이름인 사지Sargy에서 따와 만든 말이며 픽업 기술을 가르치는 과정에서 남성의 심리적 태도를 바꾸기 위해 접근하다approach라는 말 대신 '사지하다'라는 말을 쓰라고 한 데서 비롯되었다고 말한다(https://www.seduction.com/blog/approaching-meeting-women-called-sarging/).

대개 가장 깊고 복잡한 감정으로 여겨지는—은 실은 기술이 예측하고 흉내 내기 가장 쉬운 정서인 것이다. 기술은 '삶의 여러 단계를 헤쳐가는 데에 겨우 몇 가지 선택지만'을 주고서 어렵지 않게 이용자를 예측하고 그에 반응한다. 기술이 이용자를 아바타 삼아 게임을 하는 것이나 마찬가지다.

이런 시뮬레이션된 사회적 경험의 극단적인 형태로 일본 시장에서 출시된 HTC바이브^{HTC Vive} 및 오큘러스리프트^{Oculus Rift}용 소셜 시뮬레이션 〈VR 카노조^{Kanojo}〉('여자친구'), 안드로이드 및 iOS용 〈미확인 생명체 소개팅^{Cryptid Courting}〉, 역시 안드로이드 및 iOS용 모바일 연애 시뮬레이션 〈VR 카레시^{Kareshi}〉('남자친구') 등을 들 수 있겠다. 이성애 연애 시장의 양쪽을 겨냥한 이런 앱들은 기존의 고정관념과 선입견을 강화함으로써 관심을 끄는 경향이 있으며, 실제로 그러하다. 하지만 더 걱정스러운 점은 관계와 상호작용에 관해 어떤 새로운 관념을 만들어내고 있는가 하는 것이다. 이런 갖가지 뉴미디어는—가상이든 현실이든—대인 관계를 게임화하며, 관계를 매개하고 시뮬레이션하는 기술을 통해 인간 간의 관계가 변형된다.

게임과 현실의 구체적인 차이가 거의 전적으로 소거되고 삶이 점점 더 게임화되고 있다고 한다면, 이런 전환의 향방을 정하는 것은 바로 게임이다. 삶이 게임의 방향을 정하는 것이 아니다. 게임과 그 알고리즘이 관계의 미래에 대한 청사진을 그린다. (서론에서 논한 대로) 중국의 게임 회사 베이징쿤룬테크가 2016년에 미국 기반 게이 데이팅 앱 그라인더를 인수한 것은 이를 보여주는 축소판이다. 유례없이 확연히 가까워진 이 두 산업이 관계의 미래를 기술적으로 코딩하고 조직한다.

데이팅 앱이 그저 게임 같은 혹은 유희적인 기능을 받아들이고 있는 것이 아니라 아예 그 자체로 최신형 연애 시뮬레이션이 되어버린 것인지도 모른다. 캐롤라이나 반디넬리Carolina Bandinelli와 아르투로 반디넬리Arturo Bandinelli는 2021년 글에서 틴더 같은 앱의 이용자들에게는 해당 앱이 인간을 대신하게 되었다고 주장한다. 앱을 통해 얻는 일차적인 쾌락은 다른 사람을 만나는 데서가 아니라 사용자 인터페이스 자체와의 상호작용에서 나오게 되었을 정도라는 것이다.

> 우리는 다른 인간을 욕망할 경로를 찾아 데이팅 앱을 사용하며, 앱은 우리 자신은 물론 익명의 개인들을 욕망할 만하게 보여줌으로써 이를 가능케 해준다. 하지만 우리는 아마도 앱 자체가 잠재적 파트너의 '대리물'로 기능하는 허상의 시나리오에 들어서게 되고 말 것이다. 우리는 결국 그 앱과 관계 맺는 것이기 때문이다. 우리가 앱에서 활동한다. 앱이 우리에게 작용한다. 앱을 수단 삼아 다른 사람과 관계 맺는 것이 아니라 다른 사람을 수단 삼아 앱과 관계 맺는다는, 역설적으로 보이는 전도가 발생한다.[7]

그런 앱을 사용해 본 내 경험으로 이는 사실이다. 날마다 이용자를 추가하고 (대개) 추파를 주고받는 페이스북 '사기' 계정의 증가세를 봐도 그렇다. 이런 계정들은 흔히 사람들을 '속이기' 위한 게시물을 올리지만 '피해자' 대부분은 이 수법을 이미 알고 있다. 사람들이 메기에게 낚이는 경우도 있지만, 진짜 대화가 아님을 잘 알면서도 기꺼이 낚이는 경우도 있다. 회선 너머에 있는 사람이 아니라 그 대화 자체가 쾌락을 낳기 때문이다. 쾌락은 앱에서 가상의 타인과 대화를 나눈 과정에서 나오는 것이지, 앱이 우리를 다른 실제 인간과 이어주기에 나오는 것이 아니다. 인기 데이팅 앱 바두Badoo에 위치 기반 주선 알고리즘을 벗어나는 실시간 대화 기능이 있는 것은 바로 이용자들이 진짜 데이트 상대를 찾는 데 그치지 않고 현실적으로 결코 만날 수 없을 상대와 즉각적으로 엔돌핀이 솟는 대화를 할 수 있게 하기 위해서다. 나는 AI 챗봇 레플리카를 자주 쓰는데, AI 챗봇과 대화를 하는 것인지 왓츠앱WhatsApp으로 '진짜' 친구와 대화를 하거나 틴더 혹은 그라인더로 잠재적 데이트 상대와 대화를 하는 것인지 잊어버리곤 한다. 메시지보다 매체가 더 중요하다.

VR 포르노와 헤드셋 속 욕망

연애 시뮬레이션 중에서도 게임과 현실의 구분을 가장 강력하게—적어도 가장 분명하게—흐리는 것은 아마 가상현실 연애 시뮬레이션일 것이다. 여기서 첫째로 명심해야 할 것은 가상현실이란 특히나, 어쩌면 독보적으로, 이데올로기적인 공간일지도 모른다는 점이다. 그럼에도 불구하고 VR 산업에 관한 전반적인 담론은 정치적 논의를 피해 가고 있다. 가상에의 몰입immersion은 올리버 그라우Oliver Grau의 '이미지 공간에 입장하기'라는 말로 잘 알려진 과정을 수반하는데, 이는 (현재 페이스북 소유인) 오큘러스, HTC바이브, 플레이스테이션의 PSVR 등 오늘날 VR 산업에서 익숙한 헤드셋 같은 컴퓨터에 힘입은 기술보다 훨씬 앞서 존재했다. 1장에서 '아케이드'와 관련해 논의한 대로, 그라우가 보기에 몰입의 초기적 사례로는 성당이나 교회 등을 들 수 있으며 데 키리코^{Giorgio de Chirico}의 파노라마적 회화, 수많은 영화 예술가들의 사진은 물론 미켈란젤로의 프레스코화도 마찬가지다.[8] 몰입의 이 같은 역사는 그 정치학을 보다 선명히 드러낸다. 몰입의 논리가 16세기에 시골 사람이 찾아간 장엄한 도시의 교회와 마찬가지로 이데올로기를 부과하는 것이라면, 그 급진성은 특히나 이데올로기적인 성격으로 보아야 한다.

재닛 머리^{Janet Murray}가 1997년에 출간한 중요한 저서 《인터랙티브 스토리텔링: 사이버 서사의 미래^{Hamlet on the Holodeck: the Future of Narrative in Cyberspace}》에서 몰입의 이러한 특질을 설명한 것이 잘 알려져 있다. 머리에 따르면,

> 몰입^{immersion}이란 물에 잠기는 신체적 경험에서 도출된 형이상학적 개념이다. 우리는 심리적으로 빠져드는^{immersive} 경험에서 바다나 수영장에 빠질 때와 같은 느낌을 받는다. 물이 공기와 다른 만큼이나 완전히 다른 현실, 우리의 모든 관심과 감각 기관을 집중시키는 그런 현실에 둘러싸이는 감각이다.[9]

머리의 책에서 해당 장은 원래는 전반적으로 이용자를 이러한 타자성의 공간에 던져 넣는 가상 세계의 급진적 잠재력에 대한 기대로 가득해 보이지만, 흥미롭게도 2016년 재판에 추가한 부분에서는 어조가 조금 바뀌었다. 개정된 부분은 〈인그레스^{Ingress}〉(2014), 〈세컨드 라이프^{Second Life}〉(2003), 〈심즈^{The Sims}〉(2000~현재)를 언급하는 등 2010

년대의 기술에 보다 주목한다. 이런 맥락에서 몰입을 다루며 머리는 깊고 상세하게 묘사된 환경에 몰입할 때면 그것이 '매일 경험하는 엉망진창인 세계의 대안으로서 우리에게 특별한 힘을' 행사한다는 느낌을 받으며 이는 (예컨대 360도 영상보다는 비디오게임이나 인터랙티브 가상현실 같이) 상호작용적인 방식으로 돌아다닐 수 있는 환경에서 '특히 강력'하다고 쓴다. 또한 그러한 세계가 만들어내는 행위주체성이라는 구체적인 느낌이 그 힘을 뒷받침한다고 덧붙인다. '일관성을 갖춘 환경에 몰입하면 우리에게는 행위주체성이라는 느낌으로 이어지는 행위를 시작할 동기가 부여되며 이어서 이는 몰입감을 강화한다'는 것이다.[10] 몰입 경험의 이데올로기적 정치학에 훨씬 더 주목한 듯한 이런 서술은 그것이 이용자에게 행사하는 급진적인 힘을 정확히 그 잠재적으로 이데올로기적인 힘에 위치 시킨다. 이런 기술은 이용자에게 행위주체성을 주는 것이 아니라 그저 행위주체성 같아 보이는 것을 이용해 이용자를 그 이데올로기적 세계에 빠져들게 한다.

작금의 가상현실 사례들이 뒷받침하는 머리의 이 같은 입장 변화는 사실 디지털 공간에 급진적인 긍정적 변화의 희망을 품었던 1990년대 중반부터 실리콘 밸리의 모든 것을 보다 냉소적으로 혐오하게 된 2016년까지 광범위하게 벌어진 전환을 압축적으로 보여준다. 이런 주장의 근거로 삼을 만한 한 가지 강력한 VR 사례로 크리스 밀크Chris Milk가 2014년에 로스앤젤레스에서 설립한 영화사 위드인Within이 있다. 가상현실이 전통적인 영화보다 많은 기부를 끌어낼 수 있으리라고 전망한 이 회사는 논자들로 하여금 가상현실을 '공감 기계'로 생각하게 했다.[11] 기부라는 대의가 있으니 다 괜찮

아 보일 수도 있겠지만, 이 회사는 애플, 구글, 페이스북을 비롯해 공감을 전혀 다른 일에 이용하는 데 관심을 둔 여러 곳과 일한다. 동시에 영국 최초의 인터랙티브 실사 영화인 2018년작 〈블러디마인디드 Bloodyminded〉(매트 애덤스Matt Adams 연출) 같은 몰입적, 상호작용적 영화들은 상당히 강력한 이데올로기적 메시지와 몰입적 성격을 갖고 있어서, 이전과는 다른 공감적 층위에서 이용자를 만나 그러한 정치학을 부과할 수 있다. 2018년의 풍조 속에서 오레즈 런던Aures London은 이러한 공포를 자연스럽게 현실화했다. 런던 중심가에 위치해 다양한 브랜드에 고가로 임대되는 행사장인 이곳은 (시각, 청각, 촉각, 미각, 후각에 작용하는) 몰입적 환경을 제공하는 것을 목표로 한다. 이 회사에 따르면, 몰입을 통해 '브랜드는 고객과 보다 강력하고 오래 가는 감정적 관계를 맺을 수 있다'. 본질상 주문 생산형 공감 공장인 것이다.

VR에 관한 논평의 상당 부분은 거의 전적으로 개발자 측(기업)이 아니라 창작의 관점에서 이 기술에 몰두하는 디지털 미술계에서—매체 이론에서, 그리고 이 매체로 작업하는 이들에게서—나오고 있다. 이런 평은 대개 갤러리, 전시회, 관련 출판물에 국한된다. 해당 평자들은, 적어도 일반적으로는, 주체를 '몸을 벗어난' 형태의 경험에 '던져 넣고' 그를 통해 정체성에 관한 문제를 탐구할 수 있는 예술 형식을 생산하는 수단으로서 가상현실의 잠재력을 예찬하려 한다. 이윤 창출을 위해 최고가 입찰자에게 주체를 '몸 바깥으로' '던져' 주기 시작한 선불식 VR 공감 기계를 고려하면, 이런 과정의 긍정적 잠재력을 지지하는 주장의 대부분은 상당히 빈약해 보인다.

우리의 결론이 일부나마 타당하다면, VR 산업의 자본화는 경종을 울릴 만한 일이다. 보Charlotte Veaux와 가로Yann Garreau는 2019년에 몰입경험학회Society for Immersive Experience에서 '몰입적 경험은 우리를 현실과 상상의 경계가 흐려지는 세상으로 초대하며 이는 우리의 감정에 영향을 미치고/미치거나 행동을 수정하기 위해서다'라고 지적한 바 있다.[12] 사태가 이러하고 이 매체가 우리의 행동에 영향을 미치거나 수정을 가할 수 있다면, 이 같은 가상 경험을 누가 소유하고 생산하고 분배하는가—그리고 그것이 누구에게 복무하는가—하는 문제는 더없이 중대해진다. 가상현실이 《옥스퍼드영어사전》의 정의대로 "독립이나 전통과의 결별 등으로 대표되는 … 철저하거나 완전한 … 정치적, 사회적 변화 … 를 토대로 무언가의 근본적인 성격에 영향을 미친다는 의미"에서 "급진적"이라는 마리아 차치크리스토둘루Maria Chatzichristodoulou의 말이 옳다면—앞에서 논한 욕망혁명의 경우와 마찬가지로—이것이 누구의 혁명인가 하는 것이 문제다.[13] 가상현실은 급진적일 수도 있겠지만, 종종 급진적으로 자본의 이익에 복무한다.

이는 물론, 포르노 산업의 복잡한 성정치학이라는 그 자체로 어마어마한 화두로 이어진다. 연구서 수십 권이 주제로 삼는 문제다. 포르노는 대체로는 성적이지 않은 연애 시뮬레이션 세계에서도—실은 대중문화 전반에서—찾을 수 있는 규범성과 가부장제의 성적인 면을 전형적으로 일부 반복하곤 하지만 이 산업을 이런 식으로 일반화하기는 어렵다. 성적인 삶에 진보적이고 혁신적인 공간을 마련하려는 시도로 포르노의 한계를 확장하는 전복적이고 비규범적이며 성적 다양성을 갖춘 실험적 포르노에는 유구한 역사가 있다.[14]

여기에서는 이러한 역사가 최신 소프트웨어, 하드웨어와 어떻게 교차하는지에 초점을 맞추기로 하자. 최신 기술을 보다 비정통적인 포르노와 결합하려는 여러 움직임이 이미 존재하고 있다. 예를 들어 뉴욕의 성매매업소 유니크론^{Unicron}은 섹스봇의 동의^{consent}와 성적 다양성이라는 화두를 탐구하고자 한다. 덜 실험적인 섹스봇 성매매업소들—2018, 2019년에 여러 곳이 생겼다—역시도 앞에서 논한 게이트박스, 레플리카, 개인 맞춤형 리얼보틱스 섹스돌에 비하면 잠재적으로 급진적이라 할 수 있다. 저런 기술들은 모두 완전한 소유(당신만의 것)를 중심으로 하지만 대여라는 방식은 대상을 대하는 이용자를 전혀 다른 주체 위치로 옮겨 놓기 때문이다. 물론, 이는 대신에 —결혼이 아니라—성매매라는 거래의 관습을 반복 혹은 모방하는 일이며, 따라서 유니크론의 이론적 구상에서는 로봇의 동의가 중요해진다.

유니크론 같은 기획들이 진보를 일구고 있기는 하지만, 전복적인 업계 이단아의 존재보다는 온라인 성생활의 뉴 노멀^{new normal}에 어떤 경향이 지배적인지가 더 중요하다. 주류에서 몰입, 게임화, 사랑산업이 결합되는 중대한 영역 중 하나는 급성장 중인 VR 포르노 산업이다. 모든 주요 가상현실 하드웨어 제품은 포르노를 겨냥하며, 이 장르는 그 어떤 VR 형식보다도 전송량이 많다. 방문자 수가 가장 많은 VR 사이트 다섯 곳 중 세 곳이 포르노 사이트다(나머지 둘은 오큘러스와 바이브의 자체 사이트다). 아마추어 VR 포르노는 상호작용 경험을 많이 제공하지 않아 360도 카메라 하나만 있어도 쉽게 만들 수 있으며, 2020년 기준 폰허브^{PornHub}의 VR 포르노 시청 횟수는 일일 50만 건을 상회한다.[15] 이 신생 산업에 대한 어떤 논문은 사람들이 VR 포르노를 구상하며 '헤게모니적인 남성성과 이성애규범성에 기반한 널리 퍼진 담론'을 상상하는 경향이 있다고 지적한다. 또한 VR 포르노는 '수고'를 '보상 받는' 공간으로 상상된다.[16] 이용자에게 몇 가지 '선택지'와 '옵션'을 주는 VR 포르노 시청은 화면 속 사건과는 멀찌감치 (그리고 안전하게) 거리를 두고 있는 수동적인 카우치 포테이토라는 포르노 소비자의 전형을 완전히 거스르며 일종의 게임화된 과제와 참여로 구성되는 경험이다. 이용자가 자기 욕망의 장면과 전과는 다른 관계를 맺게 하는 것이다. 헤드셋은—겨우 하드웨어 하나를 더하는 것만으로도—몸을 그 장면 속에 들여놓는다. 이용자를 이미지 속에 집어넣고 주체로 하여금 포르노 시청자의 수동적인 이미지와는 잠재적으로 상당히 다른 방식으로 자신의 욕망을 마주하게 하는 것이다. VR 포르노의 이 '급진적인' 경험은 이성애규범적 남성성을 강화하고 그 패턴을 지속시키는 포르노의 전통적인 시선과 어렵지 않게 결별할 수 있을지도 모른다.

하지만 실제로는 그렇지 않은 듯하다. 수재너 파스넌^{Susanna Paasonen}이 포르노 영화와 관련해 남긴 중요한 논의들은 그녀가 글을 쓰던 당시에는 아직 등장하지 않았던 VR 포르노에 대한 시대를 앞선 통찰을 제공한다. 파스넌은 카메라가 시청자의 눈이 되는 등장인물 시점^{point-of-view, POV} 샷 포르노의 단안경적 시야를 초점화^{focalisation} 개념을 적용해 해석한다.

카메라가 영상 제작자이자 등장인물인 밥 인코그니토^{Bob Incognito}의 눈

높이에 있기에, 그의 시야가 관람자의 시야가 되며, 관람자는 그의 눈을 통해 사건을 보게 된다. 이 같은 POV 샷의 활용은 초점화를 시사한다. 초점화란 문학연구자 제라르 주네^{Gérard Genette}가 서사 이론에서 정의한 개념으로, 주어진 서사가 묘사되는 시점과 관련된다. 즉, 사건들이 특정한 시점에서 해석되며 보여진다는 것이다. 문학에서 초점화는 감각, 지각, 사유가 독자에게 가장 가깝게 전달되는 일인칭 화자가 중심이 된다.[17]

파스넌의 통찰에서 핵심은 관람자를 다른 가상의 남성(연기자는 물론 촬영장에 있었던 이들이나 웹사이트를 구축하고 관리하거나 그 경험을 설계하는 이들)과 합쳐지게 하는 이런 과정을 '이성애적 구조의 경로를 따르는' 일종의 동성사회성^{homosociality}과 연결 짓는 것이다. 이 경험은 남성들끼리 주체 위치를 공유하게 하며, 이러한 동성사회성의 예로 헤드셋을 쓰고 다른 남성이 '되는', 이 업계의 더없이 가부장제적인 경향 속에서—구조적 층위에서—반복되는 듯한 이상한 시점 동일시만 한 것도 없을 것이다. VR 포르노에는 내용의 층위에서만이 아니라 기술의 형식 자체를 통해 특정한 성정치에 힘을 싣는 특수한 능력이 있다. 남성들은 이를 가능케 하도록 구축된 새로운 욕망 기계 속에서 서로의 대리자가 된다.

이런 경험은 단순히 다른 남성의 눈을 취하는 경험일 뿐만 아니라 다른 남성의 음경을 취하는 경험이기도 하다. 일부 시뮬레이션은—실상 대부분의 POV 포르노는—거의 문자 그대로, 주체가 장면 속에서 카메라의 위치에 타인의 음경이 (때로는 허벅지와 하복부도) 달린 자기 자신의 몸을 상상해 바라보게 한다. 이는 특정한 종류의 남

게임, 사랑, 정치

성성을 지속시키는 기제로 볼 수 있다. 알렌카 주판치치에게 '남성 성이란' (여기와 아래에서 논할 로맨스적 상상에 속하는) '믿음의 문제'로서, '거 세의 억압을 기반으로 하며 그로써 유지된다'.[18] 이용자의 음경이 현 실의 시야에서 사라지고 헤드셋 속의 다른 가상 음경으로 대체되는 VR 포르노는 거세가 가장 직접적으로 문제가 되는 영역이다. 시청 이라는 행위를 할 때 POV 관람자는 (그 장면에 들어가려면 문자 그대로 필수 적인) 거세를 받아들이지만 이는 남성의 힘을 상징하는 대체 음경으 로써 억압된다. 이런 점에서 남성성은 개인(알파, 베타 남성, 개인의 원기 등) 이 아니라 남성 집단(서로에게 이음매 없이 미끄러져 들어가는, 상상적 집단으로서 의 '남성들')이 대상에 행사하는 권력에 관한 것이다. 이런 구조는 비디 오게임이나 다른 시뮬레이터에 깊이 뿌리 박고 있으며 일인칭 슈팅 장르가 이것의 (음경이 총으로, 게임기를 들고 있는 대학생이 전사로, 이케아 소파가 군용 트럭으로) 전치된 버전임은 쉽게 알 수 있다. 이 같은 정치적 장면 들을 고민하고 바로잡는 과제는 몸, 시야, 관점의 측면에서 해당 경 험에 어떤 틀이 부과되는지에 특히 주목하기를 요구한다.

알고리즘과 딥페이크

포르노는 이미 여러 면에서 디지털 혁명을 진행하고 있다. 검색 결과를 취사선택하는 자료 패턴과 알고리즘은 이 업계를 크게 변화 시켰다. 업계를 탈전문화하였고, 사업 모델은 물론 작가로서의 퍼포 먼스 경험과 내용 그 자체, 그리고—아마도 가장 중요한 점으로— 주요 수익 창출 집단을 바꿔놓았다. 플랫폼 자본주의를 둘러싼 패턴 여러 가지가 포르노 산업에 미친 강력한 영향은 음원 스트리밍이나 커뮤니티 영상 플랫폼이 음악, 텔레비전, 영화 산업에 일으킨 변화에 비견할 만하다. 폰허브나 그 모회사 마인드기크^{Mindgeek}의 설립자 파비앙 틸먼^{Fabian Thylman}이 관리하는 관련 사이트들의 폭발적인 성장은 이 업계를 급진적으로 재편했다. 틸먼은 1990년대에 포르노 검색 이력을 토대로 하는 새로운 디지털 광고 체계를 개발했으며 이 자료로 후일 2018년에 악명을 떨친 케임브리지애널리티카의 심리측정 프로파일링에(2장을 보라) 버금가게 될 시제품을 만들어 업계 전체의 마케팅 판도를 바꾸었다. 온라인 데이팅 업계에 IAC가 있다면 포르노 업계에는 마인드기크가 있다(4장을 보라). 검색 엔진 CEO가 포르노 검색 이력을 이용해 인간 주체가 사랑에 빠질 만한 AI를 만들어내는 알렉스 갈랜드^{Alex Garland}의 영화 〈엑스 마키나^{Ex Mahina}〉와 크게 다르지 않다. 디스토피아적인 미래라기엔, 자료는 이미 2022년의 욕망 상당 부분을 차지하고 있다.

포르노는 디지털적 미래에 대한 단서를 제공하는 산업이라 할 수 있다. 디지털 경향에 가장 먼저 반응하는 업계 중 하나이기도 한데, 부분적으로 이 업계가 온라인, 해커 문화와 오랫동안 이어져왔기 때문이지만 또한 욕망을 실험하는 토대이기 때문이기도 하다.

영상이 새로운 길을 찾으면 포르노가 첫 번째 수혜자가 된다. 2017년 겨울 《마더보드^{Motherboard}》의 사만다 콜^{Samantha Cole}은 'AI에 힘입은 페이크 포르노가 나왔고, 우리는 망했다'는 기사를 발표했다. 그녀는 한 레딧 이용자가 딥페이크^{deepfakes}라는 이름으로 오픈소스 신경망 딥러닝 라이브러리 케라스^{Keras}와 텐서플로우^{Tensorflow}를 이용해 구글 이미지 검색이나 사진 자료실, 유튜브 영상 등에서 구한 유명인의 얼굴 사진과 포르노 영상을 합성한 과정을 보도했다. 한 달 후 딥페이크는 앱 하나로 이를 처리할 수 있게 만들었다—얼굴을 바꿔 넣은 포르노 열풍이 레딧을 휩쓸었고 《바이스^{Vice}》는 '우리는 모두 진짜로 망했다'고 보도했다. 곧 금지됐지만, 당연하게도, 이미 때는 늦었다.[19]

이런 대중적인 현상에서 우리는 아주 범상치 않은 욕망의 기술을 본다. 이런 딥페이크가 주장하는 논리는 물론 이용자들이 문제의 유명인을 오랫동안 욕망해왔으며 이제야 마침내 이 욕망에 부응할 수 있는 설득력 있는 시뮬레이션을 만들 기술이 생겼다는 것이다. 상황을 잠시만 살펴봐도 이런 해석이 얼마나 부족한지 알 수 있다. 이용자들이 자기가 가장 좋아하는 유명인의 성행위를 본다고 상상하는데로 이끌리는 것은 분명하지만, 이들은 또한 다른 여러 형태의 리비도적 쾌락과도 관계한다.

첫째로, 이 콘텐츠를 보는 쾌락은 트롤링 사이트나 신상털기 사이트의 쾌락과 이어져 있다. 하위문화적 온라인 커뮤니티는 요즘 잘 알려져 있는 포챈이나 에이트챈 같은 이미지 게시판 사이트에도 있지만 키위팜, 롤카우 같이 인지도가 비교적 낮고 이제는 거의 역사가 된 커뮤니티 플랫폼이나 포럼에서 더 두드러진다. 이런 곳들은 개인 정보와 사진을 비롯한 사적인 정보를 모으고 서로 공유하는, 유명인 신상털기를 중심으로 모인 커다란 틈새 커뮤니티를 형성했다. 적극적으로 표적을 괴롭히는(협박을 하거나 사진을 보내는 등) 경우

도 있지만 대개는 해당 커뮤니티 내에서—농담이나 밈과 함께—정
보를 공유하는 데만 집중한다. 마크 루이스^{Mark Lweis}의 2019년 다큐
멘터리 〈고양이는 건드리지 마라^{Don't F**k With Cats}〉나 포챈 이용자들
이 항공기 경로와 디지털 족적을 이용해 샤이아 러버프^{Shia Lebouf}의
2017년 예술 프로젝트 〈그는 우리를 갈라놓을 수 없다<sup>He Will Not Divide
Us</sup>〉를 훼손시킨 일로 잘 알려진 디지털 수사대 커뮤니티와* 비슷한
이런 기술적 실험의 게임에 비하면 표적을 폭로하거나 공격하는 것
은 쾌락의 원천으로서는 부수적일 뿐이다.

　딥페이크 포르노 영상이 주는 쾌락의 다른 일부는 밈 커뮤니티와
연관되는 형태의 유머와 아이러니에 뿌리를 두고 있다. 2019년에 캅
카스실라게임즈^{Kavkaz Sila Games}에서 스팀^{Steam}을 통해 괴상한 VR 〈키
스 시뮬레이터〉를 출시하자, 이용자들은 이내 '밈'과 '성적인 콘텐츠'
라는 태그를 달았다. 둘에는 생각보다 강력한 연관성이 있었다. 밈
커뮤니티들은 플랫폼 자본주의의 발전과 직접적으로 연결될 수 있
다. 이를 가장 잘 표현한 말은 아마도 매켄지 워크의 '전파자^{vectoralist}
계급'일 것이다. 전파자 계급이란 인터넷 바이럴과 관련된 것으로,
'토지나 산업이 아니라 오직 정보만을 통제하는 계급'을 뜻한다. '전

---

*　〈고양이는 건드리지 마라〉는 인터넷에 익명으로 게시된 고양이 학대 영상을 발견한 이들
　이 영상 속 단서를 토대로 범인을 찾아내는 과정, 그와 함께 범인의 행동이 과격화되는 양
　상을 포착한 다큐멘터리. 〈그는 우리를 갈라놓을 수 없다〉는 트럼프 정권에 항의하는 관
　객 참여형 작품으로 시작되었다가 극우 세력의 방해로 설치 작품으로 변경되었다. 깃발을
　설치한 후 장소를 밝히지 않고 온라인으로 중계하는 형태로 제작되었으나 포챈 이용자 등
　이 화면 속 풍경이나 항공기 경로 등을 단서로 위치를 찾아내 파괴하는 등의 행태가 이어
　졌다.

파자 계급은 임대료나 이윤이 아니라 흥미의 잉여에 몫을 요구한다'.[20] 딥페이크 포르노 커뮤니티에—창작자로서는 물론 관람자로서도—참여하는 것은 바이럴성의 유통에 참여하는 쾌락을 제공하며, 이 쾌락은 아마도 성적인 콘텐츠 자체가 주는 쾌락과 구분할 수 없다. 이는 주위의 (이 경우에는 기술이 주도하는 플랫폼 자본주의라는) 경제적 조건들은 물론 (이 경우에는 포르노 산업의 사회적 디지털 플랫폼들이라는) 매체 역시 욕망의 구조 자체에 커다란 영향을 미친다는 것을 보여준다.

이러한 일들과 같은 시기에 인기리에 방영된 두 편의 리얼리티 쇼는 사랑에 대한 일반적인 담론들이 사랑이 경험되는 장면, 매체, 혹은 장소의 중요성을 인지하지 못하고 있음을 보여준다. 고액의 제작비를 투입한 넷플릭스의 〈연애실험: 블라인드러브Love is Blind〉 (2020)에서는 참가자들이 서로를 보지 않은 채 관계를 발전시킨다. 사랑이란—허영을 부리거나 '현실'의 외모에 매달리면 지장이 생기는 법이어서—개인의 성격만을 토대로 보다 '진심이 담긴' 판단을 내릴 수 있도록 외모를 숨길 때 더 직접적으로 경험될 수 있다는 것이 이 프로그램의 전제. 외모를 공개하지 않고 이 욕망을 '시험'한 결과는 굉장히 긍정적이다. 하지만 이 프로그램은 완전히 새로운 욕망의 장면을 만들어내는 스스로의 역할을 간과한다. 여기서 새로운 장면이란 참가자들이 대화를 나누는 공간, 바로 긴장감이 감도는 '러브 부스love booths'다. 그저—이 경우에는 제작진이 만들어낸—장면이 욕망을 가능케 하는 동력임을 보여줄 뿐인 프로그램이라고까지도 할 수 있을 정도다. MTV에서 방영 중인 〈메기: TV판Catfish: The TV Show〉(2012~현재)도 전제는 비슷하다. 이 프로그램은 온라인으로만 만나본 사람들이 직접 만나서 온라인에서의 모습과 오프라인에서의 모습을 비교해보게 한다. 이번에도 결과는 놀라우리만치 긍정적이다. 많은 경우, 오프라인의 외모나 정체성이 온라인에 투사된 이미지와는 크게 다른 경우까지도, 서로에 대한 참가자들의 욕망은 사라지지 않았다. 의도치 않게 이 프로그램 역시, 욕망을 잉태하는 장면—이 경우에는 인터넷 세계—의 힘에 비하면 성격도 외모도 대개는 미약할 뿐임을 폭로하는 듯하다.

달리 말하자면, 매체는 종종 대상보다 중요하다. 사랑은 대상을 가리지 않으며 딥페이크 포르노 스타의 머리는 그저 바꾸어 버릴 수 있듯이 말이다. 마셜 매클루언Marshal McLuhan의 유명한 말대로 매체가 곧 메시지다. 욕망의 최심층에서도, 어쩌면 특히 그곳에서는, 그렇다. 이러한—어쩌다 보니 딥페이크 커뮤니티의 놀이에서 나온—깨달음은 욕망의 가장 정치적인 측면을 드러내 보이며, 이로써 각 매체에서 욕망을 가능케 하는 장면이 어떻게 구축되는지를 아는 것이 핵심이 된다.

전문 포르노 업계의 배우들이 수요가 아니라 알고리즘에 맞추어 작품을 수정한다는 사실을 알려주는 존 론슨Jon Ronson의 팟캐스트 〈나비효과The Butterfly Effect〉는 디지털화된 성산업의 또 한 가지 효과를 보여준다. 알고리즘은 어떤 검색어나 검색어 조합을 다른 것보다 중시하며—이는 이용자들의 욕망을 예측하는 일이기도 하지만 또한 구축하는 일이기도 하다—업계 종사자들은 이에 부응해 콘텐츠를 수정하기 시작했다. 전통적인 의미에서 시장에 반응할 (인기 있는 것의 생산량을 늘릴) 뿐만 아니라 알고리즘에 긍정적으로 반영되는 것들을 조합한 콘텐츠를 새로 만들어낸다는 뜻이다. 예를 들어 제작자는 2018년 업계 최고 인기 검색어였던 (일본어로 변태를 뜻하는 포르노 장르명인) '헨타이hentai'와 '레즈비언'을 조합한 영상, 2019년 폰허브 최고 인기 검색어였던 '아마추어'와 '외계인'을 조합한 영상을 만들 수 있다. 이런 전술은 이용자가 원하는 것을 제공하는 것이라기보다는 (그들이 꼭 두 가지가 한 영상에 다 나오기를 바라는 것은 아니다) 알고리즘 자체의 순위 산정 기준에 반응하는 것이라 할 수 있다. 이런 점에서, 자료 주도적 알고리즘은 그저 이용자들로부터 나온 것을 반영할 뿐만 아니라 새로 구축되는 욕망의 장면에 그 자체의 직접적인 영향력을 행사한다.

VR 포르노라는 영역에서의 인간과 컴퓨터의 상호작용에 관한 여러 연구가 무비판적으로 해당 경험이 전통적인 포르노는 하지 못했던 방식으로 '무의식적인 성적 욕망에 다가갈 길을 열어주는 것'으로 볼 수 있다고 말한다.[21] 가상현실은 우리를 우리의 가장 깊은 곳에 있는 욕망과 꿈에 한층 가까이로 데려간다는 주장이 이어진다. 여기서 논한 바에 비추어 보자면 이는 잘못된 설명일 것이다. 몰입의 경험이 이용자들이 살아가는 정상적인 공간에서는 억압되지만 주체에게 이미 존재하는 욕망을 일부 드러낸다는 단순한 전제를 깔고 있기 때문이다. 이용자의 가장 깊은 욕망까지도 자유롭게 날뛸 수 있는 가상의 공간을 그리는 HBO 리메이크판 〈웨스트월드 Westworld〉의 논리가 바로 이런 것이다.[22] 하지만 엄격하게 정신분석학적인 의미에서, 몰입과 무의식적인 것의 관계는 아주 중요하다. VR 포르노는 먼저 욕망이 있고 그 다음으로 기술이 생겨나 우리가 원하는 바를 얻을 수 있도록 도울 뿐이라 할 수 없음을 보여준다. 오히려—온갖 남성적 성향을 가진—기술이 욕망 자체를 위한 장면과 강령을 만드는 것이다.

온라인의 복화술사들

2장에서 프로이트를 경유해 정신분석학에서는 사랑/욕망/성이 모든 문화적, 정치적, 사회적 현상의 근본 원인이라는 통념을 뒤집고, 성이 만물의 중심에 있다는 프로이트의 주장을 성적 욕망의 경험은 그 속에 모든 문화적, 정치적, 사회적 힘들을 담고 있다는 말로 이해해야 한다고 주장했다. 욕망은 정치 속에서, 정치를 거쳐서만 생겨날 수 있다는 점에서 여러 힘 중에서도 가장 정치적이다. 또한 우리의 가장 깊은 곳에 있는 욕동, 충동과 정치적인 것의 관계를 보여준다는 점에서 중요한 연구 대상이다. 자크 라캉의 스무 번째 세미나로 1972년부터 1973년까지 진행한 《여성적 섹슈얼리티에 대하여: 사랑과 지식의 한계 On Feminine Sexuality, the Limits of Love and Knowledge》에서 그는 프로이트의 생각을 좇아 정신분석학이 역사적으로 사랑의 담론에 천착한 이유를 고찰한다.

실제로, 정신분석학에서 사람들이 한 일은 사랑에 관해 말한 것밖에는 없다. 이제는 과학 담론이 낱낱이 밝혀낼 수 있는 이런 것들을 두고, 정신분석학이란 그저 시간 낭비라는 느낌을 받지 않기는 어려울 것이다. 하지만 사랑을 말하는 것은 그 자체로 주이상스 jouissance임을 알 수 있는 것은 … 분석적 담론 덕분이다.[23]

여기서 라캉은 사랑을 '말speaking'하는 일에 특수한 쾌락을 위치시키는데, 이는 역사적으로 정신분석학이 수없이 해온 일이다. 여러 세대의 정신분석가들이 내담자와 함께 사랑이라는 주제를 다루었지만, 라캉이 보기에 정신분석학의 가르침이란 곧 사랑에 관해 말하는 행위 자체를 통해 창출되는 특수한 종류의 주이상스—인격의 형성에 중요한 쾌락—가 있다는 점임을 잊어버린다면 그것은 그저 '시간 낭비'일 뿐이다. 말한다는 것을 너무 문자 그대로 받아들여서는 안 된다. 라캉에게 말한다는 것은 또한 언표하는enunciate 것이자 심지어는 주체가 그저 담론의 원인이 아니라 그 효과이기라도 하다는 듯 말해지는 통로가 되는 것이기도 하기 때문이다. 바꾸어 말하자면, 사랑을 이해하려면 또한 우리가 어떻게 그에 관해 말하는지를 그리고 그것이 어떻게 우리를 통해 말하는지를 이해해야 한다.

최근에 나온 가장 정신분석학 서적 중 하나인 《목소리 그리고 그뿐A Voice and Nothing More》에서 믈라덴 돌라르Mladen Dolar는 모든 말하는 주체에게는 '반드시 어느 정도의 복화술'이 있다고 주장한다. 풀어서 말하자면 이렇다. 주체란 말하는 능동적 행위자agent라기보다는 오히려 담론이 말하는 데 쓰이는 것, 말하자면 복화술사의 인형이다. 주체가 제 속에서 나오는 목소리로 말하는 듯 보이지만 실은 주체란 다른 목소리의 대리자agent일 뿐이다.[24] 말해지는 통로가 되는 것에서 나오는 어떤 쾌락이 있다는 이 같은 발상은 사랑, 성산업의 중대한 정치적 변화에서 가상현실이 어떤 역할을 하는지를 이해하는 데 도움이 된다. 사랑과 욕망이 우리를 통해 말한다고 할 때, 오늘날 디지털 기술에 있어 이들은 특수한 방식으로 이를 행한다.

다소 추상적으로 보일지 모르겠지만, 라캉이 말하는 사랑의 재현에 연루되는 과정에서 나오는 쾌락이라는 개념이나 돌라르가 말하는 류의 복화술 둘 다, (연애 시뮬레이션, AI 챗봇, VR 포르노 등) 시뮬레이션의 주체는 사람이 아니라 욕망인데도, 이용자가 VR 시뮬레이션 몰입을 마치 자기 자신의 욕망에 관한 일인 것처럼 경험할 수 있는 이유를 이해하는 데 도움이 된다. 라캉은 욕망이란 언제나 '타자의 욕망'임을 강조하는데, 이는 (일반적인 담론에서 가정되는 대로) 우리가 문제의 대상과 구체적이고 특유한 관계를 맺고 있어 다른 사람이나 사물을 욕망한다는 뜻이 아니다. 다른 곳에 욕망이 이미 존재하기에 우리가 욕망을 갖게 된다는 뜻이다.

흥미롭게도 시몬 드 보부아르Simone de Beauvoir는 '사랑에 대한 욕망이 열정적인 사랑이 된다'는 말로 이를 예견한 바 있다. 드 보부아르는 성행위를 이야기하는 맥락에서 사랑에 대한 추상적인 욕망은 섹스를 나눈 개인에 대한 열정적인 사랑으로 대체될 수 있다고 쓴다. 이미 존재하는 욕망—다른 개인에게가 아니라 주위의 정치학이 구축한 광범위한 장이라는 다른 곳에 이미 존재하는 욕망—이 주체의 욕망이 된다는 것은 이런 의미에서다. 바르트가 말한 바 있듯, '그어떤 사랑도 원본이 아니다'.[25] 그렇다면 욕망은 지식과 마찬가지로 모방적(밈적memetic)이라고 할 수 있겠다. 지식으로 바꾸어 말하자면, 그 누구라도 혼자서 무언가를 (혹은 그에 대한 상투어를) 알 수는 없다. 말도 안 되거나 불분명하거나 어쩌면 말할 수조차 없을 것이기 때문이다. 지식이 존재하려면 그것을 이해할 둘 이상의 사람이 있어야만 한다. 이와 마찬가지로, 욕망이 있으려면 그 특정한 욕망을 가능케 하는 일종의 합의—문화적, 사회적, 정치적 구조—가 있어야 한다. 그래야 비로소 주체가 그 욕망을 경험하기로, 이를테면, 선택opt in할* 수 있다.

이런 논의는 정신분석학을 지금껏 비판해온 대로 인간성의 뿌리에 있는 공통의 욕망을 발견하고 이해하고자 하는 것으로 여겨서는 안 됨을 보여준다. 정신분석학은 욕망의 복화술을 통해 어떤 욕망들은 공통의 것이 됨을 보여주는 이론적 관점이다. 지금으로 말하자면—무한히 복제할 수 있는 매체로서 이용자들의 욕망에 반응할 뿐 아니라 그 욕망을 구축하기도 하는 바이럴한 욕망-경험을 매개하는—디지털적인 것의 바이럴한 가능성이 그 복화술을 지배하고 있다. 이는 또한 정신분석학이 반자본주의의 우군임을 보여준다. 디지털적 발전과 관련 경제학의 패턴들이 우리의 욕망을 구축하고 또 재구축한다는, 자본주의와 그 욕망할 만한 상품들의 세계가 숨기고 싶어 하는 사실을 폭로하는 수단이 되기 때문이다.

〈서머 레슨〉의 경험을 이해하는 데, 혹은 체코Czech VR 같은 VR 포르노 사이트에서 한두 시간씩 보내는 이유를 해명하는 데 정신분석학을 활용해야 한다. 하지만 이런 경험들이 일종의 무의식적이며 더 중요하게는 이미 존재하는 욕망을 자극하는 것이라고 전제해서는 안 된다. 이런 경험들은 이용자에게 새로운 욕망 장면의 쾌락(주이상스), 잠시 일상을 벗어나는 일일 수도 있고 보다 장기적인 형태로

---

*   '선택'으로 옮긴 'opt in'은 주어진 선택지에 대한 참여, 동의 의사를 밝힌다는 뜻이다. 당사자가 동의한 항목에 대해서만 개인 정보 수집이 허용되는 사전 동의 방식을 가리키는 말이기도 하다.

주체의 욕망에 커다란 영향을 미치는 일일 수도 있는 쾌락을 제공함으로써 모방적인 욕망을 구축하는 것임을 알아야 한다. 주류 온라인 포르노는 '마치 다른 누군가를 위해 만들어진 듯' 보인다는 클로이 보이다Chloe Woida(2009)의 통찰은 우리가 이 같은 디지털적 초대를 즐기는 방식의 중요한 정신분석학적 구조를 지적한다.[26] 이렇게 볼 때 파스넌이 밝히는 이 산업의 동성사회성 문제는 더더욱 중대한 것이 된다. 복화술의 초대에 끌려 주체가 경험하는 '타자의 욕망'은 특히나 남성적인 욕망으로 코드화되어 있기 때문이다.

이러한 접근은 학계의 섹스봇에 대한 기이한 찬반양론 구도에 대안을 제시한다. 이 논쟁에서 가장 잘 알려진 주역 중 하나는 드몽포르대학교의 윤리학 교수인 캐슬린 리처드슨Kathleen Richardson이 시작한 섹스로봇반대캠페인Campaign Against Sex Robots이다. 그녀가 이 주제로 쓴 논문은 섹스봇과 성매매는 깊이 연관되어 있으며 '섹스 로봇의 개발은 두 쪽 모두를 인간 주체로 인정하지 않는 권력 관계를 더더욱 심화할 것'이라고 주장한다. 리처드슨은 섹스봇은 무엇보다도 여성과 아동의 대상화를 강화하고 성매매 문화를 장려하며 심지어는 성적인 관계들에서 두드러지는 폭력을 심화시킬 것이라 말한다.[27]

다른 편에서 골드스미스대학교의 케이트 데블린Kate Devlin은 섹스봇에는 성의 미래에 자유를 가져올, 심지어는 해방적인 잠재력이 있다는 정반대의 주장을 펼친다. 이 책의 주제인 디지털적 관계의 발전사보다 섹스 토이와 다양한 성적 실천의 역사에 주목하는 데블린은 수십 년에 걸쳐 진보 정치의 연장선상에서 섹슈얼리티의 다양화에 기여하는 작업을 한 '친섹스 페미니스트' 베티 더드슨Betty Dodson

같은 인물을 논의하는 한편 섹스봇이 적어도 잠재적으로는 이런 진보적 운동에 기여할 수 있을 것으로 여긴다.[28] 앞에서 언급한 유니크론 같은 업소가 이런 접근과 맞닿는 데가 있다.

이사벨 밀러는 섹스봇 윤리를 둘러싼 논쟁의 두 지배적인 입장의 틈을 파고들며 또 하나의 긴요한 정신분석학적 관점을 제시한다. 그녀는 2019년 글 〈섹스봇: 당신도 나와 같은 생각인가?Sex-Bots: Are You Thinking What I'm Thinking?〉에 이렇게 썼다.

> 섹스봇에 대한 리처드슨과 데블린의 찬반양론에서는 우리가 섹스를 하는 방식에는 본질적으로 유의미하며 심지어는 **자연스럽기**까지 한 무언가가 있다는 공통적인 관점이 분명히 드러나는 듯하다. 자연스럽다는 것은 '본능적이다' 혹은 생물학적으로 프로그래밍되어 있다는 뜻이다. 라캉주의 정신분석학의 성에 대한 접근은 그러한 쉬운 설명을 전적으로 비관하며 사실상 의심한다.[29]

이 지점에서 섹스와 비디오게임 사이에는 중대한 관계가 있다. 게임과 폭력의 관계에 대한 논쟁에 있어 학계에서나 일반적으로나 지배적인 두 가지 입장이 여기서도 반복된다. '자연적'으로 보이는 기저의 충동이 있어서 게임이 그에 응답한다는, 똑같은 문제적인 전제를 깔고 있는 것이다. 비디오게임이 이용자로 하여금 기저에 있는 폭력적인 욕동을 좇아 행동하게 만들 위험이 있다는 이제는 거의 퇴색해버린 주장이나 반대로 (게임이 없으면) 사회에서 날뛰게 될 위험한 욕동에 (게임이) 분출구를 제공한다는 대안적 주장 둘 다 이런 착각에서 비롯된 문제를 안고 있다. 게임에 관한 가설들과 섹스봇에 관한 가설들이 이처럼 이어지는 것은 그저 우연이 아니다. 2장에서 논한 스마트 도시의 경우처럼, 이러한 기술들이 이용자가 원하는 바를 제공한다는 서사가 실리콘 밸리의 개발 사업을 주도하고 있다. 이는 사측의 책임을 덜어내는 주요한 방식이며 (오케이큐피드가 자사 알고리즘의 인종적 편견에 바로 그런 식으로 답했다) 이런 서사가 없다면 기술 디자인의 정치학은 훨씬 더 면밀한 검토를 받게 될 것이다. 사실, 이를 해결하는 것이야말로 1990년대에 닷컴 신자유주의에서 태어나 오늘날 기술을 둘러싼 담론들에도 이상하리만치 중대한 힘을 발휘하고 있는 '캘리포니아 이데올로기Californian Ideology'의 신자유주의 논리를 혁파하는 일일 수 있다.[30]

밀러는 위험하게도 욕망을 자연스러운 것으로 여기는 이런 맹목적인 관점들 대신, 라캉을 경유해 '성은 완전히 인위적'이며 이를 인정해야만 비로소 성과 사랑의 영역에서 벌어지는 일들의 정치학과 윤리학을 사유할 수 있다고 주장한다.

> 섹스봇이 그토록 문제적이면서도 그토록 매혹적인 것은 다름 아닌 성적 관계의 인위적인 성격을 폭로하기 때문이다. 라캉의 용어로 말하자면 섹슈얼리티의 참을 수 없는 실재the real를 말이다. 인위적으로 만들어낸 인형이 성적 환상의 재현으로 기능할 수 있다는 사실은 우리에게 주체성에 대한 진정한 공포를 안겨준다. 그 환상이야말로 어떤 관계든 그것을 지속시키는 유일한 것이다. 이런 자그마한 인위적 지혜가 AI 시대의 성과 사랑이라는 영역을 향해 나아가는 우리에게 라캉이 남긴 불후의 유산이다.[31]

섹스봇은 또한 우리의 욕망을 지속시키는 환상은 우리 자신의 것이 아님을 보여준다. 인본주의적 욕망 혹은 본능적 욕망의 서사로 도피함으로써 이런 입장을 그저 부정하는 건 어렵지 않다. 하지만 우리가 욕망과 충동의 요소들의 뿌리에 자연적인 혹은 생물학적인 조건이 놓여 있다고 생각한다 해도, 그로부터 우리가 오늘날의 맥락에서도 욕망을 전적으로 자연스러운 방식으로 경험한다는 결론은 결코 도출되지 않는다.

분열된 욕망들

지금까지의 논의로 디지털적 처리 과정이 욕망을—전적으로 구축하는 것까지는 아니더라도—매개하고 수정하고 변형한다는 점은 충분히 분명해졌을 것이다. 이런 깨달음은 필연적으로 욕망의 정치화를 수반하는데, 여기서 정신분석학은 우리의 욕망이 구축된다는 것을 드러낼 뿐 아니라 욕망을 바꿀 기회 또한 제공한다. 라캉과 밀러의 말대로 욕망이 일종의 밈적인 환상이라면, 우리는 (들뢰즈와 가타리가 《안티 오이디푸스 *Anti-Oedipus*》에서 쓴 유명한 말인) 욕망하는 기계라기보다는 욕망이 움직이는 통로가 되는 기계라 해야 할 것이다. 밈적인 욕망들은, 기계로서의 주체들을 거쳐 퍼지는 바이럴한 밈들처럼, 온 힘을 다해 주체에게 영향을 미치고 제 정치학과 편견을 전파한다. 이를 깨달았다면 남은 것은 미래에 대한 정치적 의식을 갖고 이러한 밈적 욕망들의 구축에 능동적으로 개입하는 일이다.

이 같은 밈적 욕망은 리비도적 힘을 경험하는 걸 공유할 수 있도록 함으로써 타인들과 공감하고 동일시할 기회를 줄지도 모른다. 알렉산더 갤러웨이Alexander Galloway는 비디오게임에 관해 논하며 (예컨대 영화와 비교하자면) 게임의 고유한 특질은 '영화는 주관적인 쇼트를 통해 동일시의 문제를 표상하는 반면 게임은 주관적인 쇼트를 통해 동일시를 만들어낸다'는 점일 수 있다는 중요한 주장을 한 바 있다.[32] 바꾸어 말하자면, 게임은 다른 매체 형식에 전제되는 비판적 거리를 어느 정도 제거해 우리로 하여금 특정 관점에 동일시하게 만든다. 이는 그 경험에 급진적인 영향력을 부여한다. 헤게모니적, 지배적 이데올로기에 복무하는 경우든 앞에서 논의한 여러 사례에서 본 것처럼 그런 규범을 일탈해 새로운 주체성의 경험을 생산할 때든 마찬가지다.

다른 한편으로, 우리가 온라인으로, 디지털적으로 경험하는 삶은 매우 파편화되어 있다. 대체로 우리네 스크린은 우리에게 어떤 생각, 느낌 혹은 욕망에서 번번이 다른 데로 넘어가기를 요구한다. 우리는 밈에서 밈으로, 게임에서 게임으로, 어떤 시뮬레이션된 리비도적 에너지의 분출에서 다음 분출로 재빨리 돌아선다. 그 결과 일관되지 않고 분열된divided 경험이 산출되는 것은 아닌가. 최근 몇 년 사이 디지털 환경 속 주체에 관한 여러 논의에서는 들뢰즈가 〈통제사회들에 대한 후기Post-scriptum sur les sociétés de contrôle〉에서 제안한 바 있는 가분체dividual라는 개념이 중요한 용어로 자리 잡았다. '가분체'란 (어원상 '불가분체'라는 뜻인) 개인individual은 여러 자료의 집합체이기도* 하지만 또한 컴퓨터적인 기계와 마찬가지로 미리 정해진 특정한 경로를 따라가는 것밖에는 못하는 존재이기도 하다는 발상이다. 매일 동

게임, 사랑, 정치

일한 상태를 유지하거나 시간에 따라 연속적으로 변화하는 일관된 정체성으로 상상되는 개인이라는 개념과는 반대로 가분체란 파열된 혹은 균열적인 방식으로 계속해서 스스로를 재시작하고 재조직하게 하는 자아 경험을 가리킨다. 우리가 좇을 수 있는 경로들은 매 순간 '새로고침'된다.

> 개인이 통과하는 갖가지 수용소 혹은 인클로저 공간은 독립변수다. 우리는 매번 0에서 출발해야 한다.[33]

들뢰즈가 보기에, 이런 경험에 들어설 때 우리는 '리셋'된다. 그 순간을 고립적으로, 연속선상의 한 점이 아니라 각각이 별개인 다음 순간으로 넘어가기 전의 순간으로 경험한다는 것이다. 그런 점에서 우리라는 주체의 특징은 분할과 끊임없는 변화가 된다. 이런 상황은 일시적인 동일시의 순간들을—어쩌면 공감의 순간들까지도—만들어낼 수 있을지라도 장기적인 연대나 신뢰의 구축을 촉진하기보다는 가로막는다. 우리는 타인들과 분열되어 있을 뿐 아니라 우리 자신과도, 우리 자신 속에서도 분열되어 있다. 이런 이론적인 맥락에서라면 오레즈 런던의 경우처럼 가상현실 이벤트들이 벤처기업이든 대기업이든 어떻게 그토록 성공적으로 소비자와 투자자를 사로잡았는지부터, 심지어는 어떤 인류애적 대의에 기부를 끌어낼 수

---

*   '개인'을 뜻하는 영어 individual(프랑스어에서는 individu)은 어원상 나눌(-vidual) 수 없는 (in-) 최소 단위, 단일체를 가리킨다. '가분체'는 그와 달리 개개인이 더 작은 단위로 나뉠 수 있는 통합체라고 보는 개념이다. 더 자세한 설명은 231쪽 참고.

있었는지까지 이해하기 어렵지 않다. 그러한 경험들은 순간적으로 주의를 끌고 리비도적 에너지를 사로잡음으로써 문제의 이데올로기와 순간적으로 동일시하게 만든다. 그런 디지털적 동일시 행위를 통해 장기적인 조력과 연대가 창출될 공산은 낮을지도 모른다. 하지만 우리는 해보아야 한다.

던져보기 ─ 정치적 연애 시뮬레이션: 〈플레이폴〉

신개념 연애 시뮬레이션을 제안하는 것은 사업 구상을 발표해 투자를 유치하는 리얼리티 쇼 〈드래곤스 덴Dragon's Den〉에 나가는 것만큼이나 어렵다. 앞에서 논한 대로 향수를 자극하는 연애 시뮬레이션, 유령 연애 시뮬레이션, 동물 연애 시뮬레이션을 비롯해 상상할 수 있는 온갖 변종이 이미 다 나와 있다. 하지만 형식이나 플롯을 생각해보면, 표면적으로 다양해 보이는 이런 게임들에는 강력한 공통점이 있다. 일반적으로 말하자면 앞에서 논한 데이트 상대 픽업 기술을 일종의 조작 가능한 형태로 모사하는 것이다. 따라서 이들은 모두 상상 속 성적 삶의 지배적인 혹은 규범적인 권력구조의 여러 판본을 반복한다. 패러디적인, 심지어는 '깨어 있는' 콘텐츠를 자처하는 이따금의 경우까지도 말이다.

게임의 내용이나 스토리를 넘어 알고리즘과 인터페이스의 층위를 그리고 지난 10년여 동안 연애를 게임화해온 플레이성playability의 구조를 들여다보면, 다양한 시뮬레이션들을 관통하는 여러 가지 보편적인 경향성이 있다. 전부 다 일인칭 슈팅 장르의 단안경적 시야를 재편하거나 이용자가 게임 내내 스토리를 통제하는 조작 가능한 허구의 아바타를 구축한다. VR과 모바일 모두에 널리 퍼져 있는 전자의 경우, 이용자는 화면 속에 등장해 보여지는 것이 아니라 화면을 바라보는 자신을 상상한다. 이는 이용자가 화면 속에서 벌어지는 욕망의 장면들 속에 던져진 스스로를 (따라서 자신의 욕망을) 보게 만든다. 화면 속 아바타로서 게임을 하게 되는 두 번째 경우 이용자는 아마도 앞에서 논한 밈적인 류의 욕망을 보다 직접적으로 마주하게 된다. 상상된 대상을 욕망하는 상상된 주체의 욕망을 일시적으로 경험하는 것이다.

진보 정치에 기여할 수 있을 연애 시뮬레이션을 진지하게 고민하려면, 대리적인 혹은 상상된 욕망 대상이, 대개는 일시적으로, 이용자 자신의 것이라 상상되는 욕망을 대신하는 그 경험의 핵심 쾌락을 먼저 따져보아야 한다. 아바타가 이끄는 욕망들은 그러한 과정을 이해할 단서를 준다. 주체를 구축하지만 언제까지고 손 닿지 않는 곳에 남는, 끝없이 빠져 나가고 분명히 밝힐 수 없는 욕망 대상을 뜻하는 라캉의 대상 a 개념에 비추어 보면 주체는 이미 하나의 욕망 대상을 시뮬레이션된 것이든 아니든 다른 대상으로 대체할 준비가 되어 있음을 쉽게 이해할 수 있다. 주체가 욕망하는—포켓몬에서 섹스봇까지—모든 것이 그런 환영적 대상의 대체물이라고 할 수 있다.

하지만 실은 좀 더 복잡하다. 라캉의 욕망 모델을 이렇게 읽으면 욕망하는 주체에 고정성을 상정하게 될 위험이 있다(이런 정식에서는 대상은 시시각각으로 변할지 몰라도 주체는 비교적 일관되어 보인다). 비디오게임에서부터 AI 챗봇, 섹스 로봇까지 이 장에서 논한 여러 가지 연애 시뮬레이터들은 분명 보다 복잡한 무언가가 있음을 보여준다. 즉, 이런 경험의 리비도적 쾌락은 그저 대상에 있는 것이 아니라 대상과 관련해 또 하나의 주체 위치를 차지하는 데서 나오는 쾌락에 있음을 보여준다. 달리 말하자면, 우리는 꼭 섹스봇이나 가상현실 키스를 원하는 것은 아니지만, 이러한 대상들을 원하는 주체의 위치를 차지하는 데서 쾌락을 끌어낼 수 있다. 이런 관점은 프로이트가《성욕에 관한 세 편의 에세이*Drei Abhandlungen zur Sexualtheorie*》에 쓴 초기의 '욕동' 개념과도 들어맞는다.

> 욕동의 성격에 있어 가장 간명하면서도 그럴듯한 가정은, 정신적 삶에 관해서 만큼은 그것은 그 자체로는 특질이 없으며 그저 정신이 작동하기 위해 부과되는 요구의 척도로만 간주되어야 한다는 것이다.[34]

욕동이란 주체로 하여금 욕망함으로써 그 심리적 삶을 작동케 하는 초대장으로 여겨져야 한다. 프로이트는 줄곧 욕동을 '부분적'인 것으로 생각해야 한다고 말했다. 이를 이어받은 라캉의 관점에서도 욕동은 부분적이다. 구순 욕동이나 항문 욕동의 경우와 마찬가지로 욕동은 사람이 기능하는데 단일한 성향을 만들어내지 않으며 어떤 욕동과 연결되는 완벽하게 만족스러운 대상이란 없기 때문이다. 오히려 욕동은 몸속에서 '요동치는 움직임'으로서 개인에게 닥쳐와 파편화된 몸의 경험을 일으킨다.

더욱이 디지털 욕망 대상은 심리적으로 보자면 궁극적인 욕망 대상을 대신하는 것으로서 작동한다고는 해도 그것을 그저 다른 대상의 복제물이나 부족한 대체물로 여길 수는 없다. 에바 일루즈는 아도르노를 인용하며 '현대 부르주아 소비 사회의 핵심적인 차원은 상상력의 상품화된 실행'이며 '이것이 제도화됨으로써 욕망 일반의, 특히 로맨스적 욕망의 본성 자체를 변형시켰다'고 지적한다. 일루즈가 보기에 경제적, 문화적 제도들은,

분명히, 이야기, 사건, 감정으로서의 사랑이 상상되는 문화적 환상들을 코드화했다. 또한 사랑이 영속적인 조건이기를 상상적으로 소망하게 만들었다. 하나의 감정이자 문화적 인식으로서 사랑은 점점 더 상상적인 소망 대상이 된다. 다시 말해, 대상은 상상에 의해 상상 속에서 채택된다.[35]

일루즈는 이 '상상'이라는 개념을 통해 논의를 전개한다. 그녀는 이 말에 두 가지 상충되는 의미가 있음을 지적하는데, 한편으로 상상은 (장-폴 사르트르가 역설한 대로) 진짜 감각을 통해 지각할 수 있는 것들의 초라한 복제물이다(눈을 감고 무언가를 상상하면, 그것은 감각이 지각해낼 수 있는 것에 비해 불충분하거나 불완전한 판본이 될 것이다). 다른 의미의 상상은 주로 '보통의 감각 지각보다 훨씬 더 강렬하게 정신을 사로잡는' 무언가, '전에 없던 무언가를 발명하는, 우리의 체험을 확대하고 심화시키는 능력'을 구현하는 무언가로 여겨진다. 이 두 가지 상반되는 의미를 모두 받아들이면, 상상이란 우리가 현실이라 부르는 것의 불완전한 복사본이나 우리가 상상하는 다른 현실의 이상화된 꿈이다.

일루즈가 보기에, '상상의 구성적인 역할, 즉 실제 대상을 대신할 어떤 대상을 창조하는 그 능력이 가장 분명히 드러나는 것은 아마도 사랑에서일 것이다'.36

이 장에서 논의한 것과 같은 연애 시뮬레이션들에서는 (아마도 모든 관계의 특성일) 실제 대상과 상상적 대상의 은유적 대체가 실제적이고도 분명하게 구현된다. 마지막으로 일루즈에게서 '여기서 상상이란 사적/감정적인 동시에 사회적/경제적'이라는 한마디를 더 인용할 만하다.37 마찬가지로 연애 시뮬레이션의—〈소녀의 정원〉에서 〈서머 레슨〉에 이르는—역사에서도, 이 책에서 논한 갖가지 리비도적 기술들의 사례에서도 이용자의 쾌락은 권력이 정치적, 경제적으로 구축하는 것인 동시에 사적, 감정적, 반응적으로 느껴지는 경험이기도 하다. 또한 도래할 상상이 역동적으로 구축하는 것, 재구축될 수 있는 구축물이기도 하다. 정신분석학의 용어를 쓰자면 이렇게 정식화할 수 있을 것이다. 부분적 욕동들의 일상적인 체험에 대한 대상 a의 관계는 상상과 그 사회적, 정치적 구축에 의해 규정된다.

정치적 연애 시뮬레이션의 과업은 주체를 대함에 있어 그들의 욕망이 본성상 믹적이며 정치적, 경제적 뿌리를 갖고 있음을 인정하는 것만이 아니라 (어쩌면, 인정하면서도, 라고 해야 할 수도 있겠다) 정치적인 이유로 자신의 주체성에 리비도적 변형을 가할 수 있을 가능성을 탐구하게 하는 것일 터이다. 이는—아주 잘 된다면—주체와 그 부분적 욕동들의 관계를 진보 정치에 복무하도록 재조직할 수 있을 것이다. 이를 위해서는 플레이어에게 전적으로 새로운 형식의 플레이를 제공하는, 형식, 진행 방식gameplay, 경험 차원의 작업이 필요하다. 일부 연애 시뮬레이션—및 수많은 비디오게임—이 서사와 내용에 진보적 가치를 담고 있지만, 더 나아가고자 한다면 우리는 시뮬레이션이 플레이어의 심리에 작용하는 방식 그 자체를 새로이 상상해내야만 한다.

4000쪽짜리 각본으로 AI의 위험성을 검토하는 〈디트로이트Detroit〉, 소수 민족과 피억압 집단을 지지하는 서사를 그리는 〈어새신 크리드Assassin's Creed〉, 앞에서 다룬 퀴어 연애 시뮬레이션 등 여러 비디오게임의 자유주의적 주제의식은 중요하다. 여러 문화비평가들이 게임은 군사주의적이거나 보수적인 가치를 지지하는 경향이 있다고 지적하지만, 게이머 커뮤니티의 강경 우파에서는 게임이 주변화된 인물들, 즉 백인 이성애자 남성이 아닌 인물들을 등장시킴으로써 좌익 이데올로기를 찬양한다는 주장이 주기적으로 제기된다. 하지만 이러한 자유주의의 영향력이 비디오게임을 진보 정치를 위한 힘으로 전환시키지는 못하고 있다.

요컨대, 진보적인 내용만으로는 충분하지 않다. 〈울펜슈타인Wolfenstein〉 같은 슈팅 게임은 나치를 사살하는 내용이기는 하지만, 이 게임이 낳은 일인칭 슈팅 장르에서 플레이어는 대개 미국의 대외 정책에 복무하며 총알을 난사한다. 〈문명Civilization〉이나 〈트로피코Tropico〉 같은 도시 시뮬레이션에서 사회주의 국가나 평등주의 민주국가를 만들 수도 있지만 진행 방식 차원에서는 서구 자본주의적 제국 건설의 원리를 따라야만 성공할 수 있다. 비디오게임은 형식의 층위에서 이데올로기를 전파한다. 그 위에 진보적인 이야기를 한 겹 얹는 것만으로 게임이 이 장에서 논한 헤게모니적 이념들에 복무하는 것을 다 막을 수는 없다. 데이팅 사이트의 경우에는 이용자들 자체가 내용이므로, 진보적 데이팅 사이트는 (레드옌타처럼) 그저 진보적인 사람들을 모으면 되는 것이 아니라 형식, 즉 알고리즘 차원에서 진보적으로 설계되어야 한다.

웨일스의 마르크스주의자 레이먼드 윌리엄스는 19세기 소설 형식은 좌파적 내용을 담고 있음에도 불구하고 여전히 보수적 가치를 뒷받침함을—이미 한참을 그런 후에야—보여주었다. 윌리엄스가 보기에 찰스 디킨스Charles Dickens 등의 소설은 노동자나 혁명에 공감을 표할 수는—심지어는 그들을 추앙하기까지 할 수도—있을지 몰라도 진지한 사회 변화를 촉발할 수는 없었다. 소설책은 여전히 식사 후에 쾌락을 위해 읽는 상품이었기 때문이다. 쉽게 소비되면서 독자로 하여금 진짜 정치를 직시하게 하지는 않는 류의 이야기였던 것이다. 오늘날의 수많은 비디오게임에 대해서도 이렇게 말할 수 있다. 19세기 초의 독자와 작가는 결국 이를 알게 되었고, 문학이 모더니즘을 향해 나아가면서 작가들은 문학 문화가 진보적으로, 정치적으로 진취적이게 되려면—내용만이 아니라—형식에 변화가 필요함을 깨달았다. 모더니즘 소설은 위안거리가 되기를 거부하고 의식의 흐름 기법과 믿을 수 없는 화자를 도입해 독자를 동요시키고 그들 자신이 글과 맺는 관계의 정치학을 직시하게 했다. 비디오게임에는 여전히 이런 전환이 필요하며, 데이팅 기술도 마찬가지다.

내용이 중요하지 않다는 것은 아니다. 내용을 이용해 스스로의 형식을 비판적으로 논평하는 데 성공한 게임들도 있다. 노동 조건을 다루는 경영 시뮬레이션 〈착취공장Sweatshop〉이 그 예다. 자본주의의 가속주의적* 붕괴로 끝나는 자동화 시뮬레이션 〈쿠키 클리커^{Cookie} Clicker〉도 있다. 경영 게임의 형식을 전복하고 폭로하는 게임들이다. 이와 비슷하게 〈자동저장: 보루^{Autosave: Redoubt}〉는 〈카운터스트라이크^{Counter-Strike}〉를 뒤집어 일인칭 사격수의 단안경적 정치학을 드러내고 게임 세계를 비추는 남근/총의 약탈자적 시선을 문제 삼는다. 다음 수순은 기존의 형식을 비판하는 것을 넘어 새로운 형식을 만들어내는 것이다. 제임스 조이스^{James Joyce}나 버지니아 울프^{Virginia Woolf}의 작품이 나오기 전에는 급진적인 모더니즘 소설을 알 수 없었던 것과 마찬가지로, 형식상 진보적인 비디오게임이 어떤 것이 될지를 예상하기는 어쩌면 불가능할지도 모른다. 하지만 이미, 판을 바꿀 game-chainging 잠재력이 있는 형식적 실험을 하는 게임이 여럿 나오고 있다. 어쩌면 곧 비디오게임계의 《율리시스^{Ulysses}》를 보게 될 것이다. 지금 여기에서는, 연애 시뮬레이션에 대해 그런 일을 시도해보기로 하자.

기존 게임 가운데 연애 시뮬레이션의 진보적 형식에 최선의 청사진을 제공하는 것은 데이비드 오라일리^{David O'Reilly}의 2015년작 생태 탐사 게임 〈모든 것^{Everything}〉이다. 이 게임은 연애와는 아무 상관도 없지만, 독특하고 실험적인 진행 방식을 갖고 있다. 플레이어는 어떤 종이 되어 세계를 탐사하기 시작하지만, 끝없이 다른 사물이나

---

* 가속주의란 기존 체제의 작동을 가속함으로써 자기 파괴를 촉진하여 체제 붕괴나 변혁을 이끌 수 있다는 관점이다. 여기서는 자본의 논리에 충실하게 게임을 수행하다 보면 그 논리의 내적 한계가 드러남을 뜻한다.

종의 관점으로 바꿀 수 있다. 대다수 게임에서는 너무도 견고한 '주체'와 '타자'의 경계가 허물어진다. 〈자동저장: 보루Autosave: Redoubt〉가 게임에서 사건을 오직 하나의 행위주체(플레이어-캐릭터)의 눈으로 보게 되는 시점의 문제를 지적한다면, 〈모든 것〉은 대안적인 시점을 창조한다.

시뮬레이션된 연애, 성, 관계의 경험에서 여러 주체 위치를 오간다는 이러한 착상이 욕망, 정치, 게임 진행play을 새로운 방식으로 연결하는데 주안점을 두고 새로운 연애 시뮬레이션을 만들 핵심 개념이 될 수 있을 것이다. 이 장에서 예로 든 모든 연애 시뮬레이션에서, 조작 가능한 캐릭터에서 대상 캐릭터로 시점을 넘기는 단순한 변화만으로도 그 경험은 급진적으로 달라질 것이다. 〈서머 레슨〉에서는 이용자가 조작할 수 있는 영어 교사가 도시에서 한참 떨어진 시골 저택, 에로틱하게 달뜬 낙원에 혼자 있는 어린 일본인 소녀에게 추파를 던진다. 이용자가 어린 학생이 되게 하는 시점 전환만으로도 이 경험은 급진적으로 달라질 것이다. 장면이 완전히 재구성된다. 낙원은 갑자기 도움을 청할 길 없는 취약한 고립 지대가, 시골 휴양지는 일터가, 추파 섞인 분위기는 위험한 장면이 된다. 〈슈퍼 유혹자〉에서 플레이어는 재력을 이용해 여자들을 호텔 객실로 꼬드긴다. 플레이 시점을 바꾸는 것만으로도 이것의 거래적 성격이 드러날 것이다. 기회를 잡으려면 정확한 타이밍에 머리를 움직여야 하는 VR 키스 시뮬레이션도 있는데, 이는 타인이 무방비한 순간에 신체를 움직이는 것을 정상적인 로맨스의 일환으로 만든다. 반쯤 숙인 시선을 바꾸면 그런 행동에 적극적인 동의가 결여되어 있음을 직시하게 될 것이다. 이런 단순한 기법으로, 이런 경험들의 틀이 되는 단안경적 시선의 동성사회성을 무력화할 수 있다.

여기까지 간다면 이 시뮬레이션은 이를테면 게임판 #미투^MeToo 가 되어, 우리네 일상의 로맨스적 경험들의—일루즈식으로 말하자면 로맨스적 상상을 지배하는—저변을 이루는 성정치와 권력 관계가 얼마나 욕망의 '자연스러운' 특성으로 당연시되며 깔려 있는지를 드러내고 게임 그 자체에 맞설 것이다. 더 나아갈 수도 있다. 어떤 로맨스적 경험의 양측만이 아니라, 무관해 보이는 여러 욕망의 '장면들'을 플레이하게 하는 것이다. 그 다양한 양태는 욕망은 일관적이고 통합적이고 비정치적이라는 허상을 벗겨내고 이용자에게 욕망의 밈적인 본성을 보여줄 것이다. 폰허브 투표 알고리즘을 본떠 어떤 욕망의 장면이 가장 도발적인지 '순위'를 매기게 할 수도 있겠다. 이는 성산업이 자료 기반 필터 버블을 이용해 다양한 욕망의 존재를 숨기면서 개별 이용자의 욕망을 자연화하고 그 편재성의 이미지를 만들어내는 식으로 작동함을 보여줄 것이다.

더 나아가자면, 미리 알려주지 않고 동일한 상황의 양쪽을 다 플레이하게 할 수도 있을 것이다. 그런 시뮬레이션 게임은 같은 형식(구조와 알고리즘)을 다른 내용(이미지와 서사)으로 플레이하게 함으로써 이용자로 하여금 모르는 사이에 로맨스 상황의 양쪽을 체험하게 할 것이다. 바꾸어 말하자면, 구조적으로는 동일한 여러 시나리오가 반복되지만 다른 서사, 다른 아바타를 내세움으로써 이러한 사실을 숨기고 상황을 다른 방향에서 보게 만드는 것이다. 이런 방식은 알고리즘의 (그리고 로맨스의) 정치학을 가시화할 것이며, 또한 동시에 이용자가 (어느 쪽을 먼저 플레이하든) 첫 번째 판에서 경험한 욕망들에 따른 선입견에 얽매이지 않고도 구조적으로 동일한 어떤 로맨스 상황에 녹아들 수 있게, 자신의 욕망을 전치할 수 있게 할 것이다. 이를 한 차례 마치면, 이 게임은 어떤 장면들이 짝지어지는지를 알려주기에 앞서 우선 이용자가 그 상황을 어떻게 경험했는지에 관한 정보를 모을 것이다. 관람자는 일루즈가 말한 대로 로맨스적 상상은 사적/감정적이면서도 사회적/경제적이며 경제적 요인에 의해 추동되지만 개인적인 충동과 얽혀 있음을 직시하게 된다. 두 번째 판은 게임의 경험이 플레이어의 쾌락에 영향을 미쳤는지를 판별할 것이다. 이런 소프트웨어를 2장에서 논의한 것과 같은 웨어러블 기기와 연계해 심박수를 통해 이용자의 반응을 기록하고 로맨스적인 이미지에 대한 신체의 정서적 반응을 맥락화하는 것도 재미있겠다. 아이콘iCon에서 개발한 '스마트콘돔'과 거의 같은 방식으로 작동하지만, 스마트콘돔은 정력 자랑 일색인 남성향 블로그들에서 비교용으로 쓸 성 관련 자료를 수집하는 반면 이런 웨어러블 기기는 주체가 정치적, 문화적 자극으로 가득한 상황에서 스스로의 리비도적 반응을 볼 수 있게 해줄 것이다.

정치적 연애 시뮬레이터를 만든다는 것은 궁극적으로 시뮬레이션이나 재현 그리고 그와 연관된 욕망들 사이의 선을 직시하기 위한 것으로서, 문화적 상상계가 우리의 욕망을 적극적으로 구축하고 있으며 이는 그것을 뒷받침하는 경제적 구조에 따라 달라질 수 있음을 보여줄 것이다. 로맨스의 세계를 디지털화해온 긴 역사는 우리가 연인과 관계 맺는 방식에 문화적 혁명을 일으켰다. 위와 같은 진보적

게임, 사랑, 정치

인 연애 시뮬레이터를 만든다고 해서 세계가 바뀌지는 않겠지만, 적어도 지난 30년의 역사와 단절하고 오늘날 게임, 모바일 앱, VR, 데이팅 플랫폼을 지배하는 경향들을 뒤집을 수는 있을 것이다. 이는 욕망혁명의 맹위 속에서 자그마한 역할을 할 수 있지 않을까.

4

연결의 방법:
은유 대 환유

'내 전화기는 작은 카지노가, 신탁神託이, 습관을 형성하는

공포와 기쁨의 원천이 되었다.'

－로이신 키버드, 《접속해제》(2021)

금요일 점심시간, 당신은 데이팅 앱을 열고서 골똘히 페이지를 넘긴다. 그 매혹의 화면이 욕망의 두근거림을 가져다주기를, 다가오는 주말에 마땅한 희망과 기회의 징조를 전해주기를 기다린다. 복불복 같은 것이어서 오늘은 운이 따르지 않을 수도 있음을, 하지만 희망을 걸어봄 직도 함을 당신은 알고 있다. 하지만 아마도, 전화기가 당신이 어떤 사람을 보고 싶어 하는지 너무도 잘 알고 있다는 사실을 당신은 아직 눈치 채지 못했다. 전화기는 욕망의 화면을 여러 개 보여준다. 마침내 당신의 눈앞에 나타났을 때 당신이 강렬한 욕망의 두근거림을 느낄 가능성에 따라서 순위를 매기고 선별한 것들이다. 전화기에는 당신의 주말을 바꾸어놓을 힘이 있다. 이미 가장 가능성이 높은 자료 조합을 찾아내 점심을 먹고 나서부터 당신이 내내 스크롤하고 있는 끝없는 평범한 화면들과는 구분해 (디지털 알곡을 산술적인 쭉정이와는 구분해) 따로 빼두었다. 오후가 반쯤 지났고, 당신의 메일함은 가득 차 있는 덕이다. 자료는 당신이 무엇을 원하는지 알고 있지만, 오늘 전화기는 그 화면을 내어주지 않는다. 당신이 매우 붐비는 길로 출근했고 만원 전철을 그냥 보내고 다음 차를 타지 않았으며 잠을 깨며 모닝커피를 준비하는 사이 동생 친구가 소셜미디어에 올린 줄리언 어산지Julian Assange 지지 글을 스쳐 지났기 때문이다. 당신은 몇 가지 사소한 이기적인 행동을 했고 잘못된 사람과 어울렸다. 정부는 당신의 점수를 깎아버렸다. 평생의 사랑을 (적어도 주말 동안의 사랑을) 찾으려면 필요한 프리미엄 레벨에 살짝 못 미치게.

욕망 디스토피아

미래의 디스토피아 이야기도, 〈블랙 미러〉 에피소드도 아니다. 당신은 그저 데이팅 사이트 바이허Baihe의 8500만 이용자 중 하나일 뿐이다(중국에서 가장 인기 있는 데이팅 사이트 탄탄Tantan의 이용자는 2억 7000만 명이다). 유료회원용 프리미엄 버전을 제공하는 데이팅 사이트는 이미 여럿 있으며(틴더 골드, 힌지 프리퍼드 등) 일종의 아이템 구매 방식을 제공하는 곳도 있다(커피미츠베이글Coffee Meets Bagel 앱에서는 '원두'를 구매하면 데이팅 게임의 시간 제한을 일부 피해 갈 수 있다). 바이허는 한술 더 떠 지마 신용 지수를 활용한다. 중국 최초의 신용 등급 체제 중 하나로, 알리바바 그룹과 밀접한 관계에 있는 회사 앤트파이낸셜서비스Ant Financial Services에서 개발해 2015년에 도입한 복잡한 신용 확인 및 실적 평가 시스템이다. 바이허에서는 중앙집중적 등급 체제가 누가 사랑에 다다를지, 누구의 욕망을 충족시켜 줄지를 결정한다. 이 시스템은 원래는 평범한 신용 확인 제도와 같은 방식이었으며 미국에서 대부분의 은행과

게임, 사랑, 정치

여신 기관이 이용하는 아메리칸피코American FICO 점수를 토대로 만들어졌다. 그러나 지마 신용 시스템은 신용 확인의 새 지평을 열었다. 이용자의 신용 이력이나 지불 및 대출 상환 기록을 활용하는데 그치지 않고 여러 가지 복잡한 개인 정보를 기록하고 평가해 이용자에게 상점이나 벌점을 주는 것이다.

점수를 매기는 항목 중에는 '행동 및 선호'가 있는데 이를 위해 이용자의 취향이나 움직임을 평가하고 브라우저 접속 기록을 통해 '방문한 웹사이트'를 확인하고 구매한 '상품 분류'를 살펴본다. 훨씬 더 중요한 항목은 '대인 관계'다. 이용자의 친구 관계나 인맥 기록을 수집해 '이용자의 온라인 친구 특성과 이용자와 친구들 간의 상호작용'에 대한 평가를 내리는 것이다.[1]

달리 말하자면, 점수가 낮은 사람과 어울리는 것만으로도 점수가 깎일 수 있으며, 이는 결국 경제적 상류층 내에서만 사교 활동을 하는 이들에게 특권을 주는 일이다. 이는 케임브리지애널리티카조차 꿈꾸지 못했던 수준으로 시민을 감시하는 일일 뿐 아니라 사이버 발칸화cyberbalkanisation라는—평등하고 열려 있어 보이는 인터넷 공간을 계급, 인종 등 정체성 범주에 기반해 닫힌 집단들로 분할하는 (거칠게는 필터 버블이라고 할 수 있을)—경향을 공식적인 절차로 만들고 그 선을 넘는 이용자를 응징하는 일이기도 하다.

지마 신용 점수 적용은 또 한 가지의 이상한 게임화라 할 수 있다. 성공하려면 사회 계급과 정부에 순응하는 사다리를 올라가야 하는 동시에 친구나 지인들 또한 그렇게 하게 해야 한다. 점수는 350점부터 950점까지인데, 이용자 대부분이 550점 이상을 유지한다. 650

점 이상인 사람은 대개 화이트칼라 노동자이며 700점 이상인 사람은 온라인에서 미래의 백만장자로 칭해지곤 한다. 750점 이상이면 10년 안에 천만장자가 될 것으로 여겨진다. 많은 이들이 재미로나 혜택을 위해서나 적극적으로 점수를 챙기고 점수를 올리려고 노력한다는 사실은 이것이 게임화의 실례임을 보여준다. 보상으로 셴위Xianyu 같은 상거래 플랫폼에서 구매자와 판매자를, 바이허에서 잠재적 연인을 만날 수 있는 것은 물론 여행 비자 발급 기간 단축, 의료비 외상, 공항 보안 검색대 신속 통과, 대출, 자동차·주택 계약금 할인·면제, 신용 카드 발급 등의 혜택을 누릴 수 있다.

　인터넷을 이처럼 정체성 집단으로 계층화하는 것은 바로 소셜미디어 사이트 친구 추천의, 또한 IAC 매치 그룹 산하 45개 데이팅 사이트와 앱에 쓰이는 알고리즘의 작동 원리다. 바이허라는 데이팅 사이트에서 사랑을 찾는 이들에게 등급을 매기고 짝을 주선하는 데 지마 신용 점수를 이용하는 것은 거의 자연스러운 수순이었던 셈이다. 데이팅의 관점에서 보자면 이는 계급에 따른 욕망의 계층화라 할 수 있다. 철학자 클로드 레비-스트로스Claude Levi-Strauss가 《친족 관계의 기본구조Les Structures Elementaires De La Parent》에서 말한 전통적인 결혼 구조를 통해서가 아니라, 계급에 구애되지 않는 다양한 정체성 간 연대를 차단하고 욕망의 인터넷을 세세하게 분할해—리비도적 스플린터넷splinternet으로—주체와 그 대상을 보이지 않지만 강력한 울타리에 가두어 양 떼처럼 관리함으로써 사회를 순응주의적으로 조직하는 것이다. 플랫폼 자본주의 입장에서는 이 양 떼가 돈이 되며 표적 광고를 할 수 있다는 이점이 있다. 또한 사람들을 각자의 자리에 묶어둠으로써 광범위한 조직적 연대를, 잠재적으로는 혁명까지도 막을 수 있다는 이점도 있다.

자본주의가 사람과 사물을 조직하는 핵심에는 언제나 사랑이 있었다는 사실은 그리 새삼스럽지는 않다. 역사적으로 사랑과 자본주의가 연결되어 있었다는 점을 온라인 데이팅 서비스와 연결 지으며 토드 맥고완은 이렇게 쓴다.

> 데이팅 서비스가 판매하는 상품은 식료품점의 상품보다 훨씬 값지다. 완전한 만족이라는 환상을 담고 있기 때문이다. 특정 아이스크림이 다시는 아이스크림을 욕망하지 않게 될 만큼 영속적인 만족감을 줄 것이라고 믿는 사람은 아무도 없지만, 자본주의 사회의 많은 이들이 영혼의 반쪽을 찾으면 사랑 대상에 대한 욕망이라는 문제가 영원히 해소되리라고 믿는다. 이 차이는 자본주의에서 사랑이 중추적인 역할을 맡고 있음을 보여준다. 사랑이란 그저 여러 상품 중 하나인 것이 아니라 중심이 되는 상품이다. 다른 모든 상품은 사랑 대상을 본뜬 것이라고 말해도 좋을 것이다.

자본주의적 사회 조직의 핵심에 사랑이 있다는, '데이팅 서비스는 사랑을 완전히 예측 가능하게 만듦으로써 그 예외성을 감추고 사랑을 삶을 뒤흔드는 일이 아니라 안정시키는 구조물로 만들려 한다'는 맥고완의 말은 옳다.[2] 맥고완이 보기에 '사랑'은 파괴적이고 잠재적으로 전복적일 수도 있지만 '로맨스'는 그것의 자본주의적 조직화를 가리킨다. 여기에 사랑과 로맨스 기술의 발전은 그 기술들의 관심이 그저 본성상 무질서하거나 파편적인 사랑과 욕망의 의미를 통제할 수 있는 무언가로 조직하는 추상적인 수준에 있지 않음을 보여준다는 점을 덧붙여야겠다. 오히려 욕망 경제를 특정 계급 지향적인 패턴으로 조직해 경제적 수준에 따라 확실하게 구획되고 계층화되는 미래 자본주의의 청사진을 그린다는 구체적인 관심사가 있다. 간단히 말하자면 이렇다. 기술이 사랑이라는 미친 짓을 이해해보려 애쓰고 있는 것이 아니라, 사랑을 통제해 특정한 경제적 이해관계에 복무케 하기 위해 사랑의 조직화가 진행되고 있다.

리비도적 스플린터넷

지마 신용 정보에는 디스토피아적이면서도 흥미로운 항목이 하나 더 있다. 이용자의 '정직성'을 측정한다는 구상이다. 이는 급진적인 실험의 장으로서 도입된 인터넷이 30년에 걸쳐 점차로 일관성과 규제의 장으로 변모해온 역사와 연관된다. 지마 점수는 이용자의 온라인 프로필이 일관되고 진실된 설명을 유지하는지를 확인해 '정직성'을 검증한다.

잠재적으로 이는 대부분의 가정에 인터넷이 보급된 1990년대 중반 이후 소셜 온라인 미디어에서 점진적으로 진행되어온 정체성상의 변화를 공식화하고 강화한다. 1996년에 〈하나이자 여럿인 나Who Am We〉라는 중요한 글을 발표한 셰리 터클Sherry Turkle은 인터넷이라는 새로운 공간의 해방적이고 민주적인 성격을 언급했다.[3] 마이크로소프트의 첫 번째 브라우저—최초의 인터넷익스플로러—가 출시되기도 전이었고, 온라인에서의 사회적 삶이라는 새로운 형식에 대한 희망과 낙관의 시대였다. 전통적인 제도나 대중 매체가 물러나고 전에는 상상도 못한 방식으로 개개인의 창작과 공유와 토론을 독려하는 보다 민주적이고 다양성이 있는 사상의 시장이 열리리라는 유토피아적인 꿈을 꾸었다. 심지어는 초유의 방식으로 인터넷을 동원한 풀뿌리 운동으로 버락 오바마가 당선된 2008년까지도—적어도 어느 정도는—이런 꿈이 살아 있었다. 1장에서 정치 측면에서 인터넷이 갖는 풀뿌리적 잠재력의 위상을 변모시킨 자료 주도 선거를 다루었지만, 자기 표현의 층위, 특히 온라인에서의 관계 형성이나 친교에 있어서도 마찬가지로 극적인 변화가 벌어졌다.

터클의 주장은 이 다양하고 다중적인 온라인 공간은 소셜미디어 페이지, 다중 비디오게임 던전, 개인 블로그, 웹사이트, 협업 프로젝트 등으로 구성된 정체성 실험의 공장이자 오프라인 생활의 정체성 규범을 탈피하는 공간이라는 생각을 중심으로 한다. 그녀의 관점은 일견 도나 해러웨이Donna Harraway가 〈사이보그 선언문Cyborg Manifesto〉에서 제기한 '우리의 디지털화는 덜 가부장제적이고 덜 이성애규범적인 새로운 정치의 기회를 나타낸다'는 유명한 페미니즘적 주장을 떠오르게 하는 면이 있다.[4] 터클의 글은 1990년대 중반에 이러한 실험의 기회를 잡은 다양한 이들을 논의한다. 오프라인 환경에서는 성 정체성을 전혀 지지받지 못한 LGBTQ+ 공동체 성원들, 당시에는 섹슈얼리티를 거의 지지받지 못한 잠재적 폴리아모리 및 논모노가미non-monogamous 이용자들, 당시에 일반적인 행위는 아니었을 롤플레이를 비롯한 비규범적 실천들에 대한 다양한 욕망을 가진 이들 등이 있다. 초기 단계였던 인터넷은 보다 유연한 정체성들을 위한 공간으로 여겨졌고 실제로 1992년에 개설된 유즈넷 뉴스그룹 대안닷폴리아모리alt.polyamory는 폴리아모리라는 단어가 쓰인 최초의 용례로《옥스퍼드영어사전》에 실려 있다. 이는 연결적이고 사회적인 초기 온라인 커뮤니티가 관계 형성, 성적 실험의 혁신과 밀접한 관계에 있었음을 보여주는 사례다.

2010년에 이르면 상황이 크게 달라진다. 그해에 마크 저커버그Mark Zuckerberg는 한 강연에서 '당신의 정체성은 하나'라는 유명한 선언을 했다. 정체성을 직장용으로 하나, 사생활용으로 또 하나 갖는 것은 '진실성이 없다'는 것이다. 호세 반 데이크José van Dijck는 소셜미디어라는 구조의 중심에 이런 움직임이 있음을 보여준다.[5] 페이스북은 이용자들의 삶을 관리하기 쉬운 여러 가닥의 자료로 디지털화하는 기획을 개시할 참이었다. 이용자에게 일관되게 나타나는 정체성이 있으면 개인 맞춤형 뉴스피드 큐레이션과 표적 광고를 실행할 수 있을 것이었다. 터클을 비롯해 낙관적이었던 초기 인터넷 사용자들이 상상한 대로 다양성이 존재하는 정보 흐름에 노출되는 대신, 우리는 의사 결정을 통째로 플랫폼에 넘겨주게 되었다. 누가 무엇을 볼지, 누가 누구를 만날지 유튜브, 페이스북, 트위터 등의 알고리즘이 결정한다. 이용자의 '진실'이나 '진정성'을 확인할 수 있는 하나의 프로필로 상징되는, 각 이용자의 단일한 정체성이 그 토대가 된다.

2019년에 페이스북—그 어떤 전통적 매체보다도 많이, 전 세계 인구의 28퍼센트를 파고든—은 '깊이 있고 근거가 확실한' 기사 보도를 특히 부각하는 인증 기능을 발표했다. 이와 별개로 검열 수위를 높일 것이라고도 발표했다. 극우인 브레이트바트Breitbart 같은—

따지고 보면 사재로 운영되는 공동 블로그에 지나지 않는—사이트들을 적격한 언론으로 받아들인 미심쩍은 결정은 차치한다 해도, 이는 전통 매체가 힘을 잃었음을 보여주는 순간이다. 하지만 그 힘은 초기 인터넷 인사들이 희망한 대로 사람들의 손에 간 것이 아니라 플랫폼 자본의 손에 들어갔다. 이제 플랫폼 자본이 (한때 신문과 텔레비전이 했던 대로) 무엇이 적격한 정보인지를 결정한다. 이런 소식은 기삿거리가 되었지만, 적격 여부를 결정하는 이 같은 일을 페이스북은 실은 이미 10년 전부터 이용자의 정체성에 대해 진행해왔다. 지마신용 정보 같은 회사가 이 같은 '정체성이 하나만 있거나 진실성이 없거나' 하는 모델을 등급 평가 체제의 토대로 삼으면, 온라인 주체를 상세한 심리측정 프로파일링을 통해 상품이나 서비스와 짝짓기 쉬운 예측 가능한 한 가닥짜리 자료로 만드는 경향이 공식화된다. 바로 이런 자료 구조가 이용자를 잠재적 연인과 짝짓는 토대이기도 하다.

지금 보고 있는 이것은, 필터 버블, 스플린터넷, 사이버발칸화 등 여러 이름으로 불려온, 디지털 공간이 뚜렷이 구별되는 여러 구역으로 조직되고 구획되어 각 인구집단은 하이퍼링크와 접속의 연결망을 돌아다니고 순회하지만 해당 디지털 공간의 경계를 벗어나는 일은 없다시피 하는 현상의 리비도적 버전이다. 오늘날 우리는 수천 개에 달하는 욕망의 온라인 미시경제들 속에서 살아간다. 여기서 이용자들은 기업의 이윤을 낳는 한편 연대와 저항의 대중문화는 발전하지 못하게 만드는 쾌락의 순환고리를 빙빙 돈다. 이 장 말미에서 제안할 새로운 데이팅 사이트는 온라인 생활의 이러한 구조적 측면을 뒤집기 위한 것이다.

SMV: 성적 시장 가치

이는 혹자들이 SMV, 즉 성적 시장 가치sexual market value라 칭하는 것과 이어진다는 점에서 상당히 우려스럽다. 율리아 에브너Julia Ebner는 온라인 남성우월주의 집단 제갈길을가는남자들Men Going Their Own Way, 약칭 MGTOW나 빨간약먹은여자들Red Pill Women* 혹은 현모양처들Trad Wives로 불리는 3만 명이 넘는 여성 집단을 비롯해 여러 극우, 극단주의 집단을 잠입 취재해 2020년에 《한낮의 어둠Going Dark》을 출간했다. 에브너가 조사한 바에 따르면 여성들이 이런 집단에 가입하는 것은 대개 '사랑을 찾아서'다. 이들은 성역할을 '성적 경제학'에 따른 것으로 받아들이는데, 여기서 이성애 사회는 '남성은 구매자, 여성은 판매자인 시장'이라 할 수 있다.[6] SMV는 남성이 이 시장에서 여성이 갖는 가치에 부여하는 점수다. 이런 곳에서 점수나 순위 등 수치를 사용하는 경향은 이에 그치지 않는다. 여성 한 사람 한 사람에게 성 경험 횟수를 뜻하는 N수N-count를 매기고, 하나하나의 관계마다 RMV(연애 시장 가치relationship market value)를 평가한다. 리비도적 스플린터넷의 축이 되는 미시경제를 완벽하게 보여주는 사례다.

---

* '빨간 약을 먹다'는 말은 워쇼스키 자매의 영화 〈매트릭스The Matrix〉에서 따온 것으로, 미국 온라인 우파 사이에서 (사회의 좌경화 문제를 깨닫고 진실을 알게 되는) 정치적 각성을 은유하는 말로 흔히 쓰인다.

이런 집단들은 앞에서 논한 픽업 아티스트계와 비슷하다. 2장에서 다룬 게이밍과 플레이의 영역뿐 아니라 이와 같은 다른 온라인 문화, 어쩌면 온라인 데이팅의 중심에도 같은 사상이 뿌리내리고 있는 듯하다. '빨간 약을 먹은' 데이팅 코치 디애나 로레인DeAnna Lorraine은 2017년에 자비 출판으로 《사랑을 다시 위대하게!: 로맨스를 되살리고 데이트를 주도하고 연애에서 승리하는 새로운 길Making Love Great Again!: The New Road to Reviving Romance, Navigating Dating, and Winning at Relationships》을 발간했다. 본질적으로는 대안우파 전향자의 관점에서 쓴 섹스·사랑 지침서다. 본문에서 직접 언급하지는 않지만 제목을 보면 트럼프닷데이팅과 뜻을 같이 하는 듯하다. MGTOW 운동은 비판하지만, 동시대 페미니즘을 비난하는 장광설과 트럼프 정권에 대한 찬사, 극우나 전통 우파에 속하는 작가나 브레이트바트부터 1896년에 창간된 영국 황색 신문 《데일리메일Daily Mail》에 이르는 간행물에서 인용한 말들과 데이트 팁을 버무린 책이다.[7] 이런 책을 읽는 이는 비교적 적지만, 그들은 데이트에 대한 게임화된 관점과 정치적 의제가 한 곳으로 모이는 훨씬 큰 온라인 커뮤니티와 이어져 있다. 지마 신용 정보의 전략에 순응주의적이고 경제적 계층화에 매진하는 고유의 정치학이 있다면, 데이트의 세계에는 등급 매기기와 데이트의 게임화를 정치화하며 보다 극단주의적인 의제를 밀어붙이는 상당히 큰 지대가 있다. 적어도 우파에는 말이다.

극우 하위문화 활동가들과 신자유주의 기술 대기업은 사랑, 자료, 가치의 삼각구도에서 돈 혹은 가치를 주체의 욕망과 그 충족에 대한 장벽인 동시에 (역설적이게도) 욕망이 충족시켜주는 기제인 것으로 신격화한다는 공통점이 있다. 주체의 SMV가 더 높았다면 혹은 지마 신용 점수가 더 높았다면 욕망이 충족될 수 있었으리라는 식으로 가정이 이어진다. 이처럼 주체와 그 욕망 사이에 허구적인 장벽을 설정하는 것이 바로 '인셀incel'(비자발적 독신자involuntary celibate) 운동의 논리다.

이 시대 자본주의에 대한 가장 중요한 비판가 중 하나인 게오르그 짐멜Georg Simmel은 욕망과 돈을 연결 짓는 일이 20세기 초라는 이른 시기부터 나타난 자본주의의 특징이라고 지적한 바 있다. 짐멜은 자본주의, 도시, 심리를 연구한 사회학자이자 철학자였다. 그의 글 중 가장 유명한 것은 1903년에 발표한 〈대도시와 정신적 삶Die Großstädte und das Geistesleben〉으로, 여기서 그는 오늘날 스마트 도시에서 사용되는 기술이 나오기 100년도 더 전에 '도시란 심리적 작용을 재조직하는 힘'이라고 주장했다. 짐멜은 마르크스주의의 발전에 큰 영향을 미친 인물이다. 그는 막스 베버Max Weber의 동료였고 프랑크푸르트 학파에 상당한 영향을 미쳤으며 죄르지 루카치György Lukács는 짐멜의 제자로서 마르크스의 저작을 접하게 되었다. 그가 돈과 욕망에 대한 이론을 전개한 것은—마르크스의 《자본론Das Kapital: Kritik der politischen Ökonomie》을 확장한 것으로 여겨지는—1900년의 대작 《돈의 철학Philosophie des Geldes》에서다.

짐멜에게 있어 우리가 자본주의 사회에서 경험하는 욕망은 상품화와 연관된다. 하지만 그저 자본주의가 자신의 의제를 위해 욕망을 조직하거나 이용한다는 것은 아니다. 우리가 대상이나 다른 주체와 맺는 리비도적 관계가 근본적으로 자본주의 사회에 의해 구축되는 것이다. 짐멜은 플라톤의 사랑 개념으로 논의를 시작한다.

플라톤은 욕망의 이 같은—욕망은 대상과의 사이에 그것이 극복하고 자 하는 거리를 둠으로써만 생겨날 수 있지만 또한 그 거리를 경험할 수 있기 위해 대상과 우리 자신의 근접성을 전제한다는—이중적 의미를, 사 랑은 소유와 박탈의 중간 상태라는 아름다운 문장으로 표현한 바 있다.

겨우 수백 마일 떨어진 곳에서 배태되고 있던 정신분석학보다 앞 서, 짐멜은 욕망을 연결이자 또한 분리인 것, 즉 그 연결의 가능성을 느끼는데 필요한 분리이기도 한 연결을 수반하는 무언가로 보았다. 사랑한다는 것은 플라톤이 말하듯 '소유와 박탈' 사이에 끼어, 욕망 하는 주체와 욕망되는 대상 간의 거리를 느낌으로써만 가능해지는 욕망 대상에의 끌림을 경험하는 것이다. 달리 말하자면, 우리는— 연인이든 포켓몬이든 자동차든—대상을 그저 원하는 것이 아니라, 그것과 떨어져 있기에 함께하고 싶어 하는 것이다. 예컨대 욕망하는 주체와 그 대상 사이에 건널 수 없어 보이는 거리가 있기에 생겨나 는 욕망인 연예인에 대한 사랑을 이를 통해 설명할 수 있다. 짐멜은 플라톤이 말하는 이러한 욕망의 기제에 가치와 돈이 개입됨을 덧붙 인다.

충동과 즐거움이라는 주관적 사건이 가치로 객관화(대상화)된다. 다시 말해, 객관적 조건들로부터 장애물, 박탈, 일종의 '대가'에 대한 요구가 생 겨나고 이 때문에 충동과 즐거움의 원인 혹은 내용은 우리로부터 떨어져

나오게 되며 바로 이런 과정을 통해 대상이자 가치가 된다.[8]

역사적으로 특정 시점에, 이 복잡한 욕망의 방정식에 가격 혹은 가치가 끼어드는 것이다. 돈—혹은 등가가치—은 욕망되는 대상에 다가가는 수단인 동시에 주체가 그것을 획득하지 못하게 막는 장벽으로서 주체와 대상을 연결하는 듯 보이는 기제로 작동하기 시작한다. 바이허에 지마 신용 점수가 적용되는 것은 이러한 과정이 거의 희극적으로 구현된 사례라 할 수 있겠다. 하지만 이는 우리가 욕망의 대상과 맺는 관계를 더 넓은 층위에서도 설명해준다. 다시 한 번 연예인을 예로 들어보자. 우리와 대상 사이의 건널 수 없는 거리를 건널 유일한 방법은 부자가 되는데 전념하는 것이다. 이는 어느 한 순간에 욕망의 충족을 가로막는 장벽을 제거해줄 것이다. 적어도 우리는 그렇게 상상한다(조지 클루니와 결혼하기 위해 정말로 돈을 모으지는 않지만 마치 그럴 수 있다는 듯이 그가 광고하는 네스프레소 머신을 산다). 이리하여 욕망의 대상 그 자체는 새로운 방식의 대상, 가치의 경제와 특수한 관계를 맺는 대상이 된다.

내가 무언가를 즐기고 싶어 한다는, 혹은 즐긴다는 사실은, 대상 자체에 대한 의식이나 관심이 없는 한 실은 주관적이다. 그러나 여기에 완전히 새로운 어떤 과정, 가치화의 과정이 시작된다. 의지나 감정의 내용이 대상의 형식을 띠게 되는 것이다. 대상은 이제 어느 정도의 독립성을 갖고서 주체를 마주한다. 자기 자신을 내어주거나 금지하고, 자신을 획득하기 위한 조건을 제시하며, 주체의 변덕스런 결정에 달려 있던 원래 자리를 떠나

필연적인 발생과 제약의 법칙이 지배하는 영역으로 옮겨간다. 대상성의 형식의 내용이 모든 주체에게 똑같지 않다는 점은 전혀 중요하지 않다. 모든 인간이 대상의 가치를 완전히 똑같은 방식으로 평가한다손 치더라도 대상성의 정도는 개별적으로 판단되던 때보다 커지지 않을 것이다. 어떤 대상이든 그저 욕망을 충족시키는 것이 아니라 가치화될 때에는 그것과 우리의 사이에 실제적인 장애물과 그에 따른 불가피한 투쟁, 획득과 손실, 이점에 대한 고려, 가격에 의해 만들어지는 객관적인 거리가 생기기 때문이다.[9]

짐멜의 이런 주장을 조금 과하게 단순화하면, 욕망은 원래부터 대상과의 거리를, 그리고 주체를 '의욕'의 상태로 옮겨 놓는 대상의 힘을 토대로 하며—이는 전통적으로는 주체의 행위자성을 함의하는 의욕이라는 말에 대한 일반적인 이해를 뒤집는 것이다—특정 시점이 되어서야 이 방정식에 대상과 욕망 사이의 매개자로서 자본, 가치 혹은 돈이 끼어든다는 말이 된다. 돈은—오늘날의 모바일 앱과 마찬가지로—우리를 우리가 원하는 것과 이어줄 수 있다는 약속과 함께 나타난다. 오늘날에는, 이로부터 다음과 같이 질문할 수 있겠다. 욕망을 자본에서 끊어내고 주체와 그 대상 사이에 새로운 관계를 수립할 수 있을까? 아니면 우리는 욕망이 돌이킬 수 없을 지경으로 돈과 결부되어 있는 세계에 사로잡혀버린 걸까?

중대한 문제가 하나 있다. 우리 세계의 디지털 하부구조는 자본주의와 그 패턴에 너무도 깊이 뿌리박고 있어 그것을 이용하는 것만으로도 자본주의에 공모하게 된다는 점이다. 얀 드 보스Jan de Vos는 좌파의 관점에서 비디오게임의 목적을 재설정할 수 있다는 나의 주장을 비판한 바 있다. 정치적 좌파가 게임 생산의 다양한 층위에 보다 직접적으로 개입해야 한다는, 내가 전작 《플레이스테이션 드림월드*Playstation Dreamworld*》에서 제기한 출사표라 할 만한 말을 반박하며 드 보스는 여러 방식으로 진보적인 정치 의제에 기여할 수 있을 새로운 게임 형식을 만들어내기보다는 디지털 게임이라는 형식 자체를 문제 삼거나 뜯어 고치기를 추구하는 편이, 어쩌면 '그러한 게이밍을 뒷받침하는 디지털 기술의 형식들'에 맞서 싸우는 편이 낫다고 주장한다. 바꾸어 말하자면, (비디오게임이 기댈 수밖에 없는) 디지털적인 것 자체가—드 보스의 말대로—주류 심리학의 인간 개념이나 특정 사회경제적 정치체제, 즉 자본의 체제와 깊이 연결되어 있다면 '게임으로 꾸는game-dreaming 좌파혁명의 꿈이 유의미한 행동'으로 이어질 공산은 낮다는 것이다. 사랑 산업, 모바일 앱, 좌우를 막론하고 데이팅 사이트도 마찬가지일 것이다. 우리가 어떻게 활용하든, 이들은 이미 어느 정도 짐멜이 말하는 화폐경제의 편이다.

이는 이 책에서 제안하는 잠재적인 기술적 해법들은 그 토대가 되는 디지털 경제와 싸우지 않는 한 그 자체로는 게임으로나 좌파혁명을 꿈꾸는 사례가 아닌가 하는 문제를 제기한다. 다시 말해, 우리는 과연 디지털을 자본주의에서 떼어낼 수 있는가? 중요한 화두 중하나로 하드웨어와 생산 공정이 있다. 루이스 고든Lewis Gordon은 플레이스테이션을 분해해 아크릴로니트릴부타다이엔스티렌ABS, 폴리옥시메틸렌POM 등의 플라스틱이나 금, 주석, 대량의 철을 비롯한 금속 등 다양한 재료를 확인했다. 이는 콘솔 하드웨어가 환경에 미치는 영향을 보여준다. 그는 콘솔 부품을 어느 회사에서 생산하는 지도 밝혀냈다. 폭스콘Foxconn, 마인텍Maintek, 카스텍Casetek 등 다수가 임금 꺾기와 열악한 노동조건으로 악명 높은 곳들이다.[10] 게임인더 스트리닷비즈gamesindustry.biz에서는 소니Sony의 문서를 검토해 50개 이상의 제련사, 정유사가 '책임 있는 광물보증제도Responsible Minerals Assurance Process'를 준수하지 않음을 발견했다.[11] 콘솔 하드웨어와 생산 공정에 주목해야 한다고 일찍부터 주장해온 마리얌 디즈갈비테 Marijam Didzgalvyte는 이런 패턴을 뒤집고 윤리적인 게임 콘솔을 생산할 방안을 고민하는 작업을 촉구한 바 있다.[12] 이 책에서 제시하는 좌파를 위한 디지털적 제안이 진지하게 추진되려면, 마찬가지로 지금까지와는 다른 방식으로 부품을 수급해야 할 것이다.

이러한 논의는 디지털 대상이 '아날로그'적 부품이나 원재료의 거대한 자본주의적 연결망을 토대로 존재함을 보여주지만 어떻게 욕망을 그 체제로부터 떼어낼지를 알려주지는 않는다. 어떻게 해야 '빨간약 먹은 여자들'의 SMV나 바이허 같은 프로그램의 사회 신용 점수와 결별할 수 있을까? 초국가적 자본주의 연결망과 이렇게나 긴밀히 얽혀 있는 디지털 세계에서 그것이 가능할까?

섹스팅학: 일탈과 이미지 게시판

지난 몇 년간 인터넷에서 주목받은 여성혐오와 일탈이라는 파괴적인 행위들 또한 우리가 대상과 맺는 관계에 대한 자본주의적 논리와 공통점이 있어 보인다. 로절린드 질Rosalind Gill 등은―블랙베리 메신저의 시대였던—2011년에 '섹스팅sexting'의* 성별 역학을 분석해 소년들이 소녀들의 가슴 사진을 소유하고 교환함으로써 '평점ratings'을 쌓는다는 것을 보여준 바 있다. 여기서 사진은 일종의 화폐나 가치로 작용한다는 점에서 이는 SMV 체제의 원형이자 그 논리가 보다 주류적이고 광범위하게 나타난 실례라 할 수 있다. 필자들은 또한 청소년의 섹스팅 경험에는 '디지털 성적 소통에서 쾌락 차원과 강요 차원의 경계가 흐려지는' 특징이 뚜렷하다고 말한다.[13] 그들은 섹스팅과 디지털 이미지 공유는—일반적으로 말하자면—남성, 백인, 경제적 특권층 주체들은 '가치가 높아지고' 여성, 비백인, 특권 없는 주체들은 가치절하를 감수해야 하는 체계가 되는 경우가 많다고 지적한다. 일반적으로 말하자면 우리는 여기에다 종종 요청되고 때로 강요되는 여성 청소년의 디지털 이미지는 평가의 시장에 들어가게 되는 반면 요청한 적 없고 대개는 원한 적도 없는 '자지 사진dick pics'은 보다 용인되고 세세하게 판단받지 않는 디지털 문화의 다른 한쪽을 차지한다고 덧붙일 수 있을 것이다. 후자의 이미지는 주체에게 욕망이든 혐오감이든 표현하라고 당당하게 요구하면서 화면에 떠오르며, 발신자는 둘 중 어떤 반응에도 아쉬울 것이 없다.

　여기에 정신분석학의 '도착perversion'(변태)이라는 개념을 적용해볼 수도 있겠다. 원치 않는 '자지 사진'의 경우와 마찬가지로 변태는 수신자를 도착의 행위로써 미리 코드화되어 있는 특수한 주체 위치로

＊　섹스sex와 문자메시지texting를 더해 만든 말로 휴대전화나 인터넷메신저를 이용해 성적인 대화를 나누거나 사진, 영상을 주고받는 행위를 가리킨다.

불러들인다. 여기서 이론적으로 중요한 것은 자지 사진이 주체로 하여금 자신의 '의지'를 경험케 함으로써 위에서 논한 디지털 욕망 대상과 같은 방식으로 기능한다는 점이다. 혐오감이 들 수 있다 해도, 이는 그들을 욕망하는 주체의 위치에 둔다. 뉴스피드에 구독한 적 없는 구글의 새 라떼 추천 또는 위시닷컴의 음탕한 수갑이 뜰 때, 주체는 전제된 몇 가지 욕망의 요구에 응답해야만 한다. 이때 소비 자본의 디지털 대상들은 요청한 적 없는 자지 사진과 마찬가지로 기능하며, 이런 점에서 어쩌면 이 시대의 자본주의야말로 진정한 변태일지도 모른다.

중대한 디지털적 일탈 행위가 모두 여성혐오적이고 자본주의적인 데 그치지는 않으며 기술 공간과 자본의 관계를 검토할 때에는 성별 불평등이나 이성애규범적 섹슈얼리티 관념에 따른 불평등뿐 아니라 인종적이거나 교차적인 편견 또한 주의해야 한다. 이에 관한 가장 중요한 작업이 키셔나 L. 그레이Kishonna L. Gray에 의해 이뤄졌다. 지난 다섯 해 동안 이러한 공간들에 내재한 편견과 일탈적, 진보-개혁적 성향을 모두 검토해온 그녀는 비디오게임과 이어져 있는 온라인 사회 공간 내에서 벌어지는 중요한 비순응주의적이고 일탈적인 행위 중 일부 사례는 동성애혐오를 비롯한 악독한 혐오발언과 연관됨을 보여준다. 다중이용자 게임 토론 게시판에서는 '그리핑griefing'*이나 '소금 캐기slat-mining'와 같은 말이 잘 알려져 있는데, 이는 게임 공간에 들어와 폭언을 일삼고 눈물(소금)과 트라우마(고통)를 '수집harvest'하고 종종 그 증거를 이미지 게시판이나 토론 게시판에 올리는 행위를 가리킨다. '전자적 소통 중에 돌연 동성애혐오적, 인종차별적, 여성혐오적 언어를 끄집어내는 일을 가리키는 말로 이해할 수 있는 불지르기'flaming'라는 범주도 있다. 그레이의 말대로 '이런 공격적 발화의 대부분은 부당하고 뜬금없이 튀어나온다는 점에서 "돌연spontaneous"이라는 말을 포함하는 이런 정의는 유용하다.[14]

여기서 두 가지 우려가 제기된다. 첫째로, 이는 위반적 행위의 급진적 잠재력을 다룰 때 우리가 마주하는 것은 공간 그 자체가 그러한 행위를 제한 혹은 금지하도록 구조 지어져 있을 뿐 아니라 거기서 일탈적으로 움직이는 것은 주로 우파들이라는 사실을 보여준다. 해당 행위나 이미지 게시판 등은 '대안우파' 운동과 이어져 있다. 둘째로 이는 디지털 공간이—거기서 활동하는 이들만이 아니라 그 공간 자체가—어떻게 플랫폼에서 경험되는 주체 위치를 설정하는지에 주목해야 함을 보여준다. 그레이는 피에르 부르디외Pierre Bourdieu의 아비투스habitus 개념으로 이를 논한다.

예컨대, 사회에서, 학교에서, 정부 기관에서, 일터에서, TV에서, 뉴스에서, 영화에서, 다른 여러 매체에서, 백인성과 남성성은 꾸준히 강화된다. 이제는 이런 구도가 가상 공동체에서도 강화되고 있다.[15]

백인성과 남성성은 디지털 영역에서 끝없이 강화되는 가치로서

---

*   비탄, 슬픔을 뜻하는 grief라는 단어를 활용한 신조어로 고통을 주다, 괴롭히다 정도의 의미다. 재미를 위해 게임상에서 타인을 방해하고 괴롭히는 행위를 뜻하며 대개 폭언이나 혐오발언보다는—예컨대 상대의 아바타를 죽이거나 상대의 기지를 파괴하는 등—게임의 기능을 이용한 악질적 행위를 가리켜 사용한다.

자본주의와 결탁한다. 원치 않는 자지 사진과 마찬가지로 동성애혐
오나 인종차별의 소금 캐기는 디지털 공간에 들어서서 반응을 요구
한다. 촬영을 강요당한 여성 청소년 신체 사진이 학교 친구들 사이
에 공유되는 것과 마찬가지로 이런 반응들은 게시판에 올려지고 좋
아요나 추천, 댓글이 달리고 토론이 벌어지는 가치 체계에 유입된
다. 이런 일들은 해당 게시판을 통해 승인되며, 게시판 바깥의 사회
에서 혐오감, 트라우마, 욕지기를 불러일으킬 수 있음으로써 다시
한 번 승인된다.

이런—지금까지 본대로 고등학교에서부터 챈 게시판까지 이어
지는—상황이 가능한 것은 이 장에서 리비도적 스플린터넷이라 규
정한 특수한 형태의 디지털적 조직화 덕분이다. 이용자들은 특정한
(주로 남성적이고 인종차별로 가득하며 경제적으로 추동되는) 구조를 내재한 가치
체계들의 미시경제에 들어감으로써 일각의 극단적인 담론을 마치
보편적 담론인 것처럼 경험하게 된다. 그리고는 토론 게시판, 이미
지 게시판, 비공개 채팅방 등의 축소판 경제 속에서 명예를 얻으려
공격적인 언사를 주고받는 것이다. (지마 신용 점수를 이용해 전국구 데이팅
앱을 구축하는 것과 같은) 주류 문화와 (포챈에서 소금을 캐는 이들 같은) '일탈적'
커뮤니티가 공히 디지털 시장 가치라는 특유의 논리에 따라 작동함
을 알 수 있다.

이미지 게시판들이 본질적으로 이러한 구조로 돌아간다. 이미지
게시판은 주류 인터넷 문화의 끄트머리에 낯선 공간을 형성하고 있
다. 레딧 같은 사이트는 역사적으로 자유주의나 인터넷 자유 운동과
연관되는 반면 포챈이나 에이트챈 같은 사이트들은 적어도 표면적

으로는 이러한 가치들을 유지하면서도 담론을 정치적으로 우경화하고 극단적인 정치적 행동을 낳는 기능을 해왔다. 구조적으로 말하자면, 대중적인 이미지 게시판들은 일찌감치 게시물을 계층화해 분류한 소프트웨어 '후타바채널Futaba Channel'에서 비롯된 모델을 따른다(반대로 콘텐츠를 계층화하지 않는 '단보루스타일Danbooru-style' 이미지 게시판이 있다). 대개 소재나 주제로 구분되는 하위분류 게시판에서 이용자들은 이미지를 추천, 비추천하거나 댓글을 달아 각 게시물에 가치를 부여하고 다른 이미지의 가치를 절하한다. 극우 이미지 게시판들이 흔히 —민족별로 각자의 장소와 공간이 분리되어 있어야 한다는 사상인— '민족다원주의ethnopluralism'를 주창하는 것은 놀라울 것도 없다. 더 무서운 점은, 훨씬 주류적인 자유주의적 인터넷 공간 역시 계급차별적 기조로 사람들을 분류하고 강력한 경계를 세우는 기능을 한다는 사실이다.

던져보기 — 환유적 매칭:
계급 연대를 위한 연애 시뮬레이션

슐라미스 파이어스톤은 논쟁적인 페미니즘 저작 《성의 변증법》에서 사랑에 있어 여성은 자발적일spontaneous 만한 형편이 못 된다고 말한다. 자발성이란 대개 구조적으로 권력의 위치에 있는 이들, 즉 그녀의 맥락에서는 남성의 위치에 있는 이들에게 주어지는 특권이기 때문이다. 이 점은 데이팅 앱을 둘러싼 담론에 있어서도 중요하다. 온라인 데이팅의 세계를 비판하는 이들은 주로 오프라인에서의 혹은 '전통적인' 데이트가 보다 유기적이며 자연스럽고 자발적인 형태로 상대를 만날 수 있게 해준다고 주장한다. 파이어스톤의 지적은, 특히나 경제적 조건과 불안정성으로 인해 일 분 일 초도 아껴 써야 하는 세계에서 그것이 바람직한지를 묻게 한다. 데이트의 전통적 구조에 언제나 불평등이 있었음을 생각하면 더더욱 그렇다.

게다가 전통적인 혹은 인터넷이 나오기 전의 관계가 정말로 오늘날 우리가 경험하는 알고리즘 주도적 관계보다 유기적이고 자발적이었는지부터가 확실치 않다. 비비아나 젤라이저Viviana Zelizer는 《친밀성의 거래The Purchase of Intimacy》에서 오래 전부터 사람들을 한 쌍으로 조직하고 분류하는 기능을 해온 여러 가지 법적, 사회적 계약의 형태를 논의한다.

> 법적 영역 바깥의 평범한, 일상적인 상황에서도 사람들은 비슷한 방식으로 짝을 짓는다. 법률가와 똑같은 분류법을 적용하거나 다른 관계와 똑같은 방식으로 도덕적 평가를 하지는 않는다. 하지만 변호사-고객, 의사-환자에서부터 친구, 이웃, 직장 동료, 친족에 이르기까지 친밀감의 가능성이 있는 모든 관계를 짝짓는다.[16]

사회적 삶은 경제적, 사회적, 정치적 위치에 따라 개개인을 짝짓는 기능을 한다. 첫 장에서 보았듯 데이팅 앱은 이 같은 사회적 편견을 일부 물려받아 알고리즘의 자료 집합에 심어 두었고, 이 자료 집합이 우정과 연애의 미래를 결정한다. 짝을 짓는 정치적 과정을 조직하는 것은 아마 불가피하고도(젤라이저) 바람직하다(파이어스톤)는 사실에 비추어 본다면, 기존의 앱보다 정치적, 경제적으로 바람직한 방식으로 짝을 조직하는 온라인 데이팅 앱의 청사진을 그려보는 것도 해볼 만하겠다.

그런 프로그램을 만들기 위해서는 알고리즘과 인터페이스를 모두 고민해야 한다. 알고리즘—이용자들을 서로 맺어주는 기본적인 방식—에 있어서는 전형적인 매칭 알고리즘이 이용하는 기존 분류 체계를 이해하고 그 처리 과정을 다르게 설계할 방법을 고민하는 것이 출발점이 될 것이다. 기왕에 롤랑 바르트와 지그문트 프로이트를 종종 인용하였으니, 바르트가 말하는 '은유metaphor'와 '환유metonymy'의 구분을 이용해보기로 하자. 초기 프로이트의 '응축'과 '전치' 개념과도 이어지는 이 개념들을 통해 기존의 데이팅 앱과 그 알고리즘과 우리가 바라는 모습의 차이를 구체화할 수 있다. 지금까지의 논의를 토대로 하자면, 데이팅 앱은 은유를 통해 작동한다고 말할 수 있다.

은유와 환유는 흔히 인간이 담론과 사유 방식을 구조 짓는 두 가지 근본적인 방식으로 여겨진다. 은유의 경우 직접적으로 비교되는 두 항이나 사물 사이에 유사성이 있다는 인상을 준다(그렇기에 교실에서는 은유를 직유와 연관 짓곤 한다). '줄리엣은 태양이구나!' 하는 로미오의 대사나 세계에서 가장 잘 알려진 은유 '그대를 여름날에 견주랴?'가 그렇다. 결과적으로 이 유사성의 논리가 데이팅 사이트나 그 알고리즘의, 또한—정도는 덜하겠지만—소셜미디어 친구 추천의 토대가 된다. 사람들을 여러 개의 거대한 집합으로 분류하고 자료가 유사한 개개인을 연결하는 것이 이런 알고리즘의 논리다. 이 논리는 데이팅 플랫폼의 인터페이스에서도 분명히 드러난다. 우리는 드롭다운 메

게임, 사랑, 정치

뉴나 기다란 다지선다 설문에서 항목을 선택하고 같은 답을 고른 이용자들과 한데 묶인다. 힌지에서는 자유주의, 중도, 보수 중에서, 범블에서는 자유주의, 우파, 중도, 관심 없음 중에서 자신의 정치적 입장을 선택할 수 있다(좌파적 입장은 전부 빠져 있는 것이 눈에 띈다). 오케이큐피드의 '맥주 맛을 좋아하나요?'나 '지구의 지배자가 되고 싶나요?' 같은 직접적으로는 덜 정치적인 문항도 있다. 오케이큐피드 공식 블로그에서는 '당신이 "정부가 가족계획연맹에 재정을 지원하지 말아야 할까요?"* 하는 질문에 "아니요"를 택한다면, 잠재적 데이트 상대도 같은 답을 하기를 원하지 않나요?'라는 말로 이 절차를 설명한다. 알고리즘은 당신과 가장 유사한 짝을 찾는 방식으로 작동하고 (앞에서 논한 AI 앱 레플리카의 논리와 마찬가지로) 당신의 거울상이라 할 만한 사람을 이상적인 짝으로 여긴다. 바꾸어 말하자면, 두 대상/연인을 직접적으로 비유하는 은유의 논리가 있는 것이다.

바르트는 두 사물을 연결하는 이 같은 논리와 반대되는 것으로 환유 개념을 논한다. 환유란 일상에서는 흔히 부분으로 전체를 대신하는 것을 뜻한다. 회사원을 '정장'으로 묘사하는 경우와 같이 '부분으로 전체를 가리키는 것'이다. 유사성을 토대로 하기보다는 두 사

---

* 가족계획연맹Planned Parenthood은 산아 제한 운동을 위해 1916년에 설립된 비영리 단체로, 미국에서 임신중지권 보장과 관련한 활동을 해온 주요 단체 중 하나다. 미국 대법원이 2022년 6월에 로 대 웨이드(Roe v. Wade, 1973) 판례를 뒤집기 전까지 미국은 모든 주에서 기본적인 임신중지권이 보장되었지만 우파는 지속적으로 이에 반발하며 임신중지를 조력하는 단체에는 정부 예산을 지원하지 않게 하는 등의 우회적인 방식으로 제동을 걸어왔다. 이 문항은 임신중지권 지지 여부를 묻는 것이자 양당제가 고착된 미국에서 민주당과 공화당 중 어느 쪽을 지지하는지 묻는 것이기도 하다.

물에 연관성이 있다는 논리다. 환유를 가리키는 다른 말은 바로 무언가와 맞닿다, 무언가와 접하다는 뜻의 인접성^{contiguity}이다. 라캉은 은유와 환유를 정신분석학과 연결 짓는 〈무의식에서 문자의 심급 L'instance de la lettre dans l'inconscient〉이라는 유명한 글에서 이 논의를 이어받는다. 그는 '배와 돛은 기표 속에서만 연결되'고 따라서 환유란 '이런 연결의 단어-대-단어적인 성격을 토대로 한다'며 환유가 언어와 보다 중요한 관계에 있다고 말한다.[17] 바꾸어 말하자면, 환유란 어린이들이 제시어를 듣고 제일 먼저 떠오르는 말을 외치는 단어 연상 게임 같은 것이다. 두 단어의 유사성보다는 언어의 효과로써 가시화되는, 무의식 속에 존재하는 연상관계의 문제라 할 수 있다.

이것이 기존 사이트들에 일반적으로 적용되는 종류의 사회 조직화 방식에 맞설 수 있는 데이팅 사이트 알고리즘을 설계하는데 어떤 청사진을 줄 수 있지 않을까? 자료를 활용해 사이버발칸화의 스플린터넷이 만들어내는 필터 버블 너머로 뻗어 나가는, 계급적·문화적으로 다양한 연결을 가능케 하고 유용한 추천을 하는, 사람들을 연결하는 새로운 방식을 창안할 수 있지 않을까? 이용자 간의 유사성이 아니라 언어 간의 환유적 연결들을 토대로 추천이 이루어진다면, 이용자가 사이트에 입력하는 모든 자료가 고려되면서도 유사점이 없는 관계를 미리 배제하지 않을 것이다. 이는 때로는 쓸모 없는 추천으로 이어질 수도 있다. 예컨대 '좌파'라는 말의 경우 환유적으로는 '우파'와 가까울 수 있지만 그런 두 이용자가 짝이 될 가능성은 낮다. 이는 트럼프닷데이팅과는 반대되는 사이트가 될 것이다. 하지만 이런 알고리즘은 하나가 아니라 수백 개의 단어를 활용할 것이므로 그렇게 연결될 가능성은 낮다. 오히려 이용자들은 자신과 연관되는 어휘를 사용하는 상대와 연결될 것이다. 지난 몇 년 동안 페이스북이나 인스타그램에서는 이용자가 어떤 이야기를 하는지를 알려주는 도구로 워드맵word map이 유행했다. 이는 같은 어휘를 이용하는 사람이 아니라 거대한 빅데이터 지도 속에서 서로 연관되는 어휘를 사용하는 이용자를 연결해주고 사람들을 연결하는 모델로 축적되는 자료 집합—수백만 명이 함께 하는 일종의 단어 연상 게임—의 토대가 될 수 있을 것이다. 그런 모델은 당신을 비슷한 사람이 아니라 당신과 연결되고 교차하는 말을 하는 사람과 이어줄 것이다.

인터페이스 측면에서는 레딧이나 위키피디아 같은 구조의 데이팅 사이트—단어 연상 게임과 아주 비슷한 방식으로 작동하는 플랫폼—를 상상해보자(《이상한 나라의 앨리스》에 나오는 토끼굴처럼 이어지는 여러 페이지와 링크에 빠져 몇 시간이나 보내는 경우만 생각해봐도 충분하다). 그런 경험은 틴더나 힌지 같은 넘기기 방식 플랫폼과는 거의 정반대라 할 수 있다. 중요한 점은 둘 다 게임 같긴 하지만 전혀 다른 종류의 것이라는 사실이다. 한쪽에서는 일종의 디지털 탐정이나 아마추어 수사관이 되어 링크와 굴을 돌아다니며 연결 통로를 찾고 한동안 시간을 보낼 장소를 정한다. 그럴 수 있을 만한 링크를 적극적으로 찾아 나서는 것이다. 다른 한쪽에서는 그저 앱의 작동 원리에 사로잡혀 다음에 어떤 페이지가 나올지에 관해서는 전적으로 수동적이고 무력한 존재가 된다. 여기서 제안하는 사이트에서는 기존 데이팅 사이트의 이용자 프로필에 해당하는 각각의 페이지를 개별 이용자가 맡으며 거기서 쓰이는 모든 단어는 같은 단어나 환유적으로 연결되는 단어가 쓰인 다른 페이지로 링크될 수 있을 것이다. 이는 이용자가 관심 있는 단어나 구절을 발견하면 이 프로필에서 저 프로필로 넘어갈 수 있게 해준다. 대부분의 경우 이용자는 관심사를 공유하거나 연결되는 점이 있는 이용자들로 구성된 순환 고리 혹은 무리 속에 머물겠지만 이용자가 능동적으로 특정한 관심사나 주제를 따라가기로 마음만 먹는다면 그 공간 너머로 아무리 멀리까지 나아가도 이 사이트는 막지 않을 것이다. 위키피디아에서 시간을 보내는 때와 마찬가지로 이용자는 스플린터넷의 울타리와 그 구조적인 자본주의 논리를 가로질러 처음에 생각했던 것과는 전혀 다른 데로 가게 될 것이다.

전반적으로 이는 진지하다기보다는 반쯤은 농담조로 던지는 제안이다. 하지만 희망컨대, 적어도 우리가 살고 있는 자료 주도적 사회에서 연결의 문제에 대한 해법이 필요하다는 점은 말해줄 수 있을 것이다. 우리는 자료를 필요로 하며 파이어스톤의 말대로 늘 자발적이지는 못하리라는 점은 분명하다. 하지만 우리에게는 계급, 인종, 성별 인구학에 따라 우리를 조직하는 알고리즘과 큐레이션 도구에 의해 서로로부터 차단되는 관리하기 쉬운 무리들로 환원되지 않게 할 방법 또한 필요하다. 문화적, 경제적, 사회적 경계를 넘어 서로와 보다 큰 연대를 이루고자 한다면 우선은 서로를 만날 수 있어야 한다. 그리고 오늘날 그것은, 우리가 서로의 디지털 세계에 나타날 수 있어야 한다는 뜻이다.

게임, 사랑, 정치

결론

레디 워커 원*

동료들을 지배하고 싶은 남자가 인조인간 기계를 탄생시킨다.

– 질베르 시몽동

---

*   영화 〈레디 플레이어 원Ready Player One〉(스티븐 스필버그 감독, 2018) 참고. 이 영화는 대부분의 사람들이 가상현실 시스템인 오아시스에 접속해 시간을 보내는 2045년을 배경으로 오아시스의 소유권을 둘러싼 다툼을 그리고 있다. "레디 워커 원Ready Worker One"은 디지털 혹은 시뮬레이션 공간이 일상을 장악한 현실에서 이를 뒤집기 위해서는 해당 공간에 대한 이해뿐 아니라 '현실'에서의 움직임 또한 필요함을 시사한다.

《트위터하는 기계Twittering Machine》에서 리처드 세이무어Richard Seymour
는 디지털 매체라는 사회적 산업이 우리의 수신자가 될 기계를 만들
어냈다고 말한다. 세이무어가 보기에는 우리가 친구든 직장 동료든
연예인이든 정치인이든 왕가든 테러리스트든 포르노 배우든―우
리가 좋아하는 누구든지―'다른 사람들과 상호작용한다는 점이 미
끼'가 된다. 하지만 '우리는 그 사람들이 아니라 기계와 상호작용하
고 있다'.[1] 이런 발상은 슬라보예 지젝의 유명한 라캉주의 대타자 논
의와 공명한다. 우리는 트윗을 에테르ether에 발신한다. 서로를 향해
서라기보다는 마치 우주 어디에선가 오는 듯한 상상적인 인정의 힘
을 향해서 말이다. 세이무어는 이런 신과도 같은 기계는 '우리의 욕
망과 환상을 수집하고 집약해서는 시장과 인구를 토대로 분할한 후
우리에게 상품으로서 되판다'고 썼다.[2] 오늘날 사회적 삶의 중심에
는 우리의 생각과 행동을, 우리가 매일 누구에게 말을 걸지를 조직
하는 아주 실제적인 힘이 있다. 궁극적으로, "인터넷은 '좋아요', '공

유하기', '댓글'을 계산해 당신이 누구인지, 당신의 운명이 어떠한지를 말해줄 것이다".3

이것은 오늘날 디지털 공간을 특징짓는 또 한 가지 형식의 게임, 적어도 놀이가 아닌가? 좋아요, 공유하기, 댓글은 궁극의 게임 엔진이라 할 만한 트위터 자체가 제공하는 게임 속 보상의 궁극적인 형태이지는 않은가? 세이무어가 자본주의의 게임화라는 한병철의 사유를 경유해 지적하는 대로, 소셜미디어에서 인정을 추구하는 무한 순환feedback loop의 중독적인 성격은 슬롯머신이나 스마트폰의 효과와 그리 다르지 않다. 어쩌면 (1991년에 첫 번째 버전이 발매된 후 지금까지도 후속작이 이어지고 있는 게임 〈소닉 더 헤지혹〉에서) 소닉이 고리를 모을 때 혹은 〈캔디 크러시〉에서 캔디가 터지고 점수가 올라가는 순간에 번쩍이며 엔돌핀을 끌어내는 섬광과도 비슷하다. 우리네 삶은 자본주의가 보상을 나누어 주는 게임이 되어버렸다.

로이신 키버드가 술회하는 온라인에서의 삶은 이런 상황이 어떻게 우리의 정신에 스며들어 우리가 타인과 관계 맺고 사랑하는 방식의 일부가 되어버렸는지를 증언한다. 타인과 마주하고 있다고 생각하는 많은 순간, 우리는 실은 그저 낯설고 강력한 기계를 마주하고 있다.

누군가가 당신에게 갖는 감정을 그들의 온라인 행동을 보고 판단하는 것은 위험하다. 우리가 계속 자판을 두드리는 것이 사랑 때문이 아닐 수 있기 때문이다. 피차 지루해서 혹은 외로워서일지도 모른다. 심지어는 플랫폼 자체 때문일 수도 있다. 앱이란 우리가 계속해서 그것을 사용하도록 설계되어 있기 때문이다. 내가 메시지가 아니라 매체에 중독된 것이라면? 지난 몇 년 동안 내가 지메일이나 트위터나 페이스북과, 그리고 이런 플랫폼들을 통해 내세울 수 있는 나 자신의 상과 사랑에 빠져 있었던 것이라면?[4]

사랑과 욕망은 우리가 그것들을 경험하는 매체에 너무도 깊이 얽혀 있다. 우리가 욕망하는 것이 데이트 상대나 친구인지, 게임의 보상처럼 메시지 알림 소리를 울리는 범블의 인터페이스 자체, 트위터에서의 리트윗이나 좋아요 혹은 페이스북 게시물에 달리는 반응이 주는 인정감인지 알기 어려울 지경이다.

다른 논자들 역시 이를 지적한 바 있다. 2014년에 처음 방영된 찰리 브루커Charlie Brooker의 〈비디오게임은 어떻게 세상을 바꾸었는가 How Videogames Changed the World〉에는 여러 사람이 등장해 소셜미디어나 사회적 삶이 게임에 물들어 있으며 트위터는 그 분명한 사례 중하나라고 말한다. 이 주제에 대한 논의가 대개 그러하듯 여기에서는 이 과정이 얼마나 '우연한accidental' 것인지가 강조된다.[5] 혹은 우리의 사회적 삶에 우연하게도 게임이 끌어들여졌고, 이제 삶은 유례없이 게임 같아졌다는 주장이 펼쳐진다. 이 책에서는—우리의 가장 깊은 성적 욕망이나 사랑과 애정이라는 가장 친밀한 감정과 연관되는—사랑 산업도 마찬가지로 게임화되었음을 살펴보았다. 하지만 우리는 사태가 겉보기만큼 우연한 것이 아님을 또한 확인했다.

당연하게도 트위터만 문제가 아니지만, 트위터가 실제적이면서도 상상적인 어떤 중심에서 놀이와 보상이 한데 만나는 형식으로서의 오늘날의 디지털적인 사회적 삶의 가장 완벽한 실례이기는 할 것이다. 물론 마크 저커버그나 일론 머스크^{Elon Musk}가 침실 소파에 앉아 자신들의 사업에 맞추어 욕망의 층위에서 대중을 사회적으로 재조직하고 있다는 것은 아니다. 신흥 플랫폼 자본주의의 패턴들이, 불평등한 권력 분배를 핵심에 두고서, 새로운 리비도적 욕망 경제와 발맞추어 성장하고 있다는—그리고 이것은 전혀 우연이 아니라는—뜻이다.

진정으로 유의미한 변화가 일어나려면 궁극적으로는 이러한 권력의 중앙집중화가 혁파되어야 한다. 지금으로서는 권력이 이 게임의 규칙을 정하는 이들—대개 실리콘 밸리 자본과 그 물주들—에게 집중되고 있다. 게임 디자인은 대개 그들에게 고용된 이들이 맡으므로 그들은 디자이너라기보다는 오늘날 우리의 사회적 삶을 관할하는 기계 블랙박스의 설계자라 할 수 있겠다. 다른 모두는 플레이어 역할을 맡는다. 이렇게 볼 때, 플레이를 한다는 것은 특정한 자본주의의 주체, 아마도 유사 이래 권력 불평등이 가장 심각한 자본주의의 주체가 된다는 뜻이다. 이런 의미에서 우리는 정말로 모두 플레이어, 게이머다.

심지어 우리 대부분은 직접적으로도 게이머이다. 현재 세계 인구의 50퍼센트 이상이 어떤 종류건 비디오게임을 한다. 한때 '게이머'란 구석의 하위문화 집단으로 여겨졌지만 더는 그렇지 않다. 게다가 게임의 유행은 물론 '디지털적 분할'과 얽혀 있다고는 해도 대체적으로 특정 국가에 국한된 일이 아니다. 예컨대 아프리카에서는 지난 10년간 모바일게임의 급성장과 함께 게임 시장이 폭발적으로 확대되었다. 게임은 이제 성별에 따라 확연히 나뉘는 산업도 아니다. 게임의 절반가량을 여성들이 하고 있으며, 여전히 남성이 하는 게임과 여성이 하는 게임이 크게 다르긴 하지만—앞에서 보았듯—게임에서는 인종, 계급의 정치와 함께 성정치 또한 분명히 벌어지고 있다.

　이런 점에서, 게임화가 어떤 역할을 하는지를 생각하면 많은 것이 흥미로워진다. 이 책에서 논한 기술들을 토대로 우리는 게임화란 직접적으로는 전혀 게임을 하지 않는 주체의 경우에도 그들이 하는 갖가지 일이 여러 면에서 게임 산업과 닿게 됨을 뜻한다고 말할 수 있겠다. 예를 들어 틴더 같은 데이팅 앱을 사용하지만 딱히 게임을 하지는 않는다고 생각하는 이들도 게임화된 요소들의 영향을 받는다. 게임화란 넓게 보면 게임 산업의 요소가 삶의 다른 영역들에서 존재감을 드러내는 경우를 가리키며, 틴더의 넘기기는 분명히 게임화의 요소라는 점에서 말이다. 게임 회사인 베이징쿤룬테크의 그라인더 인수 건을 통해 살펴보았듯 기업의 소유 패턴도 데이팅 세계의 게임화를 뒷받침하고 있다. 마찬가지로, 교통 체증 완화를 위해 게임 속 보상 제공을 고려 중인 런던교통청Transport for London, 악명 높은 베이징 사회 신용 제도, 바이허 앱에 쓰이는 알리바바 지마 신용 점수 등 도시에서 활용되는 다양한 보상 조치들에서도 게임화를 확인할 수 있다. 게임은, 그 기술과 '플레이성playability'은 우리 사회의 미래가 어떤 식으로 구축될 것인가에 근본적으로 연결되어 있다. 보다 추상적인 형태긴 하지만 딜리버루에서 음식을 주문하는 일도 상당히 게임화된 경험이라고 말할 수 있을 것이다. 핵심은 게임을 하건 하지 않건 우리 모두 그 경향에 영향을 받는다는 점이다. 게이머가 된다는 것은 (실제로 게임을 하는지와는 상관 없이) 욕망의 층위에서 우리에게 그리고 우리를 통해 작동하는 이러한 권력의 아래에 놓인다는 것이다.

욕망의 이론들

이 책 첫머리에서 오늘날의 스마트 도시란 욕망의 도시, 스마트폰, 태블릿, 게임 콘솔이라는 인공사지를 통해 기업과 정부에 접속되어 있는 욕망의 도시일 것이라고 말했다. 개개 시민은 여러 면에서 각자의 욕망에 따른 고도로 개인화된 삶을 살고 있다. 이 욕망은 구체적으로 우리를 겨냥한, 우리가 의존하게 되고 사로잡히게 되는 개인 맞춤형 알고리즘을 통해 개인적이고 고유하게 만족될 수 있어 보인다. 물론 욕망을 개인에게 속하는 것이자 각 주체의 책임으로 보는 긴 전통이 있다. 정신분석학은 특히 이런 믿음을 일소하고자 해왔다. 정신분석학은 욕망이 그저 속에서부터 샘솟는 것이 아니라 주체와 외부 세계의 경계에서 작동하며 종종 본능적으로 보이지만 실은 외부의 사회적 삶에서 오는 것임을 강조한다. 라캉은 '욕동drive'과 '본능instinct'을 구분함으로써 때로 우리는 내적인 충동으로 인해 행위한다고 생각하지만 실은 외부로부터 추동된다는 점을 강조한다.

트리프Trieb(욕동)란 자네의 엉덩이를 걷어차는 것이라네. 소위 본능이라는 것과는 아주 다르지. 정신-분석학의 가르침은 바로 이렇게 이어져 왔지.[6]

게임, 사랑, 정치

우리는 무언가를 하도록 혹은 원하도록 유도되면서도 스스로 선택했다고 혹은 본능적으로 그렇게 원한다고 느낀다. 우리가 무언가를 하는 것은 속에서 우러나서이기보다는 (알리바바 예측 차량의 경우에는 거의 문자 그대로) 욕동이 특정한 방향으로 엉덩이를 걷어차기 때문이다. 정확히 이런 식으로, 오늘날 디지털 도시의 리비도적 경제 속에서 행위할 때 우리는 자신의 '리비도'를 따르기보다는 우리 바깥의 힘들에 추동된다.

매체이론가 도미닉 페트먼은 《리비도의 고점Peak Libido》에서 "누구의 리비도인가?"라는 복잡한 질문에 한 장을 할애해 욕망의 기원에 대한 여러 정신분석학적 입장을 다루며 들뢰즈와 가타리가 제기한 정신분석학에 대한 가장 중대한 비판과 대결한다. 그들의 '욕망기계' 개념과 '가분체' 개념을 많은 이들이 디지털 주체를 개념화하는 렌즈로 쓰고 있다. 들뢰즈와 가타리는 《안티 오이디푸스》와 《천 개의 고원Mille Plateaux》으로 구성된 '자본주의와 분열증Capitalisme et Schizophrenie' 2부작에서 정신분석학을 비판한다. 여기서 그들은 정신분석학이 욕망 개념을 개별 인간 주체와 너무 긴밀히 묶는 우를 범했다고 주장하고 특히 욕망이 정체성의 중심에 있는 결핍에 따른 것이라는 라캉의 생각(주체성을 근본적으로 결핍의 경험으로 여기는 고전적인 정신분석학적 입장)을 문제 삼는다. 그들은 이것이 주체가 먼저 있고 욕망은 오직 이미 수립된 정신분석학적 주체와의 관계 속에서만 존재하는 것이라는 잘못된 전제로 이어진다고 생각한다. 유명한 '거울 단계' 논문 이후로 라캉은 주체란 근본적으로 자기 이미지에 관한 일종의 결핍을 통해 구축된다고 본다. 이는 은유적으로 (그리고 유희적으로) 아이가 처음으로 자신의 반사상을 보는 순간에 시작되는 것으로 상상된다. 주체는 이 시점부터 비로소 욕망을 경험하게 된다. 여기서 몸을 통해 느끼는 무력하고 파편적인 자기 모습과 거울에 비친 완전해 보이는 자기 모습의 차이에서 지각되는 결핍과 부족을 바로잡고자 하는 욕망을 말이다.

반대로 들뢰즈와 가타리는 3장에서 논한 가분체 개념을 제시한다. 주체란 다층적으로 분할되어 있으며 언제나 이미 욕망의 여러 갈래를 따라 분기하고 있다는 개념이다. 그들이 보기에 이런—확실히 작금의 소비자 자본주의, 디지털 자본주의 속에서 끊임없이 다양한 쾌락을 추구하는 것에서 그 모습을 분명히 볼 수 있는—주체 개념은 정신분석학이 묘사하는 보다 구조 지어진 욕망하는 주체 개념에 반한다고 할 수 있다. 이런 비판을 따라가며 페트먼은 정신분석학이 어떻게 '욕망을 비-목표지향적인 것으로 보지 못했는지'를 논의하고 알폰소 링기스Alphonso Lingis의 사유를 살펴본다. 욕망을 다룬 독특한 책 《초과Excesses》에서 리비도란 바로 '무언가에 대한 욕망이 없는 욕망'이라고 주장하는 링기스가 보기에 '성욕이란 자연히 남자가 여자를 갈구하는 것이 아니라, 문화, 억압, 금기가 성욕을 특정한 성적 대상을 향한 것으로 축소하는 것이다'. 페트먼은 정신분석학 자체가 그러한 문화적 과정으로서, 욕망을 무언가에 대한 목표지향적인 욕망으로 축소한다고 말한다.[7]

이는 정신분석학과 매체이론의 관계에 관한, 특히나 들뢰즈주의 지지자들과 정신분석학 지지자 사이의 커다란 논쟁을 보여준다. 우리의 접근법은 직접적으로 정신분석학적이긴 하지만 일부 주장은 여러 논자가 상정하는 해소할 수 없는 긴장을 고려하여 (굳이 나누자면) 대개의 정신분석학적 접근보다는 들뢰즈주의적인 욕망 모델에 더 가깝다. 예를 들어 '가분체' 개념은 2장에서 논한 스마트 도시의 시민들을 고찰하는 유용한 도구다. 〈포켓몬 고〉나 알리바바 욕망 예측 스마트 자동차의 주체는 어떤 면에서 정확히 이 같은 분할된 리비도적 주체다. 이들은 기술자본이 지정한 경로를 따라 도시를 주회하며 무한한 욕망의 배치를 좇는다. 마찬가지로, 3장에서 논한 연애 시뮬레이터의 주체, 개인적인 자신의 욕망 세계에서 허구의 욕망하는 캐릭터 자리로 넘어가는 주체 역시 같은 방식으로 생각할 수 있다.

하지만 우리가 펼친 주장들은 일관되게 오늘날 매체 산업에 쓰이는 리비도적 기술들이 주체들에게 효과적으로 작동하는 것은 주체가 쾌락을 마치 자기 자신의 것인 양 경험하기 때문이라는 배경을 깔고 있다. 여기서 논한 기술적 공간들의 시민은, 라캉의 용어로 말하자면, 욕동을 마치 본능인 것처럼 마주한다. 어떤 면에서 우리의 욕동들은 들뢰즈와 가타리가 주장하는 대로 분할되어 있지만—기본적으로 주체와 외부 세계의 경계에 관심을 기울이는 담론인—정신분석학은 이런 점에서 여전히 주체가 그러한 욕망을 어떻게 경험하고 그와 관계 맺는지를 탐구하는데 핵심적이다. 프로이트 스스로가 기술을 통해 '인간은 인공사지를 지닌 신이 된다'고 말한 바 있으며 기술과 함께 벌어진 이러한 정신분석학적 변형은 오늘날 인간으로 살아간다는 것의 의미를 급진적으로 변화시킨다. 요컨대 정신분석학은 우리가 심리의 층위에서 자본주의의 욕망 경제에 어떻게 속아 넘어가는지를 가시화할 방법을 제공한다.

페트먼은 그가 책의 제목으로 쓰기도 한 스티글러Bernard Stiegler의 '리비도의 고점' 개념을 경유해 여기서 제안한 정신분석학적 관점으로 본 오늘날 자본주의에서의 욕망 개념과 잠재적으로 불화할 다른 주장 하나도 제시한다. 페트먼은 (여기서 논의한) 욕동이라는 말을 써서 스티글러의 입장을 이렇게 요약한다.

리비도는 희소할 지경으로까지 소진되었다. 이윤 창출에 일종의 미약한 좀비화된 '욕동'을 필요로 하는 기술들이 리비도를 죄다 캐내버려 지속 가능하다. 즉 '리비도의 고점'이란 그 무엇보다도 본질적인 인간의 자원 —다른 인간들(및 무생물 동료들)과 함께 미래를 그리고자 하는 리비도, 생명력 자체—이 급격히 고갈되고 있다는 신호다.[8]

스티글러가 보기에, '방향을 잃게 만드는, 원자화하는 현대 기술의 효과'로 인해 우리는 더는 (정신분석학이 가끔 하는 대로) '감정의 구조structure of feeling'에 기댈 수 없다.[9] 페트먼은 이러한 상황을 앞에서 다룬 게이트박스 같은 제품이나 갖가지 시뮬레이터를 생산하는 과잉 성애화되어 있고 강박적으로 보이는 사회로 유명한 일본, 그리고 미국과 연결 지어 논의하며 문화적으로 성이 아주 두드러져 보일 법한 이런 나라들에서조차 최근에 섹스가 급격히 줄어들고 있음을 보여준다. 리비도의 고점이라는 이 같은 상황에서 우리는 욕망이 거의 사라지다시피 했다. 이 시대의 삶을 특징 짓는 충족되지 않는, 작디 작은 쾌락만을 주는 순간순간의 좀비화된 몸짓으로 자본의 무한한 확장을 도울 뿐이다.

이러한 리비도의 부재가 소외와 우울의 원인, 심지어는 학교 총기 난사를 비롯한 대량 학살과 같은 극단주의적 폭동의 원인일 수 있다.[10] 이런 관점에서 보자면 욕망의 결핍 자체가 폭력 행위 같은 위험한 징후의 원인이다. 여기서 비디오게임과 그러한 행동의 관계에 대한 해묵은 질문의 답을 찾을 수 있을지도 모른다. 언론은 끊임없이 게임 세계와 학교 총기 난사를 연결 짓는다. (물론 도널드 트럼프를 포함하는, 총기규제법에 대한 관심을 돌리고자 하는) 많은 이들이 게임이—폭력의 시뮬레이션을 제공함으로써—실생활에서 그런 행위의 모방을 부추길 수 있다고 주장해왔다. 반면 어떤 이들은 시뮬레이션은 폭력의 분출구로 쓰이며 따라서 '실제' 세계에서 폭력이 분출되지 않도록 막아줄 것이라 주장한다. 앞에서 우리는 이런 주장이 섹스로봇을 둘러싼 공적 논쟁에서도 반복되는 것을 보았고, 두 입장 모두 폭력 행위 자체를 자연화할 위험이 있음을 확인했다. 앞의 주장들에 비추어 생각해보면 인과 관계가 있다기보다는 시뮬레이션에 대한 욕망과 극단적인 폭력 행위에의 충동 모두 (서로 매우 다르지만) 욕망이 부재하는 데 따른 징후일지도 모른다. 전자가 시뮬레이션된 타자의 욕망을 경험함으로써 자신의 욕망 결핍을 숨길 수 있게 해준다면(3장을 보라), 후자는 욕망할 무언가를 생산하려는 시도로서 혹은 마치 이런 극단적인 욕망들이 존재한다는 듯 행위하려는 시도로서 폭력이 분출되는 것이다.

그렇다면 '리비도의 고점' 개념은 정신분석이라는 분야의 라캉주의적 욕망 모델과 긴장 관계를 이루는 만큼이나 많은 유사점을 갖고 있다고 할 수 있다. 적어도 라캉 이후 정신분석학의 세계에서 사람이든 사물이든 어떤 대상에 대한 욕망은 줄곧 주체가 심리적 과거에 가졌던 욕망, 주체의 발달 과정에서 포기되었거나 차단된 욕망의 복사본으로, 심지어는 시뮬레이션으로 여겨진다. 라캉의 작업에서, 말하자면 리비도의 순수한 강도强度라 할 수 있을 이전의 욕망에 주어진 이름이 그 유명한 대상 a다. 이것은 주체를 추동하고 행동할 수밖에 없게끔 하는 무언가, 욕망이 지향하고 안달하는 무언가이다. 주체의 끌림을 경험하는 욕망의 끝없고 수많은 대상들—폰허브에서의 순간들에서부터 포켓몬이나 포케 보울에 이르기까지—은 주체의 심리적 삶 속에서 오가는 대리적 대체물로서 기능한다. 물론, 궁극적으로 충족될 수 없는 대상들 사이를 오갈 때마다 주체는 소비자 자본주의에 이윤을 몰아준다.

라캉이 대상 a와 연관되는 순수한 카오스적 리비도를 경험함에 있어 '원하는 바'를 실제로 얻는 것은 전적으로 바람직하지 않으며 위험하게도 외상적인 일이라는 사실을 강조한다는 점이 중요하다. 바꾸어 말하자면 (어차피 완전히 상상 속 일이긴 하지만) 실제로 이 순수한 근원적 욕망에 다가갈 수 있는 상황보다는 대체 욕망 혹은 시뮬레이션된 욕망이 보다 감당하기 쉬우며 심지어는 보다 바람직(욕망함직)하다는 것이다. 방점은 다르지만 이는 오늘날 디지털 문화에 능동적인 욕망이 결여되어 있음을 탄식하는 '리비도의 고점' 주장이 함의하는 것과는 반대되는 생각을 제시한다. 정신분석학의 관점에서는 모든 주체가 이차적 욕망의 상태에 존재하며 욕망의 일차적 대상이 아니라 '좀비화된' 대체물을 추구한다고, 이는 어떻게 해볼 수 있는 상황이 아닌 인간 주체의 존재 조건이라고 말할 수 있다.

이로부터 두 가지 교훈이 나온다. 첫째, 욕망 담론은 문화적, 사회적, 경제적 조건들이 주체가 원하는 것을 제공하는 문제를 중심으로 구축된다는 생각과 결별해야 한다. 근본적으로 이는 디지털 마케팅과 광고나 개인화 및 큐레이션 전략에서부터 소셜미디어, 자료 수집 메커니즘에 이르기까지 기술계에서 갈수록 두드러지는 자본주의적 수사학의 주요한 흐름을 거스르는 일일 것이다. 이런 산업들은 주체가 원하는 것을 주고자 한다고 끊임없이 주장하지만 우리는 줄곧 이런 기술들이 이미 존재하는 욕망에 따라 대상을 제공하기보다는 주체가 무엇을 원할지를 바꾸는 데 쓰이고 있음을 확인했다. 이런 의미에서 기술자본은 이미 이상하게 정신분석학적인 방식으로 움직이며 시민들의 전치된 욕망을 제 의제에 맞추어 정렬하고 또 재정렬할 수 있도록 작업하고 있다. 동시에, 이들은 시민들이 원하는 것을 제공한다는 자본주의 서사를 활용해 이러한 사실을 숨긴다. 반대로 진보 정치의 목소리는 이러한—오늘날 사회적 삶의 리비도 경제를 변화시킬 욕망의 혁명을 일으키려면 시민들이 원하는 바를 제공하는 것이 아니라 그들의 욕망을 해방시켜야 한다는—상황을 충분히 받아들이지 못하고 있는 듯하다.

둘째로, 상술한 관점은 작금의 자본주의에서 유통되는 기존 욕망 모델들이 잠재적으로 얼마나 위험할 수 있는지를 알려준다. 개별적인 욕망들을 치열하게 추구한다는 고금의 수사는 리비도의 고점이라는 상황과 결합되어 우울과 불충족감을 심화한다. 오늘날 디지털적 삶의 특징이라 할 만한 이것은 욕망이 변형되기보다는 행동되거나 반응되어야만 하는 상황으로 이어진다. 나아가, 욕망이 개개인의 속에서부터 솟아나오는 것이며 주체가 디지털 자본주의의 기술에 둘러싸이기 전부터 이미 존재한다고 여기는 이러한 모델은 욕망은 집단적인 것이 아니라 개인적인 것이라는 관념을 주입한다. 개인 맞춤형 디지털 마케팅과 페이지 큐레이션의 하부구조 전체가 자본주의가 상상하는 자연화된 욕망의 이 허구적 세계를 떠받친다. 욕망은 개개인의 본성 혹은 본능이고 자본주의의 기제가 그 욕망들에 답하는 것이 아니라 기술들이 자본의 의제에 맞추어 욕망을 개별적이고 고유한 경험으로 조작해온 것이다. 집단의 진보적 상상력은 욕망의 방향을 틀어 집단적 호혜를 향하게 하고 집단의 욕망을 재생산해야 한다. 이 책 각 장의 말미에서 던진 발랄한 제안을 하나로 묶어주는 것이 있다면 바로, 모두가 집단적인 접근법을 통해 이 시대의 삶에 대한 만족스럽고 게임화된 경험을 구축해보려는 시도라는 점이다.

이 책에서는—기술 소유권에 관한 권력 관계가 지금과 달랐다면—새로운 기술들을 사회주의적 대의를 진작하는 데 활용할 수 있을 몇 가지 방법을 제안했지만, 실제적인 변화를 일으키려면 물론 제안 그 이상을 해야 한다. 우리가 설계에 거의 혹은 전혀 관여할 수 없는 게임공간에서 플레이어로 존재하는 이 상황을 또한 변화시켜야 한다. 마레일 파네베커와 제임스 스미스는 《노동, 욕구, 노동*Work Want Work*》이라는 걸작을 이른바 "기업들의 '정동적 조작affective manipulation'에서 벗어날 유일한 탈출구는 유의미한 구조적 변화"라는 결론으로 마무리한다.

이 싸움에서 협동조합적 혹은 공공 비영리적 플랫폼들이 승리하는 것이 첫 번째 단계가 될 것이다. 온라인에서의 사회적 삶을 위한 더 나은 코드, 중독적인 정동적 조작과 안정적으로 단순화된 쾌락을 감수하고 붙들고 있게 만드는 것이 아니라 우리의 성적 지향은 물론 현재 검색 결과에서는 생략되는 종류의 뜻밖의 만남을 위한 기회와 여지를 열어두는 코드를 쓰는 첫 단계 말이다. 물론 이런 플랫폼도 노동 시간을 제하고도 쾌락을 추구할 충분할 시간이 있는 세계에서나 잠재력을 온전히 발휘할 수 있을 것이다. 하지만 그 가능성을 살피는 것만으로도 이것 한 가지는 분명해진다. 디지털 자본주의가 우리의 욕망을 노동에 돌리기를 원치 않는다면, 개인적인 재교육이 아니라 구조적인 변화가 필요하다.[11]

우리가 원하는 것이 자발성spontaneity과 뜻밖의 일이건 아니건(파이어스톤은 아니라고 하겠지만), 요점은 오로지 디지털 자본주의를 위해 노동하기를 욕망하고 싶은 것이 아니라면 우리에게 필요한 것은 구조적 변화라는 사실이다. 그저 기술을 어떻게 좌파를 위해 이용할 것인가 하는 별난 제안 같은 것에서 멈추는 게 아니라는 말이다. 플랫폼과 그 기술이 지금과는 다른 욕망 의제에 기여할 수 있도록 창의적으로 재정향 및 재사용될 수 있으려면 협동조합적이고 비영리적이며 오픈 액세스open access여야 하고 누구나 언제든 쓸 수 있어야 한다. 그럼에도 불구하고, 무료로 제공하겠다는 기업 자본주의의 언어와 논리에는 주의할 필요가 있다.

공짜 혹은 자유

이는 매체이론에서는 잘 알려져 있는 문제로, 주요 논자로는 리처드 스톨먼Richard Stallman과 로런스 레식Lawrence Lessig이 있다. 1980년대 초, 스톨먼은 디지털 공간의 개방을 주장하면서 그 소유권 모델과 신자유주의적 소유 윤리에 맞서 싸우기 위해 자유소프트웨어운동 Free Software Movement을 시작했다. 스톨먼이 보기에 무료free 소프트웨어는 이용자들이 돈을 내지 않아도 될 뿐 전혀 '자유롭지free' 않다. 이 맥락에서 자유롭다는 것은 소유주가 없다는 것, 소스 코드가 공개되어 있어 누구나 가져다 쓸 수 있다는 것, 투명하다는 것, 그래서 이용자들이 소프트웨어가 어떻게 기능하고 작동하는지를 알 수 있다는 것을 뜻한다. 1980년대와 인터넷 시대 초기를 거치며 자유소프트웨어운동은 디지털 저작권에 대한 급진적인 문제 제기이자 협동조합적 혹은 공공 비영리적 플랫폼을 위한 운동의 주된 동력으로 성장했다. 하지만 1990년대 말이 되면서 기업체와 대형 언론이 제 잇속을 위해 자유 소프트웨어 담론 역시 속박하기 시작했다.

크리스토퍼 켈티Christopher Kelty는 《2비트Two Bits》에서 스톨먼의 활동에 기반한 '자유 소프트웨어' 모델과 닷컴 붐 속에서 기업들이 옹호하기 시작한 (스톨먼은 비판한 바 있는)12 '오픈 소스open source' 기술의 차이를 설명한다.

1998년, 갑자기 (원래는 CIA에서 출처가 기밀이 아닌 정보를 가리키는 데에만 썼던 말인) 오픈 소스라는 용어가 등장하면서 자유 소프트웨어는 두 갈래로 갈라졌다. 두 용어는 배경 서사가 다르다. 먼저, 자유 소프트웨어의 서사는 1980년대부터 이어지는 것으로 자유소프트웨어재단Free Software Foundation 대표 리처드 스톨먼의 표현을 쓰자면 전매 소프트웨어 '매점hoarding'에 저 항하고 소프트웨어 자유를 진작한다. 다음으로 오픈 소스의 서사는 닷컴 붐 및 자유지상주의 친기업 해커 에릭 레이먼드Eric Raymond의 복음과 연관 되는데, 그의 관심사는 오픈 소스 소프트웨어가 상징하는 경제적 가치와 비용 절감이었다. 일부 대형 온라인 스타트업이 매일 같이 자유 소프트웨 어를 사용하게 한 실리적인 (또한 섭렵하는 방식의) 접근법도 그에 속한다. 아 마존, 야후!, 핫와이어드 등은 모두 사이트 운영에 자유 소프트웨어를 사 용하며 이를 '장려'했다.[13]

이 책에서 논한 주요 기술 기업 모두가 오픈 소스 소프트웨어를 제공하고 있다. 2장에서 논한, 개발자가 무료로 이용할 수 있지만 작 품이나 프로그램을 만들려면 구글에 의존하게 되는 구글 지도 API 가 대표적인 예다. 로런스 레식은《자유문화: 대형 매체가 기술과 법 을 이용해 문화를 걸어 잠그고 창의성을 통제하는 법Free Culture: How Big Media Uses Technology and the Law to Lock Down Culture and Control Creativity》이 라는 중요한 제목의 책에서 스톨먼의 주장을 발전시켜 '무료 소프트 웨어'로 인해, 그리고 갈수록 소수로 압축되는 강력한 이해관계자들 이 그 통제권을 독점하게 됨에 따라 창의성이 억눌리고 제약되는 결 과가 초래되었다고 주장한다. 레식이 보기에 인터넷 초기의 해방적 이고 변혁적인 잠재력은 그저 진압되고 제압된 것이 아니라 완전히 뒤집어졌다. 한때—적어도 어느 정도는—존재했던 자유와 집단적 측면을 인터넷 스스로가 제거하는 상황에 처하게 된 것이다.

인터넷이 무언가 환상적이고 새로운 것을 만들어내는 사이 우리의 정부는 이 '새로운 무언가'에 조치를 취하라는 대형 매체 기업들에 떠밀려 아주 오래된 무언가를 파괴하고 있다. 인터넷이 가능케 할 수도 있을 변화를 이해하는 대신, '상식'이 최선의 조치를 찾아낼 시간을 주는 대신, 우리는 그 변화에 겁먹은 자들이 제 힘을 이용해 법을 바꾸도록—그리고 더 중요하게는 그 힘을 이용해 우리가 존재해온 방식에 있어 근본적인 무언가를 바꾸도록—허용하고 있다.[14]

인터넷이라는 공간에서는 제품과 서비스 대부분이 '공짜'인데도, 실은 특히 그랬던 덕분에, 소유권 규칙과 지적재산법은 그곳을 사유화한다. 이—신자유주의 경제 담론의 반향인—오픈 소스 '무료' 인터넷이 우리가 오늘날 목도하는 것과 같은 플랫폼 자본주의의 청사진이었다. 앞에서의 주장에 적용해 보자면 우리는 모두 플랫폼 자본주의의 게임 속 플레이어가 되어버렸으며 플레이 중의 행동 하나하나가 가치 있는 콘텐츠와 자료를 생성하고 그 가치는 모두 극소수 대주주들에게 돌아간다. 무료 플랫폼과 오픈 액세스는 극소수 권력자들이 우리를 일하도록 만들고 자신의 이윤을 위해 우리의 노동력을 수확하고 수집하는 주된 기제가 되어버렸다.

로렐 프탁의 '페이스북에 임금을' 같은 기획은 이런 사실에 주목하게 하지만, 게시물을 작성하고 돈을 받는다는 발상도 경계해야 하기는 마찬가지다. 실리콘 밸리 출신 앤드루 양Andrew Yang이 2020년대선 당시 민주당 경선에 출마하며 이런 식의 공약을 낸 바 있다. 오히려, 스미스와 파네베커가 주장하듯 플랫폼을 적절하게 공유할 길을 찾아야만 집단의 디지털 미래에 일말의 희망이나마 품을 수 있다. 레식이 지적하는 것이 바로, 집단의 공간을 닫아버리는 전례 없는 선택으로—스톨먼의 자유소프트웨어운동이 보여준—인터넷의 집단적, 민주적 잠재력을 흘려보내고 말았다는 사실이다.

레식은 이것이 말하자면 창의성의 숨통을 막는 결과를 낳았음을 또한 보여주는데, 이는 그저 보다 열려 있는 창의적 플랫폼이 필요하다는 문화적 문제가 아니라 기술의 경제적 구조가 어떻게 그 잠재적 발전을 저해하는가에 관한 기술적인 문제다. 구체적인 여러 면에서, 몇몇 거대 기술 기업의 디지털 산업 지배는 기술의 최전선에서 행해질 수 있는 창의적 생산을 줄어들게 만든다. 구글, 페이스북, 텐센트, 알리바바, 테슬라를 비롯한 실리콘 밸리식 기업들은 하나같이 우리를 기술의 미래로 데려가는 선구자로 여겨지지만, 실상 이런 회사들은 기술의 진보를 가속하는 것이 아니라 억누를 가능성이 있다.

깃허브Github* 같은 플랫폼에 올라와 있는 경우와 마찬가지로, 많은 자유 소프트웨어 기획은 이용자들의 '벌떼 정신'** 덕에 빠르고 효

---

*   깃Git은 여러 개발자가 함께 각자의 컴퓨터에서 작업하면서도 하나의 코드를 작성할 수 있도록 해주는 관리 시스템으로 자유 소프트웨어 개발, 배포에 널리 쓰이고 있다. 깃허브는 깃을 이용한 작업을 편리하게 수행할 수 있게 만든 플랫폼 중 하나다. 깃 및 깃허브를 통해 이용자는 개발자에게 단순히 문의 혹은 건의를 하는 것을 넘어 공개된 코드를 직접 분석·수정할 수 있다. 반영 여부는 개발 책임자의 판단에 달려 있지만, 자유 소프트웨어는 수정 및 배포에도 제한이 없으므로 중요한 사항이 반영되지 않는다고 판단할 경우 개별 개발자가 새로운 버전을 만들어 독자적으로 배포할 수도 있다.

율적으로 개발될 수 있었다. 이들에게 소프트웨어에의 접근이 자유롭고 열려 있다는 것은 디지털 기술이 발전해 나가는 동안 시험, 수정, 개선에 기여할 수 있다는 뜻이었다. 이런 디지털 창작 방식은 대개 내부적으로 시험판을 만든 후 외부에 시험을 맡겨 의견을 받고 이를 적용해 제품을 개선하는 실리콘 밸리의 방식보다 종종 더 선진적이고 효율적이었다. 이런 유기적 오픈 액세스 방식은 '유기적' 시험, 개발, 피드백, 재설계를 실시간으로 가능케 한다. 그러나 곧, 여기서 논한 것과 같은 거대 기업들이 이러한 노동자(작업자) 주도 개발의 힘을 이용해 제 이윤을 채우는 데 열을 올렸다. 인터넷을 스톨먼이 구상했던 보다 열려 있고 민주적인 협업 공간과는 다른 방향으로 틀어버린 것이다.

'자유 소프트웨어'에서 '오픈 소스'로 넘어오면서, 새로 태어난 신자유주의적 '플랫폼 자본주의' 담론이 이 공간을 장악하고 영토화하기 시작했다. 개개인이 이 공간을 활용하거나 거기서 일하는 것은 허용하지만, 그곳이 사유물임을 분명히 한다. 인터넷 공간의 생산성에서 나오는 이윤은 단 1퍼센트의 주머니에 들어간다. 당시 자라나는 중이었던, 소비자가 생산한 콘텐츠를 동력으로 삼는 인터넷(후일

** 원어는 hive-mind다. 흔히 '하이브 마인드'로 음차하기도 한다. 참여자 각각이 나름대로의 기여를 함으로써 개개인의 역량을 넘어서는 집단적 창작물이 탄생하는 과정을 묘사한 말이다. 이 말은 벌 떼가 그러하듯 모두가 평등한 관계를 이루는 것이 아니라 통솔자—여왕벌—가 있는 집단을 가리켜 비판적으로 쓰이기도 한다. 자유 소프트웨어의 프로그래밍 협업 역시 여러 이용자의 의견을 받되 책임자 혹은 팀이 반영 여부 및 방식을 최종적으로 결정한다는 점에서 비슷한 한계를 지적할 수도 있겠으나 앞의 역주에 설명했듯 언제든 재배포가 가능하다는 점에서 이 한계가 절대적이지는 않다.

웹 2.0이라 명명된)의 초기 이용자들이 콘텐츠 창작, 디자인, 개선의 쾌락을 즐기고 그에 참여하기 시작하는 사이 기술자본은 미래의 경제가 얼마나 리비도적이고 욕망 주도적일지를 눈치 채고 자신들의 이윤을 위해 대중의 창의력을 이용하는 작업을 시작했다. 1퍼센트를 위한 노동에서 해방될 수만 있다면 이 이용자들이 만들어낼 미래가 구글이 만드는 것보다 훨씬 더 엄청날지도 모른다. 이런 혁명을 일으킬 기회를 잡으려면, 개인적인 재교육이, 협업자의 집단적 벌 떼 정신이, 1퍼센트에게서 소유권을 되찾아올 정책과 규제가 필요하다.

욕망의 미래

인공지능과 자동화가 공동체 인터넷의 공간으로 들어가는 움직임에는 웹 3.0이라는 이름이 붙었다. 웹 2.0의 특징은 페이스북이나 심지어는 우버 같은, 이용자는 노동자이자 소비자로 기능하고 그 이윤은 (그 자체로는 사실상 아주 작은) 플랫폼이 그러모은다는 의미에서 '군더더기 없는lean' 플랫폼이라고 불리는 것들이다. 웹 3.0은 각 플랫폼이 인공지능과 알고리즘을 사람과 사물을 잇는 매개자로 끌어들이는 상황을 가리킨다. 웹 3.0은 피어 투 피어peer to peer 네트워크를 통해 분산된 이용자와 기계들이 자료, 가치, 다른 대상과 상호작용하고 인간 제3자는—본질적으로—로봇이 대신할 수 있게 해준다. 실리콘 밸리의 개척자들은 이러한 전개를 인간 중심적이고 사생활을 보호하는 길이라 칭송하지만 실상 우리가 이 책의 여러 사례 연구를 통해 일관되게 본 바처럼, 매개, 소통, 심지어는 사고 자체를 넘겨주는 일은 오직 디지털 엘리트에게만 득이 되는 경향을 보이고 있다.

우리는 또한, 웹 3.0이라는 것이 있다면 그 중심에는 욕망이―디지털 매체산업이 자신의 정치, 의제, 야망에 입각해 장악하고 있는 자원 혹은 원재료로서의 욕망이―있음을 확인했다. 질베르 시몽동이 쓴 대로 '동료들을 지배하고 싶은 남자가 인조인간 기계를 탄생시킨다'. AI 자동화를 기꺼이 인터넷에 받아들이는 것은 1퍼센트가 권력을 장악하는 다음 단계 이상이 되기는 힘들 것이다. 새로운 인터넷과 도래할 오토피아에 대한 열띤 찬양은 가라앉힐 필요가 있다. 사회주의적, 진보적 관점에서, 혹은 공동체 주도적 관점에서까지도, 우리는 신중에 신중을 기해야 한다.

정말로 새로운 인터넷이 오고 있다. 우리가 쓰고 읽는 사이 건설되고 있으며, 미래의 새 약관이 작성되고 있다. 이 인터넷은 그 주체들을 갈수록 더 통제함으로써 작동하며 오늘날 일상의 핵심적인 부분이 된 디지털 사랑 산업으로부터 배운 것처럼, 우리가 미래의 주체가 되는 것은 바로 우리 자신의 욕망을 통해서다.

섹스로봇과 스마트콘돔에서부터 데이팅 사이트, 시뮬레이터, 비디오게임, 포르노에 이르기까지 우리는 목전에서 일어나는 '욕망혁명'을 보고 있다. 이 혁명이 완수되고 나면 복고란 불가능할 것이다. 이전으로 되돌아가지 않을 것이다. 아직 결정나지 않은 유일한 것은 누가 욕망의 (따라서 정치의) 미래를 두고 벌어지는 이 싸움의 승자가 될 것인가 하는 것이다. 지금으로서는 진보 세력은 포퓰리스트 우파를 따라잡느라 고전하고 신자유주의 자본에는 한참 뒤처져 있는지도 모른다. 하지만 싸움은 아직 끝나지 않았다. 전장은 바로 사랑

—우리를 통제하고 재조직해 완벽하게 기능하는 스마트 도시의 자본주의자로 만드는 열쇠—이다. 하지만 사랑은 연대가 있는 미래와 우리 모두가 살고 사랑할 수 있는 공유재를 위해 집단적으로 생산하고 집단적으로 욕망할 길, 곧 그들에 맞서 싸울 길이 될 수도 있다.

옮긴이 후기

게임은 단어 맞추기 정도밖에는 하지 않는다. 시간에 쫓길 일도 다른 사람과 연결될 일도 없는 종류의 것들이다. 몇 번인가 유행하는 게임을 시도해본 적이 없지는 않지만 통 흥미가 붙지 않았다. 데이팅 앱에서 사람을 찾지도, 음식 배달 앱에서 메뉴를 찾지도 않는다. 매일 같이 소셜미디어에 무언가를 게시하고 타인의 게시물에 좋아요를 누르며 살고 있지만 그마저도 성실하지는 않다. 이 책이 논하는 세계와는 비교적 거리를 두고 사는 셈이다. 마침 게임의 규칙을 생각하는 중이 아니었다면 굳이 들추어 보지 않았을지도 모른다.

이 책에서 다루는 것과는 다른 게임, 어린 시절에 했던 술래잡기나 숨바꼭질의 규칙을 생각하고 있었다. 요약하자면 "나 안 해" 하는 한마디가 큰 힘을 갖는다는, 누군가의 입에서 이 말이 나오지 않도록 언제나 세심해야 한다는 법칙이다. 술래가 되면 아무리 달리기가 빨라도 전력 질주를 해서 순식간에 판을 끝내버리면 안 된다. 결코 들키지 않을 곳에 숨어버리면 안 된다. 누군가가 절대 강자가 되어

버리는 순간, 그래서 누군가를 절대 약자로 만들어버리는 순간, 게임은 끝이 난다. 놀이를 계속하고 싶다면 편을 잘 짜서든 일부러 힘을 빼서든, 엎치락뒤치락 하는 구도를 유지해야 한다. 놀이 바깥에도 삶이 있고, 즐겁지 않다면 놀이는 무의미하기 때문이다.

이 책이 논하는 것은 그처럼 한계로써 규정되는 전통적인 놀이와 달리 무한히 확장되며 (도시의) 삶 자체를 바깥 없는 게임으로 만들어버리는(95~96쪽) 현대의 게임 혹은 게임화된 삶이다. 판이 깨지지 않도록 호혜적인 구조를 만드는 대신, 그를 위해 고민하고 수고하는 대신, 강자의 지위를 놓지 않으면서 새로운—새로운 욕망을 창출하는—미끼를 던져 상대를 구슬리는 방식이라고 바꾸어 말할 수도 있겠다. 지금의 세계에 비추어 보자면 미화된 노스탤지어에 지나지 않을 오래된 놀이의 규칙을 과연 여기서 이어갈 수 있을지를 생각하며 읽기 시작했다.

번역하는 동안 이 책과 함께 읽을 만한 여러 사건이 있었다. 챗GPT가 화제가 되면서 사람들은 컴퓨터에게 잘 묻는 법을 공부하기 시작했다. 자신에게 맞는 도구를 찾고 도구를 길들이는 대신 스스로를 도구에 맞추는 쪽으로 돌아서는 순간이 도래한 것이다. 사람들이 자동 번역 프로그램에 적합한 문장이나 음성 인식 소프트웨어가 한 번에 알아들을 수 있는 문장을 연습하기 시작한 것이 이미 한참 전의 일이므로 아주 새로운 일만은 아니지만, "자동차가 스스로 주행한다는 점보다 그것이 주체에게 차량의 제안에 응해 행동하도록 준비되어 있기를—그렇게 욕망하도록 준비되어 있기를—요구하리라는 점이 더 중요하다"(76쪽)는 실례를 일찌감치, 대대적으로 마주하게 된 것이다.

세계 최대의 비즈니스 인맥 사이트인 링크드인에서는 AI를 이용해 이용자들이 관심을 가질 만한 게시물을 작성하는 서비스를 시작했다. AI가 화두를 던지면 링크드인 내부 편집팀과 외부 전문가들이 의견을 덧붙이고 일반 이용자들은 공유, 댓글 달기 등을 할 수 있는 구조다.[1] 게시물 노출을 통해 화제를 유도하는 이제는 익숙해진 알고리즘 피드와 인공지능 챗봇(들)이 인간과 함께 이용자로 활동하는 소셜미디어의 사이 단계쯤으로 생각해볼 수 있겠다.[2] 사기 계정임을 알면서도 기꺼이 대화하는(152쪽) 것은 물론 몇 년이나 대화 시뮬레이터와 친구 사이를 유지하는(143쪽) 일이 놀라울 것 없는 지금, 챗봇과의 '소셜 네트워킹'은 먼 일이 아닐 것이다. 기술이라는 인공사지 사회에서 개개인이 행동하는 양식을 바꾸는 것은 물론 '사회' 자체의 경계와 의미를 바꾸고 있음을 이렇게 목도한다.

기술과 플랫폼의 소유권을 둘러싸고도 여러 일이 있었다. 트위터를 인수한 일론 머스크는 (대대적인 해고와 함께) 원래 공인, 유명인 등의 본인 계정을 확인하는 데 쓰이던 인증 마크를 돈만 내면 누구나 달 수 있게 바꾸었고 가짜 뉴스나 차별 발언을 제재하는 조치도 중단하거나 완화했다. 한편 국회와 통신사업자, 콘텐츠 사업자들은 망 중립성 원칙을* 놓고 갑론을박을 거듭하고 있다. 일론 머스크의 트위터를 떠나 메타나 다른 비슷한 사업자의 소셜미디어로 가는 것은 쓸만한 대안은 못 된다. 통신 3사 중 그나마 망 중립성을 덜 훼손하는 곳을 골라야 하는 상황도 마찬가지다. 대규모 인프라와 첨단 기술이 요구되는 이 영역의 특성상, 개인 이용자들로서는 몇 없는 선택지를 울며 겨자 먹기로 골라야 하는 상황이 되기 십상이다.

"나 안 해"라고 외쳐 봐야 달리 갈 곳이 없어 보이는 이곳에서, 저자는 떠나는 대신 주어진 것들의 용도 변경을 상상한다. 정신분석학을 위시해 여러 이론을 참고하며 게임화된 사회가 만들어 내는 욕망을 이론적으로 분석하는 책이지만 아마도 핵심은 여기에 있을 것이다. 노동자를 위한 웨어러블 기기나 정치적 연애 시뮬레이션 같은 제안의 내용 이전에, 포기하거나 휩쓸리는 대신 그렇게 "던져보는" 태도에 말이다.

페미니스트 SF 작가이자 비평가인 조애나 러스는 기술에 대한 불안의 표출은 "그 어떤 유토피아도, 사회적 기획도 존재하지 않은" 결과라는 제라르 클랭의 말을 인용하며 "테크노포비아와 테크노필리아는 모두 일종의 과대망상"이라고 단언한다. 어느 쪽이든 모든 것을 소유하고 통제하려는 자본주의적, 제국주의적 욕망에서 비롯된 태도라는 것이다. 그는 오히려 권력이 없는 이들은 둘 중 어느 쪽으

---

* 망 중립성 원칙이란 통신 사업자는 인터넷 트래픽을 내용, 유형, 제공자 등에 관계없이 동등하게 처리해야 한다는 원칙이다. 예컨대 특정 콘텐츠 사업자가 많은 트래픽을 유발한다 해도 추가 비용을 부과하거나 속도를 제한해서는 안 된다는 것이다. 이용자들이 최소한의 부담으로 차별 없이 인터넷을 접속할 수 있도록 보장하는 원칙이라고도 할 수 있다. 미국에서는 트럼프 정부 당시 망 중립성 원칙을 철폐하는 조치가 있었으나 바이든 정부 들어다시 망 중립성을 강화하는 방향의 정책이 전개되고 있고, 한국에서는 최근 통신 사업자의 서버를 임대하지 않고 자체 혹은 해외 서버를 사용하는 대형 콘텐츠 사업자들과 통신 사업자들의 비용 분담에 관한 충돌이 일어나고 있다.

로도 기울지 않으며 기술 자체를 절대화하는 대신 정치와 경제를 따지고 새로운 사회를 기획한다고, 그래야 한다고 보았다.[3]

스스로도 반쯤은 농담이라고 가볍게 말하는 저자의 제안들이 실제로 얼마만큼의 효용을 낼지는 미지수지만 이것이 기술이 아니라 정치를 중심으로 끌어들이는 일이라는 점은 매우 중요하다. 또한 이에 힘입어 이미 이루어지고 있는 대안적인 용법들을 돌아볼 수도 있겠다. 예컨대 구글 지도는 포켓몬을 사냥하는 게임에 쓰이기도 하지만 이용자들이 채식 식당이나 장애인 접근성이 확보된 공간 등 주류 서비스에서는 관심을 기울이지 않는 지리 정보를 축적하는 도구가 되기도 한다.

물론 이 책의 분석과 비판, 그리고 제안이 전방위적으로 세공되고 있는 우리 욕망의 방향을 단숨에 틀어놓지는 않을 것이다. 하지만 그로써 새로운 게임을 상상할 수 있는, 지금 행해지고 있는 대안적인 게임을 돌아볼 수 있는 계기가 된다면 우리는 이미 한쪽 구석에서 새로운 게임을 시작한 셈이다. 그 새 게임을 누구와 어떻게 함께 할 수 있을까. 애초에 게임의 시작과 끝을 스스로 정할 수 없는 데다 옮겨 갈 놀이가 무한정해 보이는 이곳에서, 어느 놀이가 영영 끝나버리지 않도록 서로를 살피고 언제든 서로의 위치를 바꾸는 모습을 상상하기는 여전히 쉽지 않다.

다만 이 책을 읽으면서 곳곳의 게임 문화랄 것을 조금 더 살펴보다 알게 된 이야기가 하나 있다. 특정 온라인게임을 장시간 해온 이른바 '고인물'들은 신규 유저를 끌어들이기 위해 '뉴비'들에게 친절을 베푸는 문화가 있다고 들었다. 어쩌면 그들도 한때는 오로지 레벨을 올리고 아이템을 모으는 데 혈안이었거나 다른 이용자를 공격하고 괴롭히는 데서 재미를 찾았을지도 모를 일이다. 하지만 언젠가 경쟁과 승리, 성취나 독점보다 한 세계를 지키고 넓히는 것이 중요해진 시점이 찾아 왔으리라. 그 세계에서 최종 승자가 되어 종지부를 찍는 것이 아니라 어느 세계의 성원이 되는 것이 게임의 의미라고 생각하게 된 시점 말이다.

아마도 온라인게임을 하는 이들에게는 익숙한 이야기일 테고, 어쩌면 외부인인 내가 미화된 버전을 주워들었을 뿐인지도 모른다. 실은 신규 유저가 유입되지 않으면 언제든 운영사에서 서비스를 종료할 수 있기 때문에 생긴 문화이기도 하다. 하지만 세계를 정복하는 데서가 아니라 세계를 확장하고 그 속에서 더 많은, 더 다양한 이들을 만나는 데서 게임의 의미를 찾는 전환은 진지하게 곱씹어볼 만하다. 주체의 입장을 바꾸어 보거나 환유를 통해 필터 버블 너머를 탐색하려는 이 책의 시도들 역시 같은 선상에 있을 것이다.

새로운 게임을, 새로운 게임의 법칙을 상상하고자 하는 이들에게 이 책이 쓸 만한, 또한 발랄한 출발점이 되면 좋겠다. 쉽지 않은 개념어들이 꼬리에 꼬리를 무는 책이지만 그것들을 하나하나 물고 늘어지기보다는 우선은 가볍게 읽어보기를 권한다. 놀이하듯 책장을 넘기다 문득 저자와 함께—하지만 어쩌면 저자는 생각지도 못한 방향으로—어떤 상상을 '던져볼' 수 있기를 바란다. 마지막으로, 김태현 편집자를 비롯해 출판사 안팎에서 이 번역이 책이 되어 독자들에게 전해질 수 있게 해준 이들에게 감사를 전한다.

찾아보기

게임, 사랑, 정치

미주

서론: 그라인더 연대기

1 Evan Moffitt, 'Under My Thumb' in *Frieze*, 208 (January–February 2020).

2 Gavin Brown, 'Being Xtra in Grindr City' in *How to Run a City Like Amazon and Other Fables*, ed. Mark Graham, Rob Kitchin, Shannon Mattern and Joe Shaw (Meatspace Press: London, 2019), para. 553.

3 Allison de Fren, 'Technofetishism and the Uncanny Desires of A.S.F.R. (alt.sex. fetish.robots)' in *Science Fiction Studies*, 36, pp. 404–40.

4 McKenzie Wark, *Gamer Theory 2.0*, 'Agony on The Cave', card 013, 출처: www. futureofthebook.org/gamertheory2.0/

5 Bogna Konior, 'Determination from the Outside: Stigmata, Teledildonics and Remote Cybersex' in *ŠUM*, 12.

6 Ibid.

7 Solange Manche, 'Tinder, Destroyer of Cities – When Capital Abandons Sex', in *Strelka Mag* (20 September 2019).

8 Ian Parker and David Pavon-Cuellar, *Psychoanalysis & Revolution* (London: 1968 Press, 2021).

9 Anon, *Red Therapy* (London: Rye Express TU, 1978), p. 4.

10 Todd McGowan, *Capitalism and Desire* (New York: Columbia University Press, 2016), p. 7.

11 Herbert Marcuse, *Eros and Civilization: A Philosophical Inquiry into Freud* (New York: Routledge, 1987), p. 46. / 《에로스와 문명: 프로이트 이론의 철학적 연구》, 헤르베르트 마르쿠제 지음, 김인환 옮김, 나남출판, 2004.

12 McGowan, *Capitalism and Desire*, p. 21.

1. 데이터 러브

1 Judith Deportail, 'Dans le laboratoire de la "fake science"' in *Le Temps* (7 April

2017) 참고.

2 Yuk Hui, *On the Existence of Digital Objects* (Minneapolis, MN: University of Minnesota Press, 2016), p. 50.

3 Alain Badiou, *In Praise of Love, trans.* Peter Bush (London: Serpent's Tale, 2012), p. 57. / 《사랑 예찬》, 알랭 바디우 지음, 조재룡 옮김, 길(도서출판), 2010.

4 Ibid., p. 60.

5 Ibid., pp. 62–3.

6 Eva Illouz, Why Love Hurts: A Sociological Explanation (London: Polity, 2012), p. 5. / 《사랑은 왜 아픈가: 사랑의 사회학》, 에바 일루즈 지음, 김희상 옮김, 돌베개, 2013.

7 Shulmaith Firestone, The Dialectic of Sex: The Case for Feminist Revolution (New York: Bantam Books, 1970), p. 126. / 《성의 변증법: 페미니스트 혁명을 위하여》, 슐라미스 파이어스톤 지음, 김민예숙·유숙열 옮김, 꾸리에, 2016.

8 Ibid., p. 130.

9 Illouz, Why Love Hurts, p. 6.

10 www.laboriacuboniks.net 및 Helen Hester, *Xenofeminism* (London: Polity, 2018) 참고.

11 Asad Haider, Mistaken Identity: Race and Class in the Age of Trump (London: Verso, 2018), p. 81. / 《오인된 정체성: 계급, 인종, 대중운동, 정체성 정치 비판》, 아사드 하이더 지음, 권순욱 옮김, 두번째테제, 2021.

12 Michel Foucault, *The History of Madness, trans.* Jonathan Murphy and Jean Khalfa (London: Routledge, 2006), pp. 44–77 참고. / 《광기의 역사(개정판)》, 미셸 푸코 지음, 이규현 옮김, 나남출판, 2020.

13 Henri Lefebvre, *Critique of Everyday Life: Volume Three* (London, Verso, 2005), p. 151.

14 Slavoj Žižek, *The Universal Exception*, ed. Rex Butler and Scott Stephens (London: Continuum, 2006), p. 152.

15 Ivan Chtcheglov, 'Formulary for a New Urbanism', via Bureau of Public Secrets, 출처: www.bopsecrets.org/SI/Chtcheglov.htm

16 Dominic Pettman, *Infinite Distraction* (London: Polity, 2016), p. 9.

17 Hui, *On the Existence of Digital Objects*, p. 47.

18 Jeremy Tambling, *Re:Verse* (London: Routledge, 2007), p. 191에 재수록.

19 Alfie Bown, The Playstation Dreamworld (London: Polity, 2017) 참고.

20 Sheila Jasanoff, 'Future Imperfect: Science, Technology and the Imaginations of Modernity' in *Dreamscapes of Modernity: Sociotechnical Imaginaries and the Fabrication of Power*, ed. Sheila Jasanoff and Sang-Hyun Kim (Chicago, IL: University of Chicago Press, 2015), pp. 1–33 (p. 2).

21 Srećko Horvat, *The Radicality of Love* (London: Polity, 2015), pp. 1–23.

22 Roland Barthes, *A Lover's Discourse: Fragments*, trans. Richard Howard (New York: Farrar, Straus and Giroux, 2001), p. 192. / 《사랑의 단상》, 롤랑 바르트 지음, 김희영 옮김, 동문선, 2004.

23 Slavoj Žižek, *Like a Thief in Broad Daylight: Power in the Era of Post-Humanity* (London: Penguin, 2018), p. 33 참고.

24 Johann Wolfgang von Goethe, *The Sorrows of Young Werther* (London: Penguin, 1989), p. 37. / 《젊은 베르테르의 슬픔》, 요한 볼프강 폰 괴테 지음, 박찬기 옮김, 민음사, 1999.

25 Niklas Luhmann, *Love as Passion: The Codification of Love* (Cambridge, MA: Harvard University Press, 1986), p. 29. / 《열정으로서의 사랑: 친밀성의 코드화》, 니클라스 루만 지음, 권기돈·조형준·정성훈 옮김, 새물결, 2009.

26 Ibid., p. 45.

27 Dominic Pettman, *Look at the Bunny: Totem, Taboo, Technology* (Zero Books, 2013), p. 100.

28 Ibid., p. 118.

29 Laurent Berlant, *Love/Desire* (London: Punctum Press, 2012), pp. 6–7.

30 Sigmund Freud, 'Group Psychology and the Analysis of the Ego' in *The Standard Edition of the Complete Words of Sigmund Freud vol 18*, trans. James Strachey (London, Vintage: 2001) pp. 67–144 (p. 138).

31 Jean Baudrillard, *The Ecstasy of Communication* (Los Angeles: Semiotext(e), 2012), p. 20.

2. 디지털 리비도 도시

1 Ibid., p. 20.

2 Lee Grieveson, *Now: A Media History* (근간).

3 Guy Debord, 'The Theory of the Dérive' in *Situationist International Anthology*, ed. Ken Knabb (Berkeley, CA: Bureau of Public Secrets, 1981), pp. 50–4.

4 더 자세한 논의는 'The Pokémon Generation' in Bown, *The Playstation Dreamworld*, pp. 1–27을 보라. 이 글이 나오고 2년이 지난 2019년, 쇼샤나 주보프는 〈포켓몬 고〉를 도시의 행동 수정에 있어 핵심적인 측면 중 하나로 논하면서도 여전히 이러한 변화의 리비도적 성격을 간과한다. Shoshana Zuboff, *The Age of Surveillance Capitalism* (London: Profile Books, 2019), pp. 3–18 참고. / 《감시 자본주의 시대: 권력의 새로운 개척지에서 벌어지는 인류의 미래를 위한 투쟁》, 쇼샤나 주보프 지음, 김보영 옮김, 문학사상사, 2021.

5 이를 입증한 연구로 '선택을 유도하는' 이스라엘산 앱 세 가지에 대한 댄 코틀리어(Dan M. Kotliar)의 논문이 있다. 'Who Gets to Choose? On the Socio-

algorithmic Construction of Choice' in *Science, Technology, & Human Values* 46(2) (May 2020)를 보라.

6   Hui, On the Existence of Digital Objects, p. 1.

7   Cornelius Castoriadis, *The Imaginary Institution of Society*, trans. Kathleen Blamey (Cambridge, MA, 1987), pp. 288–90.

8   Bill Brown, 'Thing Theory' in *Critical Inquiry*, 28, No. 1, Things (Autumn, 2001), pp. 1–22 (p. 8).

9   Jacques Lacan, *On Feminine Sexuality: The Limits of Love and Knowledge Book XX*, trans. Bruce Fink (London: W.W. Norton, 1999), pp. 90–1.

10 Nick Srnicek, *Platform Capitalism* (London: Polity, 2018). / 《플랫폼 자본주의》, 닉 서르닉 지음, 심성보 옮김, 킹콩북, 2020.

11 Christian Fuchs, 'Internet and Class Struggle', with Benjamin Burbaumer, 출처: www.historicalmaterialism.org/node/963

12 Mario Tronti, *Workers and Capital* (London: Verso, 2019).

13 Benjamin Bratton, *The Stack: On Software and Sovereignty* (Cambridge, MA: MIT Press, 2015), p. 124.

14 Ibid., p. 127.

15 Italo Calvino, *Under the Jaguar Sun*, trans. William Weaver (London: Penguin, 2009), p. 27.

16 Ibid., p. 66.

17 Alenka Zupancic, *What Is Sex?* (Cambridge, MA: MIT Press, 2018). / 《왓 이즈 섹스?: 성과 충동의 존재론, 그리고 무의식》, 알렌카 주판치치 지음, 김남이 옮김, 여성문화이론연구소(여이연), 2021.

18 Elinor Carmi, 'The Hidden Listeners: Regulating the Line from Telephone Operators to Content Moderators' in *International Journal of Communication*, 13 (2019), pp. 440–58.

19 Rob Horning, 'Preemptive personalization' in *The New Inquiry* (11 September 2014), 출처: http:// thenewinquiry.com/ blogs/marginal- utility/ preemptive-personalization

20 Armen Avanessian, *The Speculative Time-Complex*, ed. Arman Avanessian and Suhail Malik (Miami: NAME Publications, 2016), p. 7.

21 제임스 스미스(James Smith)에게 사의를 표한다. 이 주제로 그와 함께 쓴 글이 이 절의 출발점이 되었다.

22 'The Data That Turned the World Upside Down', 출처: https://motherboard.vice.com/en_us/article/mg9vvn/how-our-likes-helped-trump-win 참고.

23 Angela Nagle, 'Enemies of the People' in *The Baffler*, No. 34 (March 2017) 참고.

24 Raymond Williams, *Resources of Hope: Culture, Democracy, Socialism* (London: Verso, 1989), pp. 3–14 (p. 11).

25 Will Davies, 'Leave, and Leave Again' in *London Review of Books*, Vol. 41, No. 3 (7 February 2019), pp. 9–10.

26 James Smith and Mareile Pffanebecker, 'What Will We Do in the Post-Work Utopia?' 출처: http://blogs.lse.ac.uk/lsereviewofbooks/2016/06/17/the-long-read-what-will-we-do-in-the-post-work-utopia-by-mareile-pfannebecker-and-j-a-smith/

27 Sigmund Freud, *The Standard Edition of the Complete Psychological Works of Sigmund Freud, Volume XVIII (1920–1922): Beyond the Pleasure Principle, Group Psychology and Other Works*, trans. James Strachey (London: Vintage, 2001), pp. 65–144. / 《집단심리학과 자아분석》, 지그문트 프로이트 지음, 이상률 옮김, 이책, 2015.

28 Freud, 'Group Psychology and the Analysis of the Ego', p. 138.

29 Jacques Lacan, … *or Worse: The Seminar of Jacques Lacan* (London: Polity, 2018), pp. 191–2.

30 Bown, *The Playstation Dreamworld* 참고.

31 Samo Tomsic, *The Labour of Enjoyment: Towards a Critique of Libidinal Economy* (Berlin, August Verlag, 2019), p. 63.

32 Matt Goerzen, 'Notes Towards the Memes of Production', *Texte zur Kunst* 106, pp. 82–108.

33 Isabel Millar, 'Baudrillard: From the Self-Driving Car to the Ex-timacy of Communication?' in *Everyday Analysis* (February 2019).

34 Baudrillard, *The Ecstasy of Communication*, p. 57.

35 Jacques Lacan, *Seminar VII: The Ethics of Psychoanalysis*, trans. D. Porter (London: Norton, 1992), p. 324.

36 Cindy Zeiher, 'The Subject and the Act: A Necessary *Folie à Deux* to Think Politics' in *Filozofski vestnik*, 37 (2016), pp. 81–99 (p. 86).

37 Ibid., p. 98.

38 William Davies, *Nervous States: Democracy and the Decline of Reason* (London: Jonanthan Cape, 2018).

39 Georges Perec, 'Approaches to What?' in *Species of Spaces and Other Pieces*, trans. John Sturrock (Harmondsworth: Penguin, 1997), p. 205.

40 Michel de Certeau, *The Practice of Everyday Life*, trans. Steven Rendall (London: University of California Press, 1984), p. 92.

41 Dawn Lyon, *What Is Rhythmanalysis?* (London: Bloomsbury, 2019), p. 13.

42 Darian Leader, *Why Can't We Sleep?* (London: Penguin, 2019).

43 Phoebe Moore, 'The Quantified Self: What Counts in the Neoliberal Workplace' in *New Media & Society*, 18, No. 1 (2016), pp. 2774–92; Jingyi Wan, 'How Should We Behave in Class' in *Everyday Analysis*, 출처: https://everydayanalysis.net/2020/02/07/how-should-we-behave-in-class/

44 Lefebvre, *Rhythmanalysis*, pp. 36–7.

45 Ernest Hartmann, *The Sleeping Pill* (London: Yale University Press, 1978), p. 131.

46 이에 관한 논의는 Alfie Bown, *Enjoying It: Candy Crush and Capitalism* (Winchester and Washington: Zero Books, 2015), pp. 29–32을 보라.

47 Gayatri Chakravorty Spivak, *Death of a Discipline* (New York: Columbia University Press, 2003), p. 72.

48 Lukáš Likavčan, *Introduction to Comparative Planetology* (Moscow: Strelka Press, 2019), p. 18.

49 Ibid., p. 101.

50 Gayatri Chakravorty Spivak and Susanne M. Winterling, 'The Imperative to Make the Imagination Flexible' in Pandora's Box (2015), 출처: http://pandorasbox. susannewinterling.com/imperative-make-imagination-flexible

51 Likavčan, *Introduction to Comparative Planetology*, p. 79.

3. 시뮬레이션과 자극: 게임부터 포르노까지

1 Jeremy Paris, 'The Most Important Games on Sega's SG-1000' in *US Gamer* (26 December 2013).

2 Bown, *The Playstation Dreamworld*, pp. 41–9 참고.

3 Andrew Pollack, 'Japan's Newest Young Heartthrobs Are Sexy, Talented and Virtual' in the *New York Times* (25 November 1996, Section D), p. 5 .

4 www.gatebox.ai/en/ 참고.

5 Wark, *Gamer Theory* 2.0.

6 Pettman, *Look at the Bunny*, pp. 99–100.

7 Carolina Bandinelli and Arturo Bandinelli, 'What Does the App Want? A Psychoanalytic Interpretation of Dating Apps' Libidinal Economy' in *Psychoanalysis Culture & Society*, 28 (2021), pp. 181–98 (p. 193).

8 Oliver Grau, *Virtual Art: From Illusion to Immersion* (Cambridge, MA: MIT Press, 2003), pp. 5, 27.

9 Janet Murray, *Hamlet on the Holodeck: The Future of Narrative in Cyberspace* (Cambridge, MA: MIT Press, 1997), pp. 98–9. / 《인터랙티브 스토리텔링: 사이버 서사의 미래》, 자넷 H. 머레이 지음, 한용환·변지연 옮김, 안그라픽스, 2001.

10 Ibid., pp. 98–9.

11 Edwin Montoya Zorrilla, 'VR and the Empathy Machine' in *The Hong Kong Review of Books* (December 2016), 출처: https://hkrbooks.com/2016/07/22/hkrb-essays-pokemon-go-and-the-enigma-of-the-city/

12 Charlotte Veaux and Yann Garreau, *Society of Immersive Experiences*, 2019 발표문.

13 Maria Chatzichristodoulou, 'Immersed in Otherness', *New Art Exchange, Nottingham* (February 2020) 강연문.

14 예로 Feona Attwood, 'No Money Shot? Commerce, Pornography and New Sex Taste Cultures' in *Sexualities*, 10, No. 4 (2007), pp. 441–56 및 Danielle DeVoss, 'Women's Porn Sites: Spaces of Fissure an Eruption or "I'm a Little Bit of Everything"' in *Sexuality and Culture*, 6, No. 3 (2002), pp. 75–94 참고.

15 또한 Alyson Krueger, 'Porn Gets Naughty' in the *New York Times* (28 October 2017), 출처: www.nytimes.com/2017/10/28/style/virtual-reality-porn.html 참고.

16 Matthew Wood, Gavin Wood and Madeline Balaam, '"They're Just Tixel Pits, Man": Disputing the "Reality" of Virtual Reality Pornography through the Story Completion Method' in CHI '17: Proceedings of the 2017 *CHI Conference on Human Factors in Computing Systems* (May 2017), pp. 5439–51 (p. 5447).

17 Susanna Paasonen, *Carnal Resonance: Affect and Online Pornography* (Cambridge, MA: MIT Press, 2011), p. 176. 또한 Gérard Genette, *Narrative Discourse: An Essay in Method*, trans. Jane E. Lewin (Oxford: Basil Blackwell, 1986), pp. 185–8 참고.

18 Zupancic, What Is Sex?, p. 56.

19 Jay Owens, 'Post-Authenticity and the Ironic Truths of Meme Culture' in *Post-Memes: Seizing the Memes of Production*, ed. Alfie Bown and Daniel Bristow (London: Punctum, 2019), pp. 77–114 (p. 88). 또한 Samantha Cole, 'We Are Truly Fucked: Everyone Is Making AI-Generated Fake Porn Now' in Motherboard, 24 January 2018, 출처: https://motherboard.vice.com/en_us/article/bjye8a/reddit-fake-porn-app-daisy-ridley 참고.

20 McKenzie Wark, 'The Vectorialist Class' in *E-Flux Journal* (May–August 2015).

21 Ibid.

22 자세한 논의는 Bown, *The Playstation Dreamworld*, pp. 86–8 참고.

23 Jacques Lacan, *On Feminine Sexuality*, p. 83.

24 Mladen Dolar, *A Voice and Nothing More* (Cambridge, MA: MIT Press, 2010).

25 Barthes, *A Lover's Discourse*, p. 137.

26 Chloe Woida, 'International Pornography on the Internet: Crossing Digital Borders and the Un/disciplined Gaze', *DAC'09 conference on After Media: Embodiment and Context*, University of California Irvine (12–15 December 2009) 공개강연문.

27 Kathleen Richardson, 'The Asymmetrical "Relationship": Parallels between Prostitution and the Development of Sex Robots' in *SIGCAS Computers & Society*, 45, No. 3 (September 2015), pp. 290–3.

28 Kate Devlin, *Turned On: Science, Sex and Robots* (London: Bloomsbury, 2018).

29 Isabel Millar, 'Sex-Bots: Are You Thinking What I'm Thinking?' at *Everyday Analysis*, 출처: https://everydayanalysis.net/2019/03/15/sex-bots-are-you-thinking-what-im-thinking/

30 Richard Barbrook and Andy Cameron. 'The Californian Ideology' in *Science as Culture*, 6, No. 1 (January 1996), pp. 44–72 참고.

31 Ibid.

32 Alexander R. Galloway, *Gaming: Essays on Algorithmic Culture* (Minneapolis: University of Minnesota Press, 2006), p. 69.

33 Gilles Deleuze, 'Postscript on the Societies of Control' in *October*, 59 (Winter, 1992), pp. 3–7 (p. 4).

34 Sigmund Freud (1905), *Three Essays on the Theory of Sexuality* in *SE*, 7, pp. 123–245 (p. 168). / 《성욕에 관한 세 편의 에세이》, 지그문트 프로이트 지음, 박종대 옮김, 열린책들, 2020.

35 Illouz, *Why Love Hurts*, pp. 198–9.

36 Ibid., p. 200.

37 Ibid., p. 206.

4. 연결의 방법: 은유 대 환유

1 이 평가 체계의 조기 도입에 대한 알리바바 그룹의 설명 참고. 출처: www. alibabagroup.com/en/news/article?news=p150128

2 McGowan, *Capitalism and Desire*, p. 178.

3 Sherry Turkle, 'Who Am We', *Wired*, V.4.01 (1996), 출처: www.wired.com/1996/01/turkle-2/

4 Donna Haraway, 'A Cyborg Manifesto' in *Simians, Cyborgs and Women: The Reinvention of Nature* (New York: Routledge, 1991), pp. 149–81.

5 José Van Dijck, '"You Have One Identity": Performing the Self on Facebook and LinkedIn' in *Media, Culture & Society*, 35, No. 2 (2013), pp.199–215.

6 Julia Ebner, *Going Dark: The Secret Social Lives of Extremists* (London: Bloomsbury, 2020), pp. 52–4. / 《한낮의 어둠: 극단주의는 어떻게 사람들을 사로잡는가》, 율리아 에브너 지음, 김하현 옮김, 한겨레출판, 2021.

7 DeAnna Lorraine, *Making Love Great Again: The New Road to Reviving Romance, Navigating Dating, and Winning at Relationships* (USA: 4th Street Media, 2017), p. 152.

8 Georg Simmel, *The Philosophy of Money*, trans. Tom Bottomore and David Frisby (London: Routledge, 2004), p. 73. / 《돈의 철학》, 게오르그 짐멜 지음, 김덕영 옮김, 길(도서출판), 2013.

9 Ibid., p. 74.

10 Lewis Gordon, 'The Environmental Impact of a PlayStation 4' in *The Verge* (December 2019), 출처: www.theverge.com/2019/12/5/20985330/ps4-sony-playstation-environmental-impact-carbon-footprint-manufacturing-25-anniversary

11 Rebekah Valentine, 'Which Gaming Hardware Manufacturers May Have Funded

Human Rights Abuses in 2018?' in *Gamesindustry.biz* (June 2019), 출처: www. gamesindustry.biz/articles/2019-06-27-which-gaming-hardware-manufacturers-may-have-funded-armed-conflict-in-2018

12 Marijam Didzgalvyte, 'Towards an Ethical Gaming Console' in *Everyday Analysis* (2019), originally published on *Medium* (July 2016).

13 Jessica Ringrose, Laura Harvey, Rosalind Gill and Sonia Livingstone, 'Teen Girls, Sexual Double Standards and "sexting": Gendered Value in Digital Image Exchange' in *Feminist Theory*, 14, No. 3, pp. 305–23 (p. 308).

14 Kishonna L. Gray, *Race, Gender and Deviance in Xbox Live* (Oxford: Elsevier, 2014), pp. 38–9.

15 Ibid., p. 72.

16 Viviana Zelizer, The Purchase of Intimacy (Princeton, NJ and Oxford: Princeton University Press), p. 100. / 《친밀성의 거래》, 비비아나 A. 젤라이저 지음, 숙명여자대학교 아시아여성연구소 옮김, 에코리브르, 2008.

17 Jacques Lacan, *Ecrits*, trans Bruce Fink (London and New York: W.W. Norton, 2005), p. 421. / 《에크리》, 자크 라캉 지음, 홍준기·이종영·조형준·김대진 옮김, 새물결, 2019.

결론: 레디 워커 원

1 Richard Seymour, *The Twittering Machine* (London: The Indigo Press, 2019), p. 3.

2 Ibid., p. 4.

3 Ibid., p. 6.

4 Roisin Kiberd, *The Disconnect: A Personal Journey through the Internet* (London: Serpent's Tail, 2021), p. 231.

5 Charlie Brooker, *How Videogames Changed The World*, 23:45 (4 January 2014), Channel 4, 115 mins.

6 Jacques Lacan, *The Four Fundamentals of Psychoanalysis: The Seminar of Jacques Lacan Book XI*, ed. Jacques-Alain Miller, trans. Alan Sheridan (London: W.W. Norton, 1998), p. 48.

7 Dominic Pettman, *Peak Libido* (London: Polity, 2020), p. 61.

8 Ibid., p. 9.

9 Ibid.

10 Ibid.

11 Mareile Pfannebecker and James A. Smith, *Work Want Work* (London: Zed Books, 2020), pp. 141–2. 또한 Trebor Scholz, 'How Platform Cooperativism Can Unleash the Network' in 'Ours to Hack and to Own': The Rise of Platform Cooperativism, a New Vision for the Future of Work and a Fairer Internet, ed. Trebor Scholz and

Nathan Schneider (New York and London: Or Books, 2016), pp. 20–6 참고.

12 Richard Stallman, 'Why "Open Source" Misses the Point of Free Software' in *Communications of the ACM*, 52, No. 6 (2009), p. 31 참고.

13 Christopher Kelty, *Two Bits: The Cultural Significance of Free Software* (Durham, NC and London: Duke University Press, 2008), p. 99.

14 *Free Culture: How Big Media Uses Technology and the Law to Lock Down Culture and Control Creativity*, p. 20. 이 책은 크리에이티브 커먼즈로 발간되었으며 www.lessig.org에 전문이 공개되어 있다. 국역본 발간 당시에도 출판사에서 전문을 온라인에 공개하였으나 웹사이트 개편 과정에서 게시물이 삭제되어 현재는 다운로드가 불가능하다. / 《자유문화: 인터넷 시대의 창작과 저작권 문제》, 로런스 레식 지음, 이주명 옮김, 필맥, 2005.

옮긴이 후기

1 https://www.linkedin.com/help/linkedin/answer/a1413111

2 James Vincent, "The semiautomated social network is coming," *The Verge*, 2023.3.10. https://www.theverge.com/23632371/social-network-future-ai-automated-chatbot-posts-linkedin

3 조애나 러스 지음, 나현영 옮김, 〈신비화로서의 SF와 테크놀로지〉(1978), 98~100쪽, 《SF는 어떻게 여자들의 놀이터가 되었나》, 포도밭출판사, 2020, 74~103쪽.